数字经济发展与高质量就业

——基于大学毕业生的视角

Digital Economy Development and High Quality Employment

——Based on the perspective of college graduates

刘翠花　著

中国财经出版传媒集团
中国财政经济出版社

图书在版编目（CIP）数据

数字经济发展与高质量就业：基于大学毕业生的视角 / 刘翠花著 . -- 北京：中国财政经济出版社，2023.6

ISBN 978-7-5223-2193-6

Ⅰ . ①数…　Ⅱ . ①刘…　Ⅲ . ①信息经济—经济发展—关系—大学生—就业—研究—中国　Ⅳ . ① F492 ② G647.38

中国国家版本馆 CIP 数据核字（2023）第 073514 号

责任编辑：陆宗祥　　责任印制：史大鹏
封面设计：卜建辰　　责任校对：徐艳丽

数字经济发展与高质量就业
——基于大学毕业生的视角
SHUZI JINGJI FAZHAN YU GAOZHILIANG JIUYE
— JIYU DAXUE BIYESHENG DE SHIJIAO

中国财政经济出版社 出版

URL：http：//www. cfeph. cn
E-mail：cfeph@ cfeph. cn

社址：北京市海淀区阜成路甲 28 号　邮政编码：100142
营销中心电话：010-88191522
天猫网店：中国财政经济出版社旗舰店
网址：https：//zgczjjcbs. tmall. com
北京财经印刷厂印刷　各地新华书店经销
成品尺寸：147mm × 210mm　32 开　9 印张　208 000 字
2023 年 7 月第 1 版　2023 年 7 月北京第 1 次印刷
定价：59.00 元
ISBN 978-7-5223-2193-6
（图书出现印装问题，本社负责调换，电话：010-88190548）
本社图书质量投诉电话：010-88190744
打击盗版举报热线：010-88191661　QQ：2242791300

PREFACE 前言

随着互联网日益普及和数字技术不断融合创新，数字经济不仅成为我国经济增长的新引擎和新动能，更对就业领域产生了深刻影响。就业不仅关系着经济的发展和社会的安定，更是一个重要的民生问题。根据教育部统计，2022年全国高校毕业生人数达到1076万人。全国高校毕业生人数屡创新高，大学毕业生劳动力市场中呈现供过于求的状况，导致就业竞争压力过大，就业形势严峻，就业质量不容乐观。当前大学毕业生薪酬满意度低、性别工资差异明显、连续加班导致过劳死、亚健康、盲目国考热等问题层出不穷，因此如何提升就业质量成为学术界广泛关注的热点话题。与此同时，党的十九大报告提出“实现更高质量和更充分就业”和“健康中国战略”，党的二十大报告进一步提出“高质量充分就业”，将就业质量和国民健康放到一个前所未有的高度来看待，而良好的健康状况更是实现高质量就业的前提和基础。大学毕业生作为社会最具活力的青年群体，是国家宝贵的人力资源和推动社会发展进步的主力军，就业质量状况不仅关乎其生活质量水平高低，也直接关乎整个社会经济的健康稳定发展。因此，在数字经济发展驱动下，努力提高大学毕业生就业质量水平，实现更高质量和更充分就业，是当前我国政府制定就业政策和就业战略必须要考虑的重点问题，对整个劳动力就业市场而言都具有重要的制度背景和现实意义。

纵观国内外研究，欧盟等较早开始了对就业质量相关问题的研究，提出“体面劳动”等概念，但是由于国情的特殊性，判断标准存在较大差异，不能完全适用解释中国问题。近年来，国内学者开始陆续关注就业质量问题，但现有研究还方兴未艾，就业质量概念存在分歧，就业质量指标体系构建尚需完善；特别是针对大学毕业生群体而言，关于数字经济发展对该群体就业质量的研究相对较少，仍缺乏诸如职业培训、工作时间、单位类型等影响因素的实证研究。鉴于此，首先，本书基于阿玛蒂亚·森可行能力理论，选取衡量就业质量的功能性活动指标并构建就业质量评价指标体系，对我国大学毕业生就业质量进行合理评价与测算，并考察了就业质量综合影响因素分析；其次，实证考察了数字经济发展对就业质量的影响，系统研究教育培训、工作时间、单位类型分别对就业质量工资水平、健康状况及主观感知满意度的影响，并对就业质量性别工资差异进行分解，对就业质量工时健康差异进行分解；最后，聚焦数字经济发展背景下，从政府、用人单位、高校及大学毕业生个体层面提出实现高质量就业的针对性政策建议。

本书第2章系统梳理了阿玛蒂亚·森可行能力理论、劳动力供给理论、人力资本理论、市场歧视理论等理论文献，并对就业质量内涵研究、就业质量测量研究、大学毕业生就业质量影响因素研究等国内外文献进行梳理和评议，为后文奠定坚实的理论和文献研究基础。本书在第3–7章均是利用省级宏观数据以及2012年、2014年和2016年中国劳动力动态调查（CLDS）数据进行实证分析，第3章基于阿玛蒂亚·森可行能力理论和主客观相结合、宏微观相结合的原则选取指标，构建了大学毕业生就业质量评价指标体系；同时，测算总体及不同性别、户籍、区域分样本的就业质量状况及相应的年份变化趋势，并进行异质性教育培训、工作时间、单位类型的就业质量差异比较。此外，第3章采用OLS回归方法，系统分析教育层次、工作培训、工作时间、单位类型对大学毕业生就业质量的影响，并通过构建就业质量指数进行相应的稳健性检验。研究发现，混合截面数据显示，总体大学毕业生就业质量综合得分为3.662，就业质量仍有待提高。分群体比较来看，男生就业质量高于女生，城镇户籍的大学毕业生就业质量高于农村，东部大学毕业生就业质量最高，中部次之，西部最低。随教育层次提高大学毕业生就业质量呈逐渐上升趋势；接受单位培训群体就业质量显著高于接受政府培训；法定工时群体就业质量明显高于超时工作群体；与非国有单位相比，国有单位从业者就业质量明显更高。在前面研究基础上，本书针对发现的问题，提出了相应的研究假设。

第4章是数字经济发展对就业质量影响的实证分析。首先，梳理了数字经济发展现状，基于省级宏观数据以及微观调查数据相匹配，根据第3章构建的大学毕业生就业质量评价指标体系，利用因子分析法得到就业质量得分，同时从数字产业化和产业数字化层面并利用等权重法，构建了数字经济发展指数。其次，采用OLS逐步回归方法，分析了数字经济发展对大学毕业生就业质量的影响，对不同性别、城乡、区域样本进行异质性分析，并采用熵权法、CRITIC法、等权重法来重新计算大学毕业生就业质量，对被解释变量做替换变量以进行稳健性检验。研究发现以下结论：数字经济作为宏观经济“加速器”和“稳定器”的作用越发凸显，数字经济成为中国经济稳定发展的重要基石。在中国数字经济发展内部，产业数字化成为数字经济发展的主引擎。实证分析表明，通过逐步纳入控制变量，数字经济发展仍显著提高大学毕业生就业质量。与女性、农村户籍、中西部地区大学毕业生相比，数字经济发展更显著提高了男性、城镇户籍、东部地区大学毕业生就业质量，存在明显的群体异质性，可能与不同城乡、地区区域间数字经济发展不平衡有关。数字经济发展对熵权法、CRITIC法、等权重法测算下的大学毕业生就业质量的影响仍显著为正，且回归系数相差不大，表明前文回归结果较为稳健。

第5章是就业质量性别工资差异分解的实证分析。首先，基于微观调研数据，为了进一步检验研究假设，采用OLS回归分析教育层次和异质性培训分别对总体、不同院校层次大学毕业生工资水平的影响，并使用Cotton分解和Neumark分解分别对总体、不同院校层次大学毕业生进行性别工资差异分解。其次，采用分位数回归方法对不同年份大学毕业生性别工资方程进行回归，进一步采用分位数分解方法进行性别工资差异分解，以深入考察在工资条件分布的不同位置上性别工资差异及其影响因素的贡献度。研究发现，随着教育层次增加教育回报率不断提高，教育回报率及其性别差异与院校层次呈正相关，各年份教育回报率呈现异质性分位点效应。单位培训的工资效应大于政府培训的工资效应，政府培训对低收入群体影响更明显。随年份增加培训的收入回报率有逐年递增趋势，且相对其他工资分位点，单位培训对女生高收入群体的工资效应更显著，而政府培训对女生低收入群体的工资效应更显著。工资差异分解显示，大学毕业生受教育年限的总差异值和特征差异值均与院校层次呈正向变动关系，各年份中随分位点数提升，性别工资总差异逐渐提高，呈现出“粘天花板”现象。2012—2016年随着年份的推进，在相同分位点上，性别工资总差异和系数差异值呈逐年扩大趋势。由工作培训引起的工资差异占总差异的比例波动范围在35%-45%，且各年份中随着分位点数提高，工作培训的特征差异值和比例均逐渐缩小，而系数差异值却逐渐提升。

第6章是就业质量工时健康差异的Fairlie非线性分解。这一章基于微观调研数据，以自评健康、心理健康和BMI指数作为大学毕业生健康状况的代理指标。首先，采用Logistic回归分析了工作时间对总体、异质性工时群体、分年份样本健康状况的影响。其次，基于Fairlie非线性分解方法对正常工时与超时加班群体健康差异进行因素分解，以剖析工作时间对两群体健康差异的贡献度。最后，深入分析两群体间工时健康差异是否存在性别、区域异质性及年份变化趋势。研究发现：无论是大学毕业生正常工时群体还是超时加班群体，工作时间显著降低了自评健康、心理健康和BMI指数衡量的健康状况，且工作时间对正常工时群体的影响小于超时加班群体。随着年份的推进，工作时间对两群体自评健康和心理健康的负向影响逐年增大。女性样本中的正常工时与超时加班群体自评健康差异、心理健康差异和BMI指数差异高于男性样本，即女性样本工时健康差异更大。东部地区异质性工时群体自评健康差异、心理健康差异和BMI指数差异高于中部地区和西部地区。随着年份的推进，大学毕业生正常工时与超时加班的自评健康和心理健康差异呈现扩大趋势，且特征差异对健康差异的解释能力越来越强。

第7章是就业质量主观感知满意度有序Probit实证分析。这一章基于微观调研数据，以整体工作满意度、晋升机会满意度和工作环境满意度作为主观感知满意度的代理指标。首先，采用有序Probit回归分析单位类型对就业质量主观感知满意度各代理指标的影响，并对不同性别、年份分样本进行异质性分析。其次，采用工具变量法和变量替换法进行两组稳健性检验。研究发现：大学毕业生在国有单位工作对其整体工作满意度和工作环境满意度产生显著正向影响，而国有单位工作对晋升机会满意度产生显著负向影响。国有单位工作对女生整体工作满意度和工作环境满意度的正向影响大于男生，而对于晋升机会满意度来说，国有单位对男大学毕业生的负向影响大于女生。不同年份样本回归显示，2012—2016年，国有单位工作对大学毕业生整体工作满意度、工作环境满意度的正向影响均呈逐年增加趋势；国有单位工作对晋升机会满意度的负向影响呈逐渐下降趋势。此外，在前面研究基础上，为切实提高我国大学毕业生就业质量水平，本章分别从政府、用人单位、高校及大学毕业生个体层面提出合理化政策建议。

本书的研究贡献和创新性主要体现在以下三个方面：其一，基于阿玛蒂亚·森可行能力理论，选取体现就业质量的功能性活动，构建大学毕业生就业质量评价指标体系，并对大学毕业生就业质量进行了测算比较和综合影响因素分析，能够较全面地测度大学毕业生就业质量状况，推进了就业质量问题研究的广度和深度。其二，利用Fairlie非线性分解方法，对大学毕业生正常工时群体和超时加班群体的健康差异进行因素分解，并考察两群体健康差异的性别、区域及年份变化趋势。目前国内学者关于健康差异分解的文献研究较少，本书以异质性工作时间为研究切入点，区分法定工时群体和超时加班群体，通过健康差异分解得到工作时间对两群体健康差异的贡献度，这对健康差异的文献研究进行了丰富和拓展。其三，利用省级宏观数据和微观调查数据相匹配，实证分析了数字经济发展对大学毕业生就业质量的影响，区分不同性别、城乡、区域样本进行异质性分析，并采用熵权法、CRITIC法、等权重法重新计算大学毕业生就业质量得分，进行替换变量法的稳健性检验。实证分析异质性院校层次的教育培训对大学毕业生工资水平的影响，并考察不同院校层次的大学毕业生性别工资差异分解及其年份变化趋势。关于性别工资差异分解，由于鲜有文献考虑异质性院校层次的视角，本书对此做了补充研究。

此外，本书利用整体工作满意度、晋升机会满意度和工作环境满意度作为大学毕业生就业质量主观感知满意度的代理指标，实证分析单位类型对就业质量主观感知满意度的影响，也进一步拓展了相关文献研究。

Preface

With the increasing popularity of the Internet and the continuous integration and innovation of digital technology, the digital economy has not only become a new engine and new driving force for China's economic growth, but also has a profound impact on the employment sector. Employment is not only related to economic development and social stability, but also an important livelihood issue. According to the statistics of the Ministry of Education, the number of college graduates nationwide reaches 10.76 million in 2022. The number of national college graduates has reached record highs, and the labor market of college graduates shows an oversupply situation, leading to excessive competitive pressure for employment, a severe employment situation and unpromising employment quality. At present, employment problems such as low salary satisfaction of college graduates, obvious gender wage difference, continuous overtime work leading to overwork death, sub-health, blind national examination fever, etc. have emerged, so how to improve employment quality has become a hot topic of widespread concern in academic circles. At the same time, the report of the 19th Party Congress proposed "achieving higher quality and fuller employment" and "Health China Strategy", and the report of the 20th Party Congress further proposed "high quality and full employment". The report of the 20th Party Congress further proposed "high-quality and full employment", putting the quality of employment and national health to an unprecedented level, and good health is the prerequisite and foundation for achieving high-quality employment. As the most dynamic group of young people in society, college graduates are the valuable human resources of the country and the main force for social development and progress, and the quality of employment is not only related to their quality of life, but also directly related to the healthy and stable development of the whole society and economy. Therefore, driven by the development of digital economy, efforts to improve the employment quality level of college graduates and achieve higher quality and fuller employment are key issues that must be considered by the current employment policy and employment strategy of our government, and have important institutional background and practical significance for the entire labor employment market.

Throughout the domestic and international research, the European Union and other countries have started to study the issues related to employment quality and put forward the concept of decent labor, but due to the specificity of national conditions, there are big differences in judgment standards, which cannot be fully applied to explain the problems in China. In recent years, domestic scholars have started to pay attention to the issue of employment quality one after another, but the existing research is still in its infancy, the concept of employment quality is divergent, and the construction of employment quality index system needs to be improved; especially for the group of university graduates, there is relatively little research on the development of digital economy on the employment quality of this group, and there is still a lack of empirical research on factors such as vocational training, working hours, type of unit and other influencing factors. In view of this, this paper selects functional activity indicators to measure employment quality and constructs an employment quality evaluation index system based on Amartya Sen's feasible ability theory to reasonably evaluate and measure the employment quality of university graduates in China, and examines the analysis of comprehensive employment quality influencing factors; secondly, it empirically examines the impact of digital economy development on employment quality, and systematically studies the effects of education and training, working hours, and unit The effects of education and training, working hours, and unit type on employment quality wage level, health status and subjective perceived satisfaction are systematically investigated, and the gender wage difference in employment quality and the working hours health difference in employment quality are decomposed; finally, focusing on the development of digital economy, targeted policy suggestions for realizing high-quality employment are proposed from the levels of government, employers, universities and individual college graduates.

The second chapter of this paper systematically compares the theoretical literature on Amartya Sen viability theory, labor supply theory, human capital theory, and market discrimination theory, and compares and reviews domestic and international literature on employment quality connotation research, employment quality measurement research, and research on factors influencing employment quality of college graduates to lay a solid theoretical and literature research foundation for the later paper. The following chapters three, four, five, six and seven of this paper are all empirical analyses using provincial macro data as well as data from the China Labor Force Dynamics Survey (CLDS) in 2012, 2014 and 2016.Chapter three constructs an evaluation index system of university graduates' employment quality based on Amartya Sen's feasible ability theory and the principles of combining subjective and objective, macro and micro, to select indicators; meanwhile, measuring the employment quality status and corresponding yearly change trends of the overall and different gender, household registration, and regional sub-samples, and compare the employment quality differences of heterogeneous education and training, working hours, and unit types. In addition, this chapter adopts OLS regression method to systematically analyze the effects of education level, job training, working time, and unit type on employment quality of college graduates, and conducts corresponding robustness tests by constructing employment quality indices. It is found that the mixed cross-sectional data show that the overall employment quality of college graduates has an overall score of 3.662, and the employment quality still needs to be improved. Comparing by groups, the employment quality of male graduates is higher than that of female graduates, the employment quality of university graduates with urban household registration is higher than that of rural areas, and the employment quality of university graduates in the east is the highest, followed by that in the center and the lowest in the west. The employment quality of university graduates tends to rise gradually with the increase of education level; the employment quality of the group receiving unit training is significantly higher than that of the group receiving government training; the employment quality of the group with legal working hours is significantly higher than that of the group with overtime work; the employment quality of those working in state–owned units is significantly higher compared with that of non–state–owned units. Based on the previous study, this chapter identifies problems and proposes corresponding research hypotheses.

Chapter 4 is an empirical analysis of the impact of digital economy development on employment quality. This chapter firstly compares the current situation of digital economy development, based on the provincial macro data as well as micro survey data matching, according to the evaluation index system of employment quality of college graduates constructed in Chapter 3, and uses factor analysis to get the employment quality score, while the digital economy development index is constructed from the level of digital industrialization and industrial digitization, and using equal weight method. In this chapter,

OLS stepwise regression method is used to analyze the influence of digital economy development on the employment quality of college graduates, and heterogeneity analysis is conducted for different gender, urban–rural and regional samples, and entropy weight method, CRITIC method and equal weight method are used to recalculate the employment quality of college graduates, and replacement variables are made for the explanatory variables for robustness testing. The study finds the following conclusions: the role of digital economy as a macroeconomic "gas pedal" and "stabilizer" has become more and more prominent, and the digital economy has become an important cornerstone for the stable development of China's economy. Within the development of China's digital economy, the digitization of industries has become the main engine of the digital economy development. The empirical analysis shows that the development of digital economy has significantly improved the employment quality of college graduates by gradually including control variables. Compared with female, rural household registration, and central and western region university graduates, digital economy development more significantly improves the employment quality of male, urban household registration, and eastern region university graduates, and there is significant group heterogeneity, which may be related to the imbalance of digital economy development between different urban and rural areas and regional areas. The effects of digital economy development on the employment quality of college graduates measured by entropy method, CRITIC method and equal weight method are still significantly positive, and the regression coefficients are not significantly different, indicating that the previous regression results are more robust.

Chapter 5 is an empirical analysis of the decomposition of gender wage differences in employment quality. In this chapter, based on micro research data, in order to further test the research hypotheses, OLS regression was used to analyze the effects of education level and heterogeneous training on the wage levels of college graduates in general and at different institutional levels, respectively, and Cotton decomposition and Neumark decomposition were used to decompose gender wage differences for college graduates in general and at different institutional levels, respectively; at the same time, quantile regression methods were used to The gender wage equation of college graduates in different years was regressed using quantile regression method, and further gender wage difference decomposition was conducted using quantile decomposition method to examine in depth the gender wage difference and the contribution of its influencing factors at different positions of the distribution of wage conditions. It was found that the returns to education increased with increasing education levels, and the returns to education and its gender differences were positively correlated with institutional levels, and the returns to education showed heterogeneous quantile effects across years. The wage effect of unit training is larger than the wage effect of government training, and government training has a more pronounced effect on low-income groups. The income return to training tends to increase year by year with increasing years, and the wage effect of unit training is more significant for the high-income group of female students relative to other wage quantile points, while the wage effect of government training is more significant for the low-income group of female students. The decomposition of wage differentials shows that the total differential value and characteristic differential value of years of education of college graduates are positively related to the level of institutions, and the total gender wage differential gradually increases with the increase of quantile points in each year, showing the phenomenon of "sticky ceiling". The total wage difference and coefficient difference values tend to increase year by year. The proportion of the total wage difference caused by job training fluctuates between 35% and 45%, and the value and proportion of the characteristic difference of job training gradually decrease while the value of the coefficient difference gradually increases as the number of quantile points increases in each year.

Chapter 6 is a Fairlie nonlinear decomposition of health disparities in employment quality work hours. In this chapter, based on micro-research data, self-rated health, mental health and BMI are used as proxies for the health status of college graduates. Firstly, logistic regression is used to analyze the effect of working hours on the health status of the overall, heterogeneous working hour groups and sub-year samples, followed by factorization of health differences between normal working hours and overtime groups based on Fairlie nonlinear decomposition method Finally, we analyzed whether there was gender and regional heterogeneity in the differences in working hours between the two groups and the trend of changes by year. It was found that working hours significantly reduced the health status measured by self-rated health, mental health and BMI for both the normal working hours group and the overtime group of college graduates, and the effect of working hours on the normal working hours group was smaller than that of the overtime group. The negative effect of working hours on self-rated health and psychological health of both groups increased with each year. The differences in self-rated health, mental health and BMI between the normal working hours and overtime groups in the female sample were higher than those in the male sample, i.e., the differences in working hours health were greater in the female sample. The heterogeneous working hours group self-rated health differences, mental health differences and BMI differences were higher in the eastern region than in the central and western regions. As the year progressed, the self-rated health and mental health differences between college graduates with normal working hours and overtime showed a tendency to widen, and the characteristic differences had an increasing ability to explain the health differences.

Chapter 7 is an ordered Probit empirical analysis of subjective perceived satisfaction with employment quality. In this chapter, based on micro–research data, overall job satisfaction, satisfaction with promotion opportunities and satisfaction with work environment are used as proxies for subjective perceived satisfaction. First, ordered Probit regression is used to analyze the effect of unit type on each proxy of subjective perceived satisfaction with employment quality, and heterogeneity analysis is conducted for different gender and year sub–samples, and then instrumental variable method and variable replacement method are used to two–group robustness test. It was found that university graduates working in state–owned units had a significant positive effect on their overall job satisfaction and work environment satisfaction, while working in state–owned units had a significant negative effect on satisfaction with promotion opportunities. The positive effect of working in state–owned units on overall job satisfaction and work environment satisfaction is greater for female than male students, while for promotion opportunity satisfaction, the negative effect of state–owned units on male college graduates is greater than that of female students. The sample regressions in different years showed that the positive influence of state–owned unit jobs on university graduates' overall job satisfaction and work environment satisfaction tended to increase year by year from 2012 to 2016; the negative influence of state–owned unit jobs on promotion opportunity satisfaction tended to gradually decrease. In addition, based on the previous study, to effectively improve the employment quality level of college graduates in China, this paper puts forward rationalized policy suggestions at the level of government, employers, universities and individual college graduates, respectively.

The research contribution and innovation of this paper are mainly reflected in the following three aspects: first, based on Amartya Sen's feasible ability theory, the functional activities embodying employment quality are selected, the employment quality evaluation index system of university graduates is constructed, and the employment quality of university graduates is measured and compared and the comprehensive influencing factors are analyzed, which can measure the employment quality condition of university graduates in a more comprehensive way and advance the employment quality The system can measure the employment quality of college graduates in a more comprehensive way, and promote the breadth and depth of the research on employment quality. Secondly, using Fairlie's nonlinear decomposition method, we decompose the health differences between the group of college graduates with normal working hours and the group of college graduates with overtime work, and examine the gender, regional and yearly trends of health differences between the two groups. At present, there are few domestic scholars' studies on health disparity decomposition in the literature. This paper takes heterogeneous working hours as the entry point of the study, distinguishes the group of legal working hours and the group of overtime overtime, and obtains the contribution of working hours to the health disparity of the two groups through health disparity decomposition, which enriches and expands the literature study on health disparity. Third, using provincial macro data matched with micro survey data, we empirically analyzed the impact of digital economy development on the employment quality of college graduates, distinguished different gender, urban–rural and regional samples for heterogeneity analysis, and recalculated the employment quality scores of college graduates using entropy weighting method, CRITIC method and equal weighting method for robustness test of replacement variable method. The effects of education and training at heterogeneous institutional levels on the wage levels of college graduates are empirically analyzed, and the gender wage differential decomposition of college graduates at different institutional levels and their yearly trends are examined. Regarding the gender wage differential decomposition, this paper makes a supplementary study on it because there is little literature considering the perspective of heterogeneous institutional levels. In addition, this paper uses overall job satisfaction, satisfaction with promotion opportunities, and satisfaction with work environment as proxies for subjective perceived satisfaction with employment quality of college graduates, and empirically analyzes the effect of unit type on subjective perceived satisfaction with employment quality, which also further expands the related literature studies.

C O N T E N T S 目录

1 引言

1.1 研究背景及意义

1.1.1 研究背景

当下，人工智能、大数据、云计算、移动通信（5G）商用等数字技术不断创新和融合发展。数字经济发展不仅引领着社会生产力不断突破和飞越，更对就业领域产生了深刻影响。就业是最大的民生，是国民经济的“晴雨表”和社会稳定的“压舱石”。党的十九大报告明确指出，“要坚持就业优先战略和积极就业政策，实现更高质量和更充分就业”。党的二十大报告进一步指出，“坚持就业优先战略，促进高质量充分就业”。数字经济的快速发展，助力创造了众多新生岗位和职业，吸纳了大量群体就业。根据《中国数字经济就业发展研究报告（2021）》①显示，数字产业化领域招聘岗位占总招聘数32.6%，占总招聘人数比重达24.2%；产业数字化领域招聘岗位占总招聘数67.4%，招聘人数占总招聘人数75.8%，吸纳数字经济就业能力更强；同时，小微企业就业辐射带动效应强，吸纳广泛就业主体作用凸显。“推动实现更高质量的就业”“做好以高校毕业生为重点的

① 中国信息通信研究院：《中国数字经济就业发展研究报告（2021）》，http：//www.caict.ac.cn/kxyj/qwfb/ztbg/202103/t20210323_372157.htm，2021年3月23日。

青年就业工作”“实现更高质量和更充分就业”是中国经济发展的国家战略。就业是当今最为关心的民生问题，是广大劳动者最现实、最直接的利益问题。努力实现更高质量和更充分就业，有利于解决新时代社会主要矛盾，有利于提高就业满意度，有利于缩小收入差距。根据教育部统计，2018年高校毕业生人数达到820万人，超越了2017年的795万人。全国普通高校毕业生人数屡创新高，大学毕业生劳动力市场呈现供过于求的状况，导致就业竞争压力过大，就业形势较为严峻，就业质量不容乐观。相关报道如，“刚毕业大学生薪酬满意度低”“性别工资差异明显”“培训多”“大学生农民工”“996工作制”“实习生连续加班导致过劳死”“亚健康”“所学非所用”“盲目国考热”“歧视现象严重”等就业质量问题层出不穷。因此，在数字经济发展背景下，对当前大学毕业生就业质量进行合理评价与测算，系统研究大学毕业生就业质量的影响因素，实证分析数字经济发展对大学毕业生就业质量的影响，并对大学毕业生的性别工资差异、工时健康差异、主观感知满意度等重点就业质量问题进行深入剖析，不仅具有较强的制度背景，而且对于不断促进数字经济发展，助力提升大学毕业生就业质量的路径选择具有清晰的指引作用。

就业质量是一个综合性概念，可以反映劳动者从事社会工作所得到的工作条件的优劣程度，如工资水平和福利待遇的高低、职业健康状况、劳动权益是否得到保障，以及对所从事工作的满意度等。纵观国外劳动力市场，不同的国家对提升就业质量都做出了很多努力。欧盟在21世纪初就确立了要成为全世界最具活力和竞争力的知识经济实体（刘松林等，2010）。为了实现该目标，欧盟以提升就业质量和扩大就业为中心，开发出了欧盟职业教育和培训体系（Vocational Education and Training）。

美国的《公平劳工基准法》（Fair Labor Standards Act）和加拿大的《加拿大劳动法》（Canada Labour Code）。也制定了严格的工资工时制度，对于违反相关法律的雇主或用人单位，都将面临严厉的惩罚机制（曹海菁，2005；王天玉，2016）。日本安倍政府积极实施“女性经济学”战略，希望更多的女性进入劳动力市场，保障女性公平就业权，提高女性就业质量。2015年日本出台了《女性活跃促进法》，以女性就业者为服务对象，提高女性在劳动力市场中的地位，消除就业歧视；2016年对《男女雇佣机会均等法》进行了修改，缩小间接歧视范围，进一步加强对女性的保护（袁虹，2019）。

新时代背景下，我国劳动力市场性别工资差异一直存在，特别是对于大学毕业生群体而言表现尤为突出。麦可思研究院公布的《2018年中国大学生就业报告》①显示，“虽然2018届男女大学生之间的就业率没有明显差别，但在就业薪资水平方面两者差距明显，即便在女大学生占相对优势的专业中，女大学生工资水平普遍低于男生，可能存在同工不同酬的薪资歧视。女大学生的期望工资因性别而被迫降低，在控制其他影响因素作用的前提下，用人单位给男生的初始工资水平高出女生11个百分点。”可见，我国女大学毕业生在劳动力市场中处于相对劣势地位，性别歧视、工资差异等不公平问题较为严重。与此同时，人民健康是民族昌盛和国家富强的重要标志，党的十九大报告提出“健康中国战略”，将人民健康放到一个前所未有的高度来看待。健康人力资本的提升会极大地提高全社会劳动生产率，促使我国人口红利实现由数量型向质量型的顺利转换。从

① 麦可思研究院：《就业蓝皮书：2018年中国大学生就业报告》，北京：社会科学文献出版社2018年版。

微观层面看，鼓励和引导大学毕业生践行健康生活方式，提高他们的健康资本也会显著提升企业核心竞争力。由于我国劳动力市场仍然存在一些工时制度不完善等问题，大学毕业生超时加班群体中亚健康或不健康的比例仍然较高。因此，做好超时加班群体的健康管理有利于大学毕业生健康状况的整体提升，有利于《健康中国“2030”规划纲要》战略任务的顺利完成。此外，欧盟（European Commission，2002）认为，就业质量不仅是工作本身，还包括员工与工作场所的匹配程度及劳动者的主观感受。Eurofound（2012）将就业质量定义为劳动者从工作中获得的“效用”水平，主要通过劳动者的情感、工作满意度等福祉来测量。因此，工作满意度作为大学毕业生对整体工作状况、工作环境等的主观情感表达和内在满意度体验，也是构成就业质量的重要维度。总之，在数字经济发展背景下，密切关注大学毕业生性别工资差异、工时健康差异以及工作满意度问题，对于维护大学毕业生的合法权益，提高整体工资水平、健康状况和工作满意度，实现大学毕业生更高质量就业具有重要的现实意义。

关于就业质量的研究，国外学者对其内涵、测量、影响因素做了一些相关研究。由于国情的特殊性，判断标准相差悬殊，国外的一些理论也不能完全解释中国的现实问题。21世纪以来，国内学者开始对就业质量问题进行研究，但现有研究还方兴未艾，就业质量的测量方法形式多样，特别是对大学毕业生群体而言，其就业质量评价指标体系构建尚需完善，该群体就业质量重点问题仍需关注和解决，就业质量提升路径研究仍需聚焦。鉴于此，首先，本书聚焦数字经济时代，基于阿玛蒂亚·森可行能力理论，选取衡量就业质量的功能性活动指标并构建大学毕业生就业质量评价指标体系，对当前我国大学毕业生就业质量进行合理评价与测算比较，并对总体及分年份样本就业质量进行综合影响因素分析；其次，实证分析数字经济发展对大学毕业生就业质量的影响，系统研究教育培训、工作时间、单位类型分别对就业质量工资水平、健康状况及主观感知满意度的影响，并对就业质量性别工资差异、工时健康差异进行分解；最后，聚焦政府、用人单位、高校及大学毕业生个体层面提出实现高质量就业的针对性政策建议。大学毕业生是国家最为宝贵的人力资源和推动社会发展进步的主力军，他们的就业质量水平高低不仅是衡量我国教育发展水平的重要指标，更是关乎未来国民经济稳健发展的动力源。在数字经济发展背景下，努力提高大学毕业生就业质量水平，确保实现更高质量和更充分就业，是当前我国政府制定就业政策和就业战略必须要考虑的重点问题，无论是对大学毕业生个人还是整个社会而言都具有重要的制度背景和现实意义。

1.1.2 研究意义

本书的理论意义主要体现在以下两个方面：其一，本书将就业质量概念与测度进行梳理，基于阿玛蒂亚·森可行能力理论和主客观相结合、宏微观相结合的原则选取指标，利用因子分析法降维分析，构建了一个包含工资福利待遇、健康及劳动保护、主观感知满意度的大学毕业生就业质量指标评价体系，试图进一步丰富大学毕业生就业质量指标体系的相关研究。

其二，以人力资本理论、劳动力供给理论、市场歧视理论为理论基础，本书基于教育培训、工作时间、单位类型视角，进一步测算了总体及各异质性群体就业质量状况，试图从理论层面解释各群体大学毕业生就业质量差异的原因，以期丰富我国大学毕业生就业质量的相关研究。

本书的实际应用价值体现在以下三个方面，其一，有利于较为全面地测评我国大学毕业生就业质量状况。在构建的大学毕业生就业质量评价指标体系的指引下，测算了总体以及不同性别、户籍、区域分样本的大学毕业生就业质量状况及相应的年份变化趋势，进行了异质性教育培训、异质性工作时间、异质性单位类型的就业质量综合得分差异比较，同时对总体及分年份样本大学毕业生就业质量综合影响因素进行回归分析，从而有利于我们更全面了解我国大学毕业生就业质量状况。

其二，实证分析数字经济发展对大学毕业生就业质量的影响，就业质量的性别工资差异、工时健康差异以及主观感知满意度，不仅有利于聚焦并解决大学毕业生就业质量重点问题，更有利于为提高整体就业质量水平提供科学的依据。本书基于省级宏观数据以及2012年、2014年和2016年中国劳动力动态调查数据（CLDS）相匹配，采用OLS逐步回归方法，分析了数字经济发展对大学毕业生就业质量的影响，对不同性别、城乡、区域样本进行异质性分析，并采用熵权法、CRITIC法、等权重法来重新计算大学毕业生就业质量得分，对被解释变量做替换变量以进行稳健性检验，以期得到数字经济发展对大学毕业生就业质量的影响程度。分析就业质量性别工资差异分解，主要是基于教育培训视角分析其对就业质量工资水平维度的影响，重点分析了教育层次和异质性培训的工资效应，在OLS均值回归基础上，并采用Cotton分解、Neumark分解对总体及不同院校层次性别工资差异进行分解；同时，采用分位数回归方法对不同年份性别工资方程进行回归，在分位数回归基础上，进一步采用分位数分解方法进行性别工资差异分解，以期深入考察在工资条件分布的不同位置上性别工资差异及其影响因素的贡献度。分析就业质量工时健康差异分解，主要是基于工作时间视角分析其对就业质量健康状况维度的影响，利用Fairlie非线性分解方法对正常工时群体和超时加班群体的健康差异进行因素分解，剖析工作时间对两类群体健康差异的贡献度，以及不同年份工时健康差异的变化趋势。分析单位类型对就业质量主观感知满意度的影响，采用有序Probit回归方法重点分析国有单位就业对整体工作满意度、晋升机会满意度、工作环境满意度造成的影响，并分性别、年份进行样本异质性分析。

其三，从政府、用人单位、高校及大学毕业生个体层面，提出了促进大学毕业生更高质量就业的合理化建议。立足数字经济时代，深入研究我国大学毕业生就业质量的相关问题，不断提升就业质量水平，同时为政府、用人单位、高校及大学毕业生自身提出相应的路径选择。如政府应加大中西部地区就业培训和教育资源投入力度，缩小区域间差异，建立反性别歧视、减弱户籍制度障碍的相关法律法规，以及完善大学毕业生就业政策与就业服务体系等；用人单位应当实施严格的工资工时制度，积极开展职业技能培训，减少对大学毕业生的性别、户籍及区域歧视，不断健全用人单位相关劳动关系和劳动保障体系；高校应注重因材施教，开设与劳动力市场需求相匹配的专业课程，强化高等教育质量以提升大学生就业能力和综合素质；大学毕业生应不断增强自身专业技能和学历水平，积极锻炼增强健康资本，合理规划时间，理性择业，树立正确就业观等。

立足数字经济时代，实现大学毕业生更高质量和更充分就业不仅是对党的二十大精神的牢记和遵循，更是关乎整个社会和谐稳定发展的关键之举。因此，无论是高校、用人单位还是政府都应该加强对大学毕业生就业质量问题的重视，以期切实提高大学毕业生就业质量水平，促进劳动力市场稳健发展。

1.2 研究思路

本书聚焦数字经济发展背景下，首先以大学毕业生就业质量为研究对象，使用省级宏观数据以及2012年、2014年、2016年中国劳动力动态调查数据（CLDS），基于阿玛蒂亚·森可行能力理论和主客观相结合、宏微观相结合的原则选取指标，构建了大学毕业生就业质量指标评价体系，并对总体及异质性分样本大学毕业生就业质量进行了测算和比较，同时对总体及分年份样本大学毕业生就业质量综合影响因素进行回归分析，发现问题并提出研究假设。其次，实证分析了数字经济发展对大学毕业生就业质量的影响，并从工资水平、健康状况和主观感知满意度三个衡量就业质量的功能性活动出发，为了进一步检验研究假设，在分析就业质量性别工资差异分解时，主要基于教育培训视角分析其对总体及不同院校层次大学毕业生工资水平的影响，重点比较分析了教育层次和异质性培训的工资效应，在OLS均值回归基础上，并采用Cotton分解、Neumark分解对总体及不同院校层次性别工资差异进行分解，以考察工资均值位置上性别工资差异及其影响因素贡献度；同时，采用分位数回归方法对不同年份性别工资方程进行分析，在分位数回归基础上，进一步采用分位数分解方法进行性别工资差异分解，以深入考察在工资条件分布的不同位置上性别工资差异及其影响因素的贡献度。在分析就业质量工时健康差异分解时，主要基于工作时间视角分析其对就业质量健康状况维度的影响，以自评健康、心理健康和BMI指数作为健康状况的代理指标，采用Logistic回归分析工作时间对总体、异质性工时群体、分年份样本健康状况各代理指标的影响；同时，在二元离散变量Logistic回归基础上，利用Fairlie非线性分解方法对正常工时群体和超时加班群体的健康差异进行因素分解，剖析工作时间对两类群体健康差异的贡献度，以及比较了不同性别、区域和分年份的工时健康差异变化特点。在分析单位类型对就业质量主观感知满意度的影响时，采用有序Probit方法重点分析了国有单位就业对整体工作满意度、晋升机会满意度、工作环境满意度造成的影响，并对不同性别、分年份样本进行异质性分析，并采用工具变量法和变量替换法进行了两组稳健性检验。最后，本书聚焦数字经济时代，从政府、用人单位、高校及大学毕业生个体层面，为实现大学毕业生更高质量就业提出相应的政策建议。

1.3 研究内容与研究方法

1.3.1 研究内容

本书的研究内容主要包括以下8个章节：

第1章是引言。主要阐述了数字经济发展与大学毕业生就业质量的研究背景和研究意义，明确了本书的研究思路、研究内容和研究方法，并进一步指出了本书的研究贡献与创新之处。

第2章是理论基础与文献综述。首先，梳理了阿玛蒂亚·森可行能力理论、劳动力供给理论、人力资本理论、市场歧视理论等理论文献；其次，对就业质量内涵研究、就业质量测量研究、数字经济发展对就业质量的影响、大学毕业生就业质量影响因素研究等国内外文献进行系统梳理，并对已有文献进行述评，为后文研究奠定了坚实的理论和文献研究基础。

第3章是大学毕业生就业质量评价指标体系构建及综合影响因素分析。首先，对本书研究的大学毕业生群体界定和就业质量概念进行界定，使用2012年、2014年、2016年中国劳动力动态调查数据（CLDS），基于阿玛蒂亚·森可行能力理论和主客观相结合、宏微观相结合的原则选取指标，构建了大学毕业生就业质量评价指标体系；其次，测算了总体及不同性别、户籍、区域分样本的大学毕业生就业质量状况及相应的年份变化趋势，同时进行了异质性教育培训、异质性工作时间、异质性单位类型的就业质量状况差异比较；最后，本章采用OLS回归方法，进一步分析了教育层次、工作培训、工作时间、单位类型等综合影响因素对总体及分年份样本大学毕业生就业质量综合得分的影响，并通过构建就业质量指数进行相应的稳健性检验。在前面研究基础上，本章发现问题并提出了四条研究假设，接下来章节进行检验研究假设。

第4章是数字经济发展对就业质量影响的实证分析。首先，梳理了数字经济发展现状，基于省级宏观数据以及2012年、2014年和2016年中国劳动力动态调查（CLDS）混合截面数据相匹配，根据第3章构建的大学毕业生就业质量评价指标体系，并利用因子分析法得到就业质量得分，同时从数字产业化和产业数字化层面，并利用等权重法构建了数字经济发展指数。其次，本章采用OLS逐步回归方法，分析了数字经济发展对大学毕业生就业质量的影响，对不同性别、城乡、区域样本进行异质性分析，并采用熵权法、CRITIC法、等权重法来重新计算大学毕业生就业质量得分，对被解释变量做替换变量以进行稳健性检验，以期得到数字经济发展对大学毕业生就业质量的影响程度。

第5章是就业质量性别工资差异分解的实证分析。基于2012年、2014年、2016年中国劳动力动态调查（CLDS）数据，为了进一步检验研究假设，主要基于教育培训视角分析其对就业质量工资水平维度的影响，重点比较分析了大学毕业生教育层次和异质性培训的工资效应。首先，设定大学毕业生性别工资决定方程，采用OLS回归分析教育层次和异质性培训分别对总体、不同院校层次大学毕业生工资水平的影响，在均值回归基础上，并使用Cotton分解和Neumark分解分别对总体、不同院校层次大学毕业生进行性别工资差异分解，以考察工资均值位置上性别工资差异情况及其影响因素的贡献度；其次，采用分位数回归方法对不同年份大学毕业生性别工资方程进行分析，在分位数回归基础上，进一步采用分位数分解方法进行性别工资差异分解，以深入考察在工资条件分布的不同位置上性别工资差异及其影响因素的贡献度。

第6章是就业质量工时健康差异的Fairlie非线性分解。基于2012年、2014年、2016年中国劳动力动态调查数据，主要基于工作时间视角分析其对大学毕业生就业质量健康状况维度的影响，以自评健康、心理健康和BMI指数作为大学毕业生健康状况的代理指标。首先，采用Logistic回归分析了工作时间对总体、异质性工时群体、分年份样本健康状况各代理指标的影响；其次，在二元离散变量Logistic回归基础上，对应采用Fairlie非线性分解方法对正常工时与超时加班群体健康差异进行因素分解，剖析工作时间对两类群体健康差异的贡献度；最后，进一步分析两群体间工时健康差异是否存在性别异质性、区域异质性以及其年份变化趋势。

第7章是就业质量主观感知满意度有序Probit实证分析。这一章中使用2012年、2014年和2016年中国劳动力动态调查（CLDS）数据，以整体工作满意度、晋升机会满意度和工作环境满意度作为大学毕业生主观感知满意度的代理指标。首先，利用有序Probit回归分析单位类型对就业质量主观感知满意度的影响，并对不同性别、年份分样本进行异质性回归分析；其次，采用工具变量法和变量替换法进行了两组稳健性检验，以解决可能存在的内生性问题。

第8章是研究结论、政策启示与研究展望。归纳概括本书的主要研究结论，聚焦数字经济时代，从政府、用人单位、高校及大学毕业生个体层面，提出不断促进数字经济发展以及实现更高质量就业的合理化政策建议，同时指出本书的不足之处和未来的研究展望。

1.3.2 研究方法

本书利用省级宏观数据和微观调查数据，从理论和实证层面，聚焦数字经济发展背景，对大学毕业生就业质量状况进行深入分析，所采用的研究方法主要有以下三个：

第一，文献分析法。本书研究数字经济发展与大学毕业生就业质量问题。首先，通过梳理阿玛蒂亚·森可行能力理论、劳动力供给理论、人力资本理论、市场歧视理论等理论文献研究，为后文分析数字经济发展对大学毕业生就业质量的影响，教育培训、工作时间、单位类型对大学毕业生就业质量各维度的影响、就业质量性别工资差异分解、就业质量工时健康差异分解，以及异质性群体就业质量测算等实证分析提供了理论基础。其次，通过对就业质量的内涵、就业质量指标评价体系及影响因素进行国内外相关文献归纳整理，从而对当前文献研究现状有较清晰的认识，并从中发现值得借鉴和后续深入研究的领域。

第二，统计研究方法。统计研究方法是指有关数据的收集、整理、分析，并对其所反映的经济问题作出一定程度解释的方法。在第3章研究大学毕业生就业质量现状及构建大学毕业生就业质量评价指标体系时，采用了相关变量的描述性统计和因子分析方法，分别测算比较了异质性教育培训、异质性工作时间、异质性单位类型的大学毕业生就业质量得分差异；在第4–7章中也均采用了相关变量描述性统计的研究方法，即统计研究方法是本书的重要研究方法之一。

第三，计量研究方法。计量研究方法是运用数理统计和计算机技术，以一定的经济理论和统计资料为基础来建立经济计量模型为主要手段的方法。本书在实证研究大学毕业生就业质量影响的相关问题中，运用了多种计量研究方法，在第3章大学毕业生就业质量综合影响因素分析中，运用OLS回归分析方法，并通过构建就业质量指数进行稳健性检验。在第4章中采用OLS回归、熵权法、CRITIC法、等权重法等计量方法，考察了数字经济发展对大学毕业生就业质量的影响。在第5章中采用OLS回归、分位数回归等计量方法，并采用Cotton分解、Neumark分解以及分位数分解方法对就业质量性别工资差异进行分解。在第6章中采用Logistic回归分析工作时间对健康状况的影响，采用Fairlie非线性分解方法对就业质量工时健康差异进行分解。在第7章中采用有序Probit回归分析单位类型对就业质量主观感知满意度的影响，并采用工具变量法和变量替换法来进行内生性处理。

1.4 可能的创新点

本书利用省级宏观数据和微观调查数据，系统分析了数字经济发展与大学毕业生就业质量的影响。相对现有成果，可能存在的创新点如下：

其一，基于阿玛蒂亚·森可行能力理论，构建了大学毕业生就业质量评价指标体系，并对大学毕业生就业质量进行了测算比较和综合影响因素分析，为就业质量评价相关文献研究提供了一个新的研究视角。由于对就业质量的内涵理解不同，不同学者对就业质量的测量也存在很大差异。本书：一是基于阿玛蒂亚·森可行能力理论和主客观相结合、宏微观相结合的原则选取功能性活动指标，构建了大学毕业生就业质量评价指标体系；二是测算了总体及不同性别、户籍、区域分样本的就业质量状况及相应的年份变化趋势，并进行了异质性教育培训、异质性工作时间、异质性单位类型的就业质量状况差异比较；三是实证分析了数字经济发展对就业质量的影响，系统考察了教育层次、工作培训、工作时间、单位类型等综合影响因素对总体及分年份样本大学毕业生就业质量得分的影响，能够较全面地测度大学毕业生就业质量状况。

其二，利用Fairlie非线性分解方法，对大学毕业生正常工时群体和超时加班群体的健康差异进行了因素分解，并考察了两群体健康差异的性别、区域及年份变化趋势。目前国内学者关于健康差异分解的文献研究较少，本书以异质性工作时间为研究切入点，利用自评健康、心理健康和BMI指数作为大学毕业生健康状况的代理指标，并根据我国《中华人民共和国劳动法》(以下或简称《劳动法》)最新规定，将周工作时间不超过40小时的大学毕业生群体定义为正常工时群体，周工作时间超过40小时的群体定义为超时加班群体，通过健康差异分解，得到工作时间对两群体健康差异的贡献度，以及不同性别、区域和年份的工时健康差异变化特点。以上分析对大学毕业生就业质量健康差异的文献研究进行了丰富和拓展。

其三，利用调查数据，实证分析了数字经济发展对大学毕业生就业质量的影响，区分不同性别、城乡、区域样本进行异质性分析，并采用熵权法、CRITIC法、等权重法重新计算大学毕业生就业质量得分，进行替换变量法的稳健性检验。同时，实证分析了教育培训对异质性院校层次大学毕业生工资水平的影响，并进行了不同院校层次的大学毕业生性别工资差异分解以及考察了性别工资差异的年份变化趋势。关于性别工资差异分解，由于鲜有文献考虑异质性院校层次的视角，鉴于此，本书对不同院校层次的大学毕业生工资决定方程进行回归，并利用Cotton分解、Neumark分解对异质性院校层次的大学毕业生性别工资差异进行了分解，以考察工资均值位置上性别工资差异情况及其影响因素的贡献度；进一步采用分位数分解方法对不同年份性别工资差异进行分解，以深入考察在工资条件分布的不同位置上性别工资差异及其影响因素的贡献度。此外，本书利用整体工作满意度、晋升机会满意度和工作环境满意度作为大学毕业生就业质量主观感知满意度的代理指标，实证分析了单位类型对就业质量主观感知满意度的影响，并对不同性别、年份的大学毕业生进行异质性分析，也进一步拓展了相关工作满意度的文献研究。

2 理论基础与文献综述

就业质量是一个综合性概念，可以反映劳动者从事社会工作所得到的工作条件的优劣程度。如工资水平和福利待遇的高低、职业健康状况、劳动权益是否得到保障，以及劳动者对所从事工作的满意度等。本书基于阿玛蒂亚·森可行能力理论，从工资水平、健康状况和主观感知满意度三个衡量大学毕业生就业质量的功能性活动出发，首先考察了数字经济发展对就业质量的影响，同时在分析就业质量性别工资差异分解时，主要基于教育培训视角分析其对就业质量工资水平维度的影响，重点比较分析了教育层次和异质性培训的工资效应，在OLS均值回归基础上，采用Cotton分解、Neumark分解对总体及不同院校层次性别工资差异进行分解，以考察在工资均值位置上性别工资差异及其影响因素贡献度，以及在分位数回归基础上，进一步采用分位数分解方法对不同年份样本的性别工资差异进行分解，以深入考察在工资条件分布的不同位置上性别工资差异及其影响因素的贡献度。在分析就业质量工时健康差异分解时，主要基于工作时间视角分析其对健康状况维度的影响，利用Fairlie非线性分解方法对正常工时群体和超时加班群体的健康差异进行因素分解，剖析工作时间对两类群体健康差异的贡献度，以及比较了不同性别、区域和年份的工时健康差异变化特点。在分析单位类型对就业质量主观感知满意度的影响时，重点分析国有单位就业对整体工作满意度、晋升机会满意度、工作环境满意度造成的影响，并对不同性别、年份分样本进行异质性分析。因此，本书涉及的理论基础有阿玛蒂亚·森可行能力理论、劳动力供给理论、人力资本理论和市场歧视理论。下面，我们分别对这四个理论进行梳理和分析，为后续研究奠定理论基础。

2.1 理论基础

2.1.1 阿玛蒂亚·森可行能力理论

关于福利经济的文献研究最早可追溯到20世纪20年代，然而早期文献研究主要集中研究“何为幸福或福利”“怎样有效度量”“有哪些因素影响福利”等方面，并且严格遵循三大福利经济学基本定理。传统福利经济学主要是考察物质或者财富对微观个体或者整体社会福利水平的影响，指出：为了有效提高社会经济效率，可以通过优化资源配置，以此增加收入或者消费水平。但在以基数效用函数来度量福利水平时，却忽略了收入差距、社会稳定、政治自由等非经济因素，因此，不能够全面、有效反映真实的福利水平。著名福利经济学家阿玛蒂亚·森反认为，传统的福利经济学过于强调物质财富，却忽视了公平、正义、歧视和收入差距等因素，应当将心理学、社会学等纳入福利经济学分析范畴，使之更加充分，并认为发展的首要目的是自由，是一种实质性的自由，并不应该一味追求经济利益而忽视人的主体地位。本质上来说，经济增长就是自由的拓展。也就是说，人类发展的实质是可行能力的拓展。

阿玛蒂亚·森（Sen，1985）在《以自由看待发展》中提出可行能力理论，认为可行能力理论应当重视“人的主体性回归”，即一个人所拥有的享受自己有理由珍视的那种生活的实质自由，也是这个人有可能实现的、各种可能的功能性活动的组合，让人们有选择的空间去过某种生活或实现某个目标。可行能力方法与传统福利分析方法相比，最显著的改进是考察了除效用以外的非效用因素，即自由因素。传统福利分析方法将福利视为效用，而Sen认为评价福利不能仅仅用效用代替，还应纳入个人选择的自由程度。其中，提到的功能性活动是一个比较概括性的概念，具体指的是个体能够达到的多种多样的状态和活动，比如饮食、出行、接受教育、就业、居住、社会参与等一系列活动，有基本饮食和避免生命损害的基本生存需要，也有包括拥有自尊需要和社会参与等复杂的社会需要。同时，我们基于功能性活动的概念可以得知，本质上来说可行能力并不是某一种单一的能力，而是由一些功能性活动构成的能力集合。如果个体能够完成的功能性活动越多，也就意味着其选择的空间越大，因此获取某种实质性自由的可能性也就越大，而且这种可行能力不仅具有促进发展的工具性作用，更有提升人们生活质量的建构性作用。阿玛蒂亚·森可行能力理论提供了一种衡量个人福利和社会安排的新的评价框架，突破了传统福利经济学的局限，为分析不平等、收入差距、就业、劳动者福利等问题提供了理论基础。可行能力方法作为分析个人福利水平的更加完整的理论体系，得到了国内外学者的广泛认同（高进云等，2007）。

阿玛蒂亚·森（Sen，1992）将评价个人福利的关注点聚焦到功能性活动（functioning）和可行能力（capability）两方面。其中，将可行能力定义为能够让一个人实现各种生活方式或者能够过上更高质量生活的一种能力。即功能性活动是指个人值得去做的事情和达到的水平，而可行能力是指一种实现各种功能性活动的自由（Sen，1999）。功能性活动强调主观上的有价值性和客观上的多元性，可行能力强调个体追求美好生活的自由度。他将可行能力与功能性活动在概念上相互区分，但其实两者之间又存在一定的相互关联性，可行能力的高低决定了实现的可能性和自由度。此外，Sen（1993）基于哲学的视角对个人生活状态进行分析，指出个体所能够做的各种事情和各种存在状态的有效组合构成了其生活质量，特别是能力的运用可以作为中介性的一部分。Sen（2000）、Sen（2005）还将这一理论融入人的发展过程中，指出以能力和自由为衡量标准决定了人的发展，而且随着教育程度不断提高、健康状况积极改善、基本自由促进的经济增长，以此可以获得更高的生活质量和发展能力。Sen（2006）指出，在发展中国家的女性往往会受到较为严重的性别歧视，特别是在就业、教育和健康状况方面。例如，印度女性儿童营养不良、女性识字率偏低等社会现象较为严重，但是女性作为社会的重要组成部分，应当努力加强对女性的权利保护。Sen认为，低收入群体个人自由和权利的缺失是造成社会收入不平等的主要原因，应当提高低收入群体的可行能力，采取措施努力改善收入分配制度，以此缩小社会整体不平等程度。Sen（2009）指出，为了提高整体社会福利水平，可以通过优化劳动力配置来实现，将预期寿命、教育水平和生活质量构成人类发展指数，并将其作为衡量社会和经济发展的重要标准之一，同时指出收入、健康、教育、工作与生活的平衡、人身安全和主观幸福感是测度个人生活质量的重要影响因素。Sen（2013）从印度腐败、行政失效等视角对印度发展进行研究，认为人类自由和可行能力的扩张是目的，GDP增长等其他要素是其手段。Sen（2014）认为，经济发展的本质是为了提高人们所拥有的生活质量，应当把更多的关注点放到个人生活质量、自由、权利与幸福水平的提高方面。

功能性活动与可行能力密切相关，两者分别从不同层面反映个体的福利水平。与功能性活动相比，Robeyns（2005）认为，可行能力的提升更加有意义，因为可行能力反映了个体追求美好生活的自由程度，自由程度越大，福利水平越高。然而，由于自由程度的可观测性，Martinetti（2000）认为，可行能力只是理论上更有价值，而实际情况下对个体的功能性活动进行度量更有意义。已有文献关于可行能力方法的研究也多是重点考察个体的功能性活动（Lelli，2001；Robeyns，2006；Roche，2008；Martinetti和Roche，2009；高进云等，2007；叶静怡和王琼，2014）。功能性活动强调主观上的有价值性和客观上的多元性，具体是指个体在主观上对功能性活动的感知认同，以及个体功能性活动在客观上的多样性。功能性活动的客观多样性种类繁多，不仅包括个体的生存需求（如劳动收入、健康状况等），还包括个体的社会心理活动（如社会交往、心理状况等）。Sen没有给功能性活动列出具体清单。他认为需要公众讨论后才能明确重要的功能性活动（Sen，1993）。然而功能性活动的选择是评价个体福利水平的必要前提，因此，国内外学者分别利用不同的方法对功能性活动进行识别和讨论，从不同的角度做了相关实证研究，对其思想进行了拓展和应用。

Slottje（1991）利用可行能力框架设计了包含20个经济指标在内的幸福感指数，对个体幸福感进行测度。Balestrino（1996）基于可行能力理论框架分析家庭的福利情况，将教育水平或健康状况缺乏导致的单纯的功能性贫困，以及收入水平不高导致单纯的收入贫困和两种贫困相互叠加三种类型，发现对于功能性贫困家庭来说，与经济援助相比较，提供必要的物品或者服务更加重要。Klasen（2000）对南非居民的贫困状况进行测量时，选取了食物、收入、健康、教育等功能性活动。Martinetti（2000）对意大利居民的福利进行评价时，选取了经济条件、健康、教育、心理以及社会交往五种功能性活动。Balestrino和Sciclone（2001）基于1991年意大利调查数据，在可行能力方法指引下，将以经济收入为基础的福利状况和以教育水平、健康状况、就业等功能性活动为基础的福利状况进行了比较分析，指出可行能力理论是评价福利水平的重要方法。Nussbaum（2003）列出了一份包含10种功能性活动的清单，包括生命、健康、情感、娱乐、朋友关系等。Alkire（2007）则认为功能性活动应该包括收入、健康、生活、娱乐、社交等层面。Brock（2010）的功能性活动更侧重于健康，不仅包括身体健康，还包括心理健康。Alkire和Santos（2011）基于可行能力理论，从收入水平、健康状况、教育程度、权利等多个维度来构建贫困。

国内学者利用可行能力理论对不同群体的福利现状进行了一系列的实证检验。例如，基于可行能力理论，高进云等（2007）考察了失地农民的福利现状，徐烽烽等（2010）实证检验了苏南地区土地承包置换经营权的农民福利现状，袁方和史清华（2013）分析了农民工福利与不平等的关系，叶静怡和王琼（2014）对进城务农人员的福利水平进行了评价。他们基于不同的数据，从不同的角度选取了衡量福利的功能性活动。陈雷等（2010）、钱忠好和徐美银（2008）从再就业、经济参与程度、市民化、社会资本、防护性保障等方面选取功能性活动指标，来度量造成失地农民经济困境的原因，并提出了改善失地农民困境的政策建议。基于可行能力理论，张振华（2008）研究了教育制度存在的问题和解决路径。贾燕等（2009）认为可行能力理论能够更多地被用到社会弱势群体之中，比如对于农民群体，可以选取居住条件、经济情况和发展空间作为衡量农民福利水平的功能性活动指标。秦伟国（2010）指出要想有效解决社会性弱势群体问题，应当不断提升该群体的工具性自由和个人选择能力。开昕（2010）利用入户问卷调查数据，借助可行能力理论来研究农民养老选择的难题，研究发现由于养老政策运行效率较为低下，因此不利于农民的养老选择。郭琦（2015）、余戎（2015）利用Sen的可行能力理论，认为加强对低收入群体的关注，应当着重增强对该群体个人自由与权利的保护，以此保障其福利水平。总的来说，功能性活动的选取主要包括收入、健康、心理、社交等。

当功能性活动选定后，如果对不同个体之间福利水平进行比较，则需要对功能性活动进行加总。理想的加总方法是按照不同功能性活动的权重进行加权平均汇总，然而如何确定不同功能性活动的权重，非常困难，而且学术界也没有统一的方法。已有研究多数使用的是固定权重加总或者使用统计方法计算得到权重（Klasen，2000；Lelli，2001；叶静怡和王琼，2014）。然而，Robeyns（2006）认为，如果仅仅是评价个体不同功能性活动的现状以及影响因素，则可以不用加总。基于此，通过以上梳理国内外相关可行能力文献研究发现，阿玛蒂亚·森可行能力理论是衡量劳动者福利水平的一个重要理论，不仅关注人的发展和自由，更强调可行能力是指一种实现各种功能性活动的自由。尽管国内外各学者在分析实际问题时列举的功能性活动清单不尽相同，但总的来说功能性活动指标的选取主要包括收入、健康、心理社交等方面，同时也具有很好的参考价值。

就业质量，本质上是衡量劳动者福利水平的一个综合性概念，可以反映劳动者从事社会工作所得到的工作条件的优劣程度。如工资水平和福利待遇的高低、职业健康状况、劳动权益是否得到保障，以及劳动者对所从事工作的满意度等。基于阿玛蒂亚·森可行能力理论，参照已有文献对功能性活动的选取，主要包括收入、健康、心理社交等，本书对衡量大学毕业生就业质量的功能性活动选择的是工资水平、健康状况和主观感知满意度。其中整体工作满意度、晋升机会满意度、工作环境满意度等是大学毕业生对目前工作是否满意的主观感知，也可以在一定程度上反映出大学毕业生的心理状况。本书通过选取体现就业质量的功能性活动指标，构建就业质量指标评价体系对大学毕业生就业质量进行合理测算和评价，并深入考察影响就业质量功能性活动的重要因素，对进一步解决大学毕业生性别工资差异、工时健康差异及主观感知满意度等就业质量重点问题，有效提升劳动者福利水平和就业质量具有重要意义。

2.1.2 劳动力供给理论

根据新古典劳动力供给理论，每个劳动者只有有限的时间资源。为了使个人效用达到最大化，劳动者将会在有报酬的工作与闲暇之间配置自己有限的时间资源。显然，工资水平不是决定劳动力供给的唯一因素，其对闲暇的需求也是重要决定因素。闲暇是一个综合的概念，是影响工作生活平衡的重要因素，包括各种非市场活动，比如从事休闲、娱乐、社交、健康投资等。可见，大学毕业生工作时间越长，闲暇的时间越短，休闲娱乐和健康投资的时间越少。换言之，闲暇也是影响大学毕业生就业质量的重要因素。接下来，本书从劳动力供给角度分别阐述工作—闲暇的最优组合、工作时间对大学毕业生健康状况的影响。

（1）工作—闲暇的最优组合

大学毕业生的工作和闲暇的时间配置是偏好、工资率以及收入相互作用的结果。为了达到效用最大化，大学毕业生会根据工作带来的效用和闲暇成本进行比较。如果大学毕业生认为工作带来的效用低于闲暇带来的效用，大学毕业生就会增加闲暇，减少工作时间，反之亦然。所以大学毕业生会不断地调整自己的工作和闲暇时间，直到两者给自己带来的效用水平相等为止，此时自身效用达到最大化。在效用最大化时，大学毕业生工作时间决策方程为：

$$\max U(Y,L) \tag{2-1}$$

$$s.t. Y = w(24-L)+R \tag{2-2}$$

效用最大化时的均衡点为：

$$U_L / U_Y = w \tag{2-3}$$

其中，w代表工资率，L代表闲暇时间，（$24-L$）代表工作时间，Y为大学毕业生的财富，包括劳动收入［$w(24-L)$］和初始财富值（R）。U_Y代表大学毕业生收入的边际效用，U_L代表大学毕业生闲暇的边际效用。当效用最大化时，大学毕业生的无差异曲线与预算约束线相切，具体如图2–1所示。

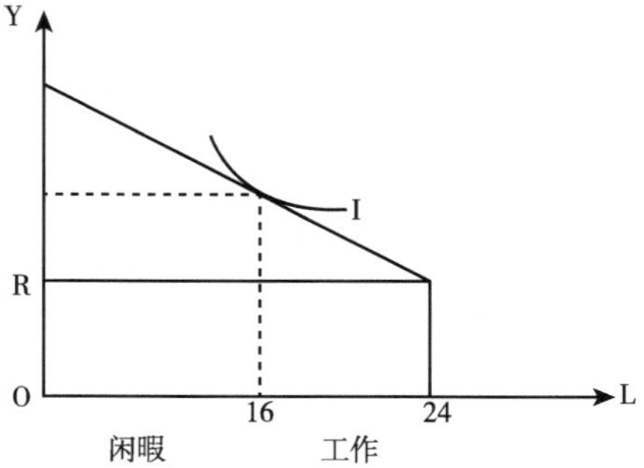

图 2–1　工作—闲暇的最优组合

图2–1中的相切点决定了大学毕业生进行工作—闲暇的最优化投资决策，也决定了大学毕业生在就业市场中进行劳动力供

给的时间。相对而言，工作时间越多，大学毕业生闲暇时间也就越少，进而会对其职业健康状况和就业质量产生影响。

（2）工作时间影响健康状况

Mushkin（1962）认为“健康是一种投资”，健康作为投资商品将决定着人们用于市场或非市场生产活动的时间以及单位时间的效能。在给定的家庭、社会经济发展水平等外部条件下，一个人的健康水平显然取决于其用于保健的投资，这不仅包括物品和货币投入（如购买保健品，改善生活质量等），还包括时间和精力投入（如积极从事体育锻炼、健康养生运动等）。Grossman（1972）提出了健康需求理论，该理论假设消费者不同时期的效用水平取决于每个时期购买的商品数量以及该时期消费者的健康资本存量（赵忠和侯振刚，2005）。以大学毕业生为例，具体分析如下：

大学毕业生健康资本增量为：

$$H_{t+1}-H_t=I_t-\delta_t H_t \tag{2-4}$$

其中，H_{t+1} 和 H_t 分别代表大学毕业生在第 $t+1$ 期和第 t 期累计的健康资本存量水平，I_t 代表大学毕业生在第 t 期对健康资本的投资水平，δ_t 代表健康折旧率。在控制一系列其他因素不变的情况下，与法定工作时间的大学毕业生相比，经常加班、超长时间工作的大学毕业生面临的工作压力以及亚健康的风险更大，因此，超长时间工作大学毕业生的健康折旧率水平大于法定时间工作的大学毕业生。

大学毕业生在 t 时期对应的健康投资函数可表示为：

$$I_t=I(M_t,TH_t;E) \tag{2-5}$$

其中，M_t 代表可用来购买健康投资的货币和物品投入，如医疗保健、卫生服务；TH_t 代表用来进行健康投资的时间；E

代表除健康以外的其他一系列人力资本。

大学毕业生一般商品的消费函数为：

$$Z_t = Z(X_t,\ T_t;\ E) \tag{2-6}$$

其中，X_t和T_t分别代表一般消费品和一般消费品购买时间。

此时大学毕业生不同时期的效用最大化问题为：

$$\text{Max} \quad U = U(\varphi_t H_t, Z_t),\ t=0,\ 1, \tag{2-7}$$

$$\text{S.t.} \quad TW_t + TH_t + T_t + TL_t = \Omega$$

$$\sum_{t=0}^{n} \frac{P_t M_t + Q_t X_t}{(1+r)^t} = \sum_{t=0}^{n} \frac{W_t TW_t}{(1+r)^t} + A_0 \tag{2-8}$$

其中，式（2–8）代表时间预算约束和收入预算约束。$\varphi_t H_t$则代表大学毕业生第t期消费的健康；P_t代表健康投资商品的价格，Q_t代表一般消费品的价格；W_t代表大学毕业生的工资率，TW_t代表大学毕业生的工作时间；TL_t代表大学毕业生的健康不佳造成的时间损耗；Ω代表大学毕业生不同时期的总时间，r代表实际市场利率水平，A_0代表大学毕业生的初始财富值。

大学毕业生效用最大化的均衡条件为边际收益等于边际成本，即：

$$\frac{G_t W_t}{\pi_{t-1}} + \frac{G_t\left[\left(\frac{U_{ht}}{m}\right)(1+r)^t\right]}{\pi_{t-1}} = r + \delta_t \tag{2-9}$$

方程（2–9）等号左边代表大学毕业生健康投资收益曲线，等号右边代表大学毕业生健康投资成本曲线，两者相交决定了大学毕业生对健康的最优需求。健康需求的比较静态分析如图2–2所示。其中A代表健康投资收益曲线，B代表健康投资成本曲线。两者的交点H_t^*代表大学毕业生最优的健康需求。

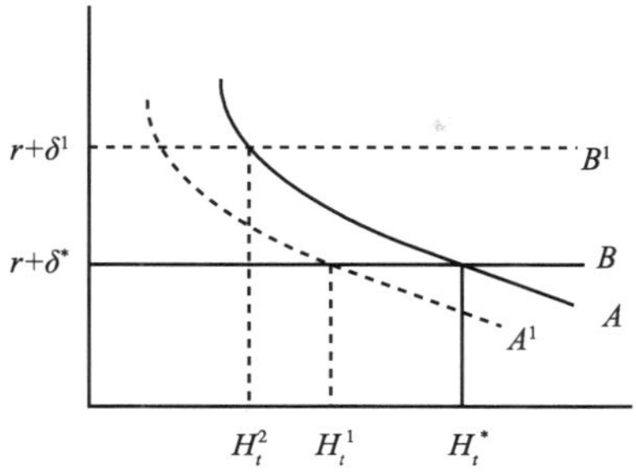

图 2-2 健康需求的比较静态分析

Grossman（1972）认为购买健康，人们付出的成本包括货币与非货币的支出，而且进行消费目的就是为了获得最大的效用水平。人们需要把既定的资源均衡地分配到各种物品和服务上，使健康需求达到最佳状态。虽然大学毕业生增加工作时间会在一定程度上增加收入水平，但由于现有法律法规的不完善，有些加班未必能够按照规定给予大学毕业生足够的加班费用，甚至一些监管不到位的小型企业会强制性要求职工免费加班，因此这类大学毕业生的收入水平也不能有效保障，有限的收入必然会导致对医疗服务等健康保健支出以及其他一般商品的消费支出有限，从而致使其健康收益降低。由图2-2可知，如果健康收益降低，其健康收益曲线向内移到A^1，此时新的均衡点H_t^1显然小于最初的最优健康需求H_t^*。

此外，由方程（2-8）可知，工作时间和用来提升健康水平的时间必然成反向变动关系，即与同一时期法定工作时间的大学毕业生相比较，超长加班工作的大学毕业生用于健康投资的时间必然会更低，即没有充分的时间进行体育锻炼和养生运动，从而健康投资较为不足。经常加班的大学毕业生通常会面临更大的工作压力及亚健康风险，因此其健康资本折旧率也会越高，即工作时间越长，大学毕业生的健康折旧率越大。健康折旧率变大致使健康投资成本曲线向上移动到B^1，此时新的均衡点H_t^2同样小于H_t^*。由此可见，在其他因素不变的前提下，工作时间加长导致大学毕业生健康折旧率提升，进而会减少健康需求，而健康状况又是反映就业质量的重要维度，由此也会导致大学毕业生就业质量降低。

2.1.3 人力资本理论

新古典经济学中的人力资本理论认为，人力资本是影响劳动者就业选择的重要因素。教育投资和工作培训作为人力资本投资的两种主要方式，通过增加劳动者受教育年限、工作经验、职业技能等，能显著提升劳动者人力资本存量，进而提高劳动生产率，使劳动者能够创造更高的边际生产力（Mincer，1974）。显然，人力资本投资对于提升就业质量可以发挥重要作用。接下来，我们分别阐述教育投资和工作培训影响大学毕业生就业质量的作用机理。

（1）教育投资促进人力资本存量增加

Schultz（1961）认为，人力资本积累是促进经济增长的源泉，教育投资形成的人力资本是影响经济增长的重要生产要素之一。Becker（1964）将教育投资和在职培训视为重要的人力资本投资方式。Mincer（1997）的人力资本收入函数（human capital earnings function）中将受教育年限作为重要的解释变量之一。教育投资还可以促进劳动者健康人力资本增加。Catherine和John（2010）认为，教育作为一种社会资源，具有资源替代效应（resource substitution），在拥有较少其他类型社会资源的群体中，教育投资对个体健康的促进作用会更加显著。由此可见，教育投资是大学毕业生人力资本形成的重要途径。教育投资可以提升劳动者的学历水平和健康状况，促进人力资本积累，进而增加人力资本存量（杨俊和李雪松，2007）。

为了进一步阐释原理，本章以大学毕业生为例进行分析，如图2–3中，横轴代表大学毕业生人力资本存量，纵轴代表成本。MR_1代表大学毕业生没有进行教育投资时的边际收益，MC_1代表大学毕业生没有进行教育投资时的边际成本，此时最优人力资本存量为Q_1。当大学毕业生进行教育投资时，边际收益增加，同时边际成本也会增加，当边际收益的增加大于边际成本的增加时，新的均衡点将会右移，如MR_2和MC_2的交点为Q_2，此时，Q_2大于Q_1，这表明教育投资增加了大学毕业生的人力资本存量。

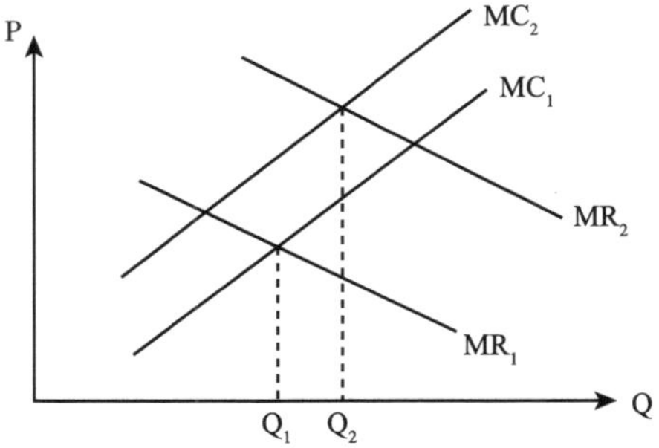

图2–3 教育投资增加人力资本存量

政府财政教育投入也是影响大学毕业生人力资本积累的重要因素之一。刘华和鄢圣鹏（2004）研究发现政府财政教育投入可以显著增加人力资本存量，且教育投资产出弹性存在异质性，其中中等教育投资产出弹性最大。才国伟和刘剑雄（2014）利用OECD跨国数据对公共教育投资的作用进行了实证检验，研究发现政府公共教育投资能够显著促进人力资本水平的提升，而且这种促进作用在融资约束较强、收入风险较大的国家效果会更明显。胡安宁（2014）利用2010年中国综合社会调查数据，对城乡教育投资的健康收益率进行了实证检验，发现教育投资对城乡居民健康都具有显著的正向回报，由于城乡之间义务教育和高中教育质量的差异，导致城乡居民义务教育和高中教育的健康回报存在异质性。可见，由于教育程度和教育质量的不同，大学毕业生教育的收入回报率和健康回报率存在异质性，而收入和健康又是反映就业质量的重要方面，进而也就会进一步导致大学毕业生就业质量产生差异。

（2）教育投资具有生产功能和筛选功能

国内外学者普遍证明了劳动者受教育年限与其收入水平具有显著正相关关系。但是如何解释这种现象，学术界存在很大分歧。人力资本理论认为，教育投资具有生产功能，可以直接提高个体的劳动生产率，从而提高劳动收入。而筛选理论（screening hypothesis）认为，教育投资具有筛选功能，是一种能够区分劳动者生产率高低的筛选工具。

针对这两种理论，大量学者应用不同国家的数据，从不同的角度出发，分别实证检验了教育投资与收入之间的关系。实证检验结果同样存在分歧，有的研究结果支持了人力资本理论，认为教育投资可以显著提升劳动生产率（Lee，1980；Tucker，1986；Cohn，1987；Arabsheibani，1998），还有学者的研究结果认为两者存在混合效应，即存在某些证据可以支持人力资本理论，同样也发现了一些证据支持筛选理论（Lambropoulos，1992；Ziderman，1992）。

教育投资对收入的作用机制究竟是生产功能还是筛选功能，没有统一的定论。本书认为存在混合作用效应，即教育投资对大学毕业生收入的正向影响不仅存在生产功能，提高劳动生产率，而且还具有筛选功能，起到了信号作用。如图2–4所示的教育投资具有生产功能和筛选功能。纵轴代表劳动者收入水平，横轴代表劳动者年龄，HH曲线代表劳动者从18岁高中毕业以后进入劳动力市场的年龄—收入曲线，曲线ABCD代表劳动者进行大学教育投资之后的年龄—收入曲线。一旦进行大学教育投资，18–22岁将会产生直接成本（学费等）和机会成本（放弃的收入），22岁以后进入劳动力市场，其收入曲线CD将高于没有进行大学教育投资时的收入曲线NH。两者的差额是由两部分原因造成的：其一，大学教育投资提高了劳动生产率，即教育投资的生产功能将会产生工资溢价；其二，大学教育投资具有信号作用，即教育投资的筛选功能将会产生工资溢价。

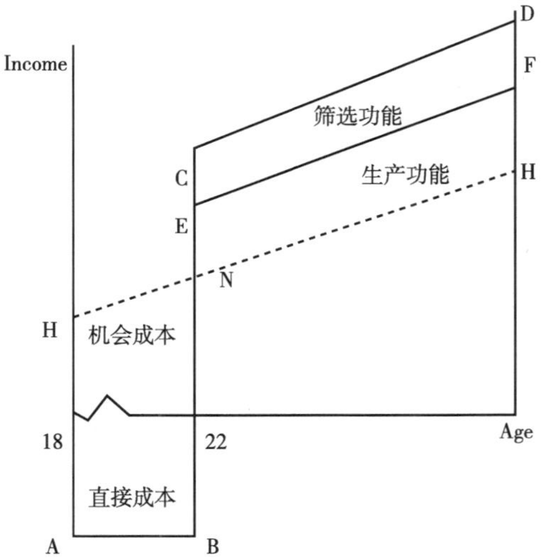

图2–4 教育投资的生产功能和筛选功能

国内学者李锋亮和丁小浩（2003）实证检验了中国劳动力市场中教育投资的生产功能和筛选功能，研究发现在国有经济单位中教育投资很大程度上起到了筛选功能的作用，而在其他经济类型的单位中教育投资对劳动生产率的提升作用得到了更好的印证，即教育投资起到了生产功能。李伟（2001）利用中国23个贫困县的农户调查数据，实证检验了农户的教育水平与其生产率之间的关系，研究表明，农户的教育水平对其劳动生产率的提高具有非常显著的正向影响。孔铮（2008）通过国际比较，分析了教育投资对人力资本积累和就业的影响，研究发现，教育投资不仅可以促进人力资本存量积累，而且对劳动者就业能力具有显著正向影响。韦进等（2009）研究发现高等职业技术教育可以显著促进劳动生产率的提升。张海峰等（2010）实证研究表明教育数量和教育质量都是影响劳动生产率的重要因素，而且教育质量对劳动生产率的促进效应更大。

总之，大学毕业生通过教育投资不仅增加了人力资本水平，而且还具有提高大学毕业生自身生产效率和在劳动力市场中释放信号的作用，以上途径均能够有效提高大学毕业生的工资水平和就业质量。

（3）工作培训提升收入水平和就业稳定性

Becker（1964）认为工作培训如同教育投资，同样属于重要的人力资本投资方式。在Becker人力资本理论中，将工作培训分为了一般培训（General Training）和特殊培训（Specific Training），其中一般培训旨在提高劳动者从事各种工作的生产率，而特殊培训旨在提高劳动者从事某种特定工作的生产率。现实中，政府提供的公共培训承担的角色和一般培训比较相似，而工作单位提供的单位培训则与特殊培训的本质更为相似。实际上，大多数工作培训都包括一般培训和特殊培训的职能，通过提高大学毕业生的劳动生产率，进而提高了大学毕业生的收入水平、就业稳定性以及企业的效益。

关于工作培训对劳动者收入水平的影响，国内外学者的实证研究结果基本一致，即工作培训具有显著的正向工资效应。Groot（1995）对工作单位提供的单位培训如何影响劳动者工资水平，进行了实行检验，研究表明单位培训是提升劳动者工资水平的重要因素。Nordman和Pasquier-Doumer（2014）实证检验了工作培训和职业教育对发展中国家年轻劳动力就业状况的影响，结果显示工作培训能够使他们获得较高的劳动报酬。张世伟和武娜（2013）利用2007年吉林省进城务工劳动者微观调查数据，实证检验了农民工职前培训和在职培训的工资效应，研究发现职前培训对农民工收入水平提高了18.38%，在职培训对农民工收入水平提高了9.45%。如果农民工同时参加职前培训和在职培训，其收入水平将提升20.24%。这表明工作培训对提高农民工收入水平具有显著的正向影响。

工作培训的收入效应可以由图2-5加以说明。其中，纵轴为工资，横轴为时间。如果大学毕业生没有参加工作培训，其工资水平为 $W_1 - W_1'$ ，如果 $o \sim t$ 期间参加工作培训，则培训成本由企业和大学毕业生共同分摊，$W_1 - W_2$ 的面积差额为大学毕业生承担的培训成本，$W_2 - W_3$ 的面积差额为企业承担的培训成本。培训结束后，$W_2' - W_1'$ 的面积差额为大学毕业生获得的培训预期收益，$W_3' - W_2'$ 的面积差额为企业获得的培训预期收益。这种成本收益结构，不仅使企业和大学毕业生得到部分投资收益，而且有利于建立长期的劳动关系，加强了就业稳定性。

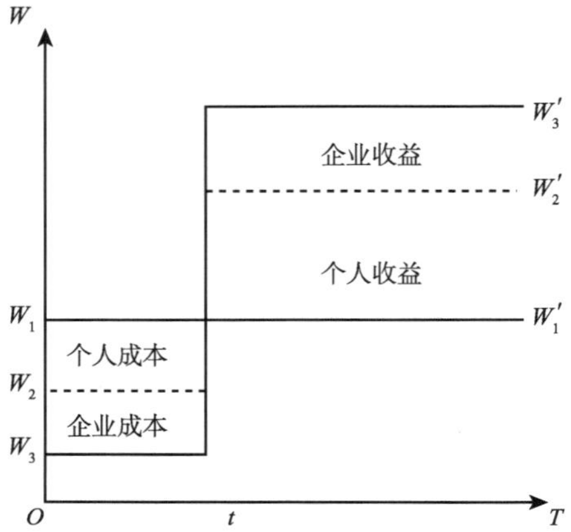

图 2-5　工作培训的收入效应

关于工作培训的工资效应和教育投资的工资效应，不同的学者得到了不一致的结论。Haelermans 和 Borghans（2012）比较了工作培训的工资效应和教育投资的工资效应，研究发现工作培训的工资效应更大。张俊（2015）利用2014年海口新生代农民工微观调研数据，估计了工作培训对新生代农民工的工资效应，研究结果同样表明工作培训可以显著提升新生代农民工的工资水平，而且工作培训的工资效应大于教育投资的工资效应，这与 Haelermans 和 Borghans（2012）的研究结果一致。然而，方超和黄斌（2019）利用2007年CHIP数据实证检验了在职培训和学历教育对劳动者收入水平的影响，研究发现在职培训收益率低于大学教育收益率。

自1999年中国开启了大规模高校扩招，义务教育和高等教育改革显著促进了人力资本积累，提高了国民人口素质和劳动技能水平。工作培训作为另一种重要的人力资本投资方式，也是影响大学毕业生工资水平和就业质量的重要因素。企业和国家为了提高工作效率，给大学毕业生提供了各种形式的培训项目，如企业提供的入职培训，政府提供的阳光工程、星火计划和雨露计划等。厘清学历教育、单位培训和政府培训，究竟哪种人力资本投资方式能够更好地提升大学毕业生收入水平和就业质量，将有利于资源配置进一步优化。

2.1.4 市场歧视理论

经济学家通常假设劳动力市场中存在三种可能的歧视来源（高传胜和高春亮，2011）。第一种歧视来源为雇主、雇员和顾客的个人偏见（personal prejudice），第二种歧视来源通常是先入为主的统计性偏见（statistical prejudgment），第三种歧视来源为市场垄断造成的歧视（monopolistic discrimination）。劳动力市场中存在的各种歧视现象则是造成大学毕业生不同性别、户籍、区域间就业质量差异的重要原因，下面将具体介绍以上三种代表性歧视理论。

（1）个人偏见歧视理论

在个人偏见歧视理论中，主要代表性人物有贝克尔（Gary. S. Becker）和阿罗（Kenneth J.Arrow）。贝克尔（Becker，1957）在1957年出版的《歧视经济学》中提出了歧视理论模型，并给“歧视”下了定义。贝克尔认为，要给“歧视”下一个明确且本质上的定义，需要把货币当作测量歧视的一把量尺。他认为，如果一个人有一种歧视偏好，那么他必定会这样行动，好像他愿意为他与某些人，而不与其他人联系就直接地或以减少收入的形式付出代价。贝克尔进一步强调，当实际的歧视发生时，事实上他肯定要为这种“优惠”付出或放弃收入。贝克尔将不同社会群体进行分类，提出了歧视系数概念，用以定义“歧视偏好”，指出在社会上也会存在一种特殊偏好，雇主、雇员或消费者为了满足这种偏好宁愿放弃一部分利润，也即他们宁愿付出一定的代价，比如可以放弃最大化的利润，在实际工作中也不想与某些特定的群体有交往。就雇主偏见理论而言，以大学毕业生群体为例，如果一个雇主对女大学毕业生抱有偏见，即使男大学毕业生和女大学毕业生具有相同的劳动生产率，他也会选择男大学毕业生而不选择女大学毕业生。如果女大学毕业生想与相同条件下的男大学毕业生竞争工作机会，她们必须接受更低的工资。即如果劳动力市场存在歧视，则会使歧视者和被歧视者双方的利益均受损。雇员歧视模型认为，某一类占有优势地位的雇员，比如男大学毕业生往往存在一定程度的个人歧视偏见，他们认为与某一类雇员如女大学毕业生在一起工作会带来一定程度的负效用（心理上的负效用），因此，非常不愿意甚至拒绝与女大学毕业生在一起工作，进而会远离那些对女大学毕业生执行非歧视性雇用标准的雇主或用人单位。如果想要雇用或留住这些有歧视偏见的雇员，无歧视行为的雇主或用人单位则需要被迫向男大学毕业生支付一定金额的工资奖励以满足他们的偏好，由此高额的雇佣成本将会导致减少女大学毕业生需求量。

个人偏见歧视理论可以用劳动力市场供求分析来理解。假设劳动力市场上的男大学毕业生和女大学毕业生具有相同的劳动生产率，如果所有雇主鉴于某种原因都不喜欢女大学毕业生，那么女大学毕业生的均衡工资必然较低，因为如果工资相同就没有人愿意雇用她们。如果女大学毕业生的相对工资是男大学毕业生的3/4或1/2时，雇主也许会雇用她们。如果所有雇主歧视情感不一致，有一些雇主的歧视程度弱，而另一些雇主的歧视程度强，则随着歧视程度逐渐增强，雇主对女大学毕业生的需求减少。大多数雇员与女大学毕业生雇员的工资差别的大小依赖于两种因素的影响：一是女大学毕业生劳动力的多少，市场上女大学毕业生的供给量越大，她们的相对工资就越低。二是取决于雇主的歧视程度。如果市场上不存在性别歧视现象，需求曲线就具有完全弹性；反之，性别歧视现象越严重，女大学毕业生的相对工资就会越低。此外，阿罗（Arrow，1972）认为由于劳动力之间存在不完全的替代性，黑人和白人之间其实是不能够完全替代的，而且进行劳动力调整也需要花费较大成本。在这样的理论假设之下，歧视性工资差别将会因雇员之间的不完全替代性，而在短时间较难消除。

（2）统计性歧视理论

统计性歧视理论认为，造成歧视的原因是信息不对称或者统计方法不科学。菲尔普斯（Phelps，1972）运用统计性歧视理论分析了种族和性别歧视，对统计性歧视理论展开了深入研究。

通常情况下，以大学毕业生群体为例，雇主希望雇用生产率最高的大学毕业生，然而由于信息不对称，雇主很难完全掌握大学毕业生的劳动生产率，只能利用他们的某些特征来判断其劳动生产率。比如，大学毕业生的性别、受教育年限、年龄、工作经验等特征。此外，雇主还可能利用一些测试和面试等筛选方法进一步辅助判断他们的能力。这种情况下，统计性歧视就产生了，即利用大学毕业生的性别、受教育年限、年龄、工作经验等因素来判断其劳动生产率。因此，即使劳动力市场中不存在个人偏见歧视，由于信息不对称或者统计方法不科学，雇主也会利用不能完全反映劳动者能力的个人特征来甄选大学毕业生，从而造成统计性歧视。

（3）垄断歧视理论

劳动力市场上的歧视现象还与劳动力市场运行有关。瑞克（Reich，1971）认为，劳动力市场不是完全竞争的，而歧视是由个别企业垄断造成的。该理论的关键论点是，女性工资歧视导致女性劳动力的供给弹性小于男性劳动力的供给弹性。以大学毕业生群体为例，女大学毕业生的劳动力供给弹性之所以小于男大学毕业生的劳动力供给弹性，主要理由是：第一，某些女大学毕业生比男大学毕业生在地域和职业方面流动少。例如，非工作角色和非工作价值观，导致妻子因丈夫在某地工作，而无法到其他地方寻找工作。同样，由于职业分工，女大学毕业生的就业机会和职业的选择范围远远不如男大学毕业生那样广泛。由于女大学毕业生的这种地域和职业的不流动性，就某一市场工资水平的变化所引起的职业变动来说，男大学毕业生要比女大学毕业生波动大，所以女大学毕业生对工资变化的反应要小于男大学毕业生，即女大学毕业生的劳动力供给弹性小于男大学毕业生。第二，女大学毕业生劳动力供给弹性小于男大学毕业生与工会有关。男大学毕业生比女大学毕业生更倾向于加入工会组织。由于工会可以建立统一的工资，因此劳动力供给曲线在该工资水平上完全具有弹性，限制了垄断雇主对劳动力市场的影响。在这类企业中，没有参加工会的女大学毕业生的劳动力供给弹性小于男大学毕业生的劳动力供给弹性，由此导致对女大学毕业生不利的工资差异。

随着市场经济的高速发展，中国劳动力市场中的各种制度障碍逐渐减弱，资源配置不断优化。然而，由于各种非市场因素，劳动力市场中仍然存在一些歧视性问题，主要包括户籍和地域歧视、年龄和性别歧视、学历和经验歧视等。如大学毕业生因性别、户籍、区域差异，在劳动力市场中会面临不同程度上的歧视障碍，如企业考虑到用工成本和经济效益，会更愿意雇用男大学毕业生、城镇户籍的大学毕业生，为此女大学毕业生、农村户籍的大学毕业生由于受到歧视，面临较少的就业机会或享有较低的工资待遇，进而会导致较低水平的就业质量。此外，与中西部地区相比，东部地区经济发展程度较高。由于存在垄断竞争和劳动力市场分割，东部地区就业岗位较充分，该地区大学毕业生会面临较多的就业机会、更高的工资福利和更完善的工作条件，由此也就形成了大学毕业生区域间的就业质量差异。

2.2 文献综述

2.2.1 就业质量内涵研究

实现更高质量和更充分就业是中国经济发展的国家战略之一，与时俱进，当前对就业质量的判断、评价及其影响机制的研究尤显重要。学术界对就业质量内涵的界定一直在不断推进，不同的学者相继提出了“工作生活质量”“体面劳动”“工作满意度”“高质量的就业”等概念。不同的概念从不同的角度分别阐释了就业质量的内涵。

“工作生活质量（quality of working life）”重点强调了劳动者工作和生活的平衡，工作和生活良好的平衡关系是提升就业质量的重要途径。美国职业培训和开发委员会委员（Nadler和Lii，1983）提出“工作生活质量”的概念，认为工会和管理部门应该综合考虑岗位上劳动者的工作与生活因素，以及两者之间的平衡程度。Kalra和Ghosh（1984）深度剖析了工作生活质量应该包含的层面，认为工作生活质量应该涉及薪酬福利、生活满意度等15个综合性层面。Efraty和Sirgy（1990）则进一步推进了工作生活质量的含义，将自尊和自我价值实现也纳入了工作生活质量的概念范围之内。

“体面劳动（decent work）”重点强调就业的自由和有尊严，本质上是以人为本的劳动，劳动过程中应该充分考虑人的因素。国际劳工组织（ILO，1999）提出体面劳动（Decent work）概念，认为体面的、高质量的就业应该是自由的和非强迫的、机会平等的、安全的、有尊严的工作。国际劳工组织认为除了考虑劳动者的自由和尊严，劳动者在工作过程中还应该有丰厚的工资水平、社会保障福利，相应权益受到保护。Anker（2003）认为体面劳动是指男性和女性能够获得自由、平等、安全和较为有尊严的生产性劳动的机会。由于体面劳动的本质是以人为本，对就业质量的概括更为全面，所以很多学者认为体面劳动能够很全面地概括就业质量的内涵。

“工作满意度（job satisfaction）”重点强调劳动者从工作过程中获得的效用，劳动者的工作满意度能够很好地评价劳动者的主观感受。欧盟（European Commission，2002）认为就业质量不仅仅是工作本身，还包括员工与工作场所的匹配程度及劳动者的主观感受。Schroeder（2007）认为评价高质量就业不仅是收入，还包括对工作环境的综合满意程度。还有学者认为，就业质量应该包含主观和客观两方面，从主观角度出发，Eurofound（2012）将就业质量定义为劳动者从工作中获得的“效用”水平，主要通过劳动者的情感、工作满意度等福祉来测量。从客观角度出发，就业质量强调的是劳动者的客观工作特征，如劳动者的收入水平等。Green等（2013）进一步强调了就业质量的主客观维度，并在第五届欧洲工作状况调查（EWCS）的研究报告中明确提出：从客观角度出发，就业质量被定义为一系列影响劳动者福祉或劳动者需求的工作特征；与客观就业质量相比，主观就业质量主要是从工作特征对劳动者福祉水平的影响进行考量，侧重劳动的产出过程，而并非劳动的投入过程。换言之，主观就业质量侧重关注劳动者对于工作水平的主观评价，也即劳动者的主观工作满意度。

“高质量的就业（high quality work）”是国内学者自党的十九大报告提出“实现更高质量和更充分就业”目标后，经常用到的一个概念。由于国情的特殊性，判断标准相差悬殊，国外的一些理论也不能完全解释中国的现实问题。21世纪以来，国内学者开始对就业质量问题进行研究，但主要还是在国外学者对就业质量认识的基础上进行研究。概括来讲，国内学者对就业质量有主客观之分和宏微观之分，其中主观上为劳动者对就业状况的主观满意度等主观感知，客观上为薪酬福利和工作状况等，微观上为就业条件及劳动者主观感受，宏观上为市场运行情况和资源配置效率（国富丽，2009；何蓉，2013；乔珊，2015）。

具体来看，刘素华（2005）从客观角度出发，认为就业质量是客观反映劳动者在劳动过程中以及在生产资料相结合的过程中所能够得到工资报酬的优劣水平，主要涵盖聘用条件、工作性质、工作环境、劳动关系和社会保障等方面。岳昌君（2013）从主观角度出发，认为大学毕业生工作满意度是综合各方面因素对就业状况的一种主观感受，能够较为准确地反映大学毕业生的就业质量状况。

程蹊和尹宁波（2003）基于宏观层面，认为应当从劳动生产环境、就业者的生产效率、就业者对经济生活的贡献程度三个方面去衡量就业质量。国富丽（2009）基于微观层面，指出大学毕业生就业质量主要涉及就业机会、工作收入、工作地点、工作时间、工作环境等方面。马庆发（2004）对就业质量的认识和“体面劳动”比较相似，认为社会地位、薪酬、社会保障、晋升机会是衡量就业质量的四个维度，其中社会地位可以在一定程度上反映出劳动者的自尊和自由；除了社会地位外，还要充分考虑劳动者的薪酬和社会保障等因素。涂晓明（2007）、邢朝霞和何艺宁（2013）、苏丽锋和陈建伟（2015）、卿石松和郑加梅（2016）对就业质量的认识都考虑到了“工作满意度”，认为工作满意度是衡量劳动者对就业质量的主观感受，可以在一定程度上作为就业质量的代理指标。

此外，还有学者对就业质量综合考虑了很多因素。例如，代锋和吴克明（2009）认为就业质量是一个可以综合反映劳动者就业状况和社会整体发展状况的指标。周章明等（2012）认为就业质量内涵具有相对性、时代性、多元性、多维性。赖德胜和石丹淅（2013）认为就业质量是一个包含多种因素的综合概念，从劳动者角度来看，就业质量涉及劳动报酬、工作时间、工作环境、社会保障等与所有劳动者个人相关的要素；从国家、地区或行业发展角度来看，就业质量会涉及劳动生产率、工作效率、就业率等因素；从劳动者的就业状态来看，则又可以分为工资雇用、自我雇用和失业三种劳动者就业状态。张抗私和朱晨（2017）认为就业质量应当同时涵盖客观和主观因素，包括个人特征、学校特征、家庭社会、工作特征等方面，并通过结构方程模型确立了个人特征、工作特征、收入满意度三个方面的大学生就业质量。

梳理上述文献可知，国内外组织或学者对于就业质量的内涵都做了相应的阐释和贡献，接下来，本书将代表性的国内外就业质量的内涵汇总如表2-1所示。

表 2–1 国内外就业质量的内涵

代表性作者	关键词	主要内涵
Nadler和Lii（1983）；Kalra和Ghosh（1984）；Efraty和Sirgy（1990）	工作生活质量 quality of working life	重点强调了劳动者工作和生活的平衡，工作和生活良好的平衡关系是提升就业质量的重要途径
ILO（1999）；Anker等（2003）	体面劳动 decent work	重点强调就业的自由和有尊严，本质上是以人为本的劳动，劳动过程中应该充分考虑人的因素
欧盟（2002）；Schroeder（2007）；Eurofound（2012）；Green等（2013）	工作满意度 job satisfaction	重点强调劳动者从工作过程中获得的效用水平，劳动者的情感、工作满意度能够很好地评价劳动者的主观感受
刘素华（2005）；岳昌君（2013）	就业质量包括主客观之分	从客观角度出发，主要包括聘用条件、工作性质、工作环境、劳动关系和社会保障等；从主观角度出发，认为工作满意度是综合各方面因素对就业状况的主观感受，能够准确地体现就业质量
国内学者	高质量的就业 high quality work	国内学者自党的十九大报告提出“实现更高质量和更充分就业”目标后，经常用到的一个概念

总的来说，本书认为，就业质量本质上是衡量劳动者福利水平的一个综合性概念，可以反映劳动者从事社会工作所得到的工作条件的优劣程度，如工资水平和福利待遇的高低、职业健康状况、劳动权益是否得到保障，以及劳动者对所从事工作的主观满意度等。

2.2.2 就业质量测量研究

由于对就业质量的内涵理解不同，不同学者对就业质量的测量也存在很大差异，总的来说可以分为四类：其一，基于微观个体的主观工作满意度来测量就业质量；其二，基于劳动者就业情况构建就业质量评价指标体系综合测量就业质量；其三，基于宏微观角度，测量就业质量；其四，构建就业质量指数，测量就业质量。具体情况如下：

（1）基于微观个体的主观工作满意度来测量就业质量

Clark（1997）利用劳动者的主观工作满意度来评价就业质量，认为工作满意度是对其工作是否满意的最直接和最重要的主观感受，并且可以简化和测量。Sloane和Williams（2000）同样利用劳动者对其工作情况的主观满意度来测量就业质量。Rafael和Enrique（2005）认为劳动者的主观工作满意度可以在一定程度上反映劳动者的就业质量，并实证分析了不同国家劳动者就业能力与工作满意度之间的关系，研究指出，如果劳动者自身拥有较强的就业能力，那么能够较为显著地提升工作满意度。冷天琼（2008）将工作满意度作为测量就业质量的一个重要维度，认为工作满意度是和薪资、工作环境一样不可或缺的重要维度。总的来说，工作满意度反映了劳动者的主观感受，可以在主观感知层面反映劳动者的就业质量。

（2）基于劳动者就业情况构建就业质量评价指标体系综合测量就业质量

很多学者测量劳动者就业质量都是利用该方法或者挑选几个重要的维度来测量就业质量。Beatson（2000）认为评价就业质量指标应当用薪酬、工作保障、工作时间等多维度的一系列职业特征来衡量。European Commission（2002）构建了内在工作质量，技能、终身学习和职业发展，性别平等，健康和工作安全，灵活性和安全性，多样性和非歧视性等在内的十个工作质量指标。Anker等（2003）认为就业质量指标包括薪资待遇、劳动安全、工作稳定性等11个维度，且指标应依据时间、地区适时调整。European Foundation（2003）认为职业和就业安全、健康和福利、技术发展以及非工作和工作生活的和谐是构成就业质量的重要维度。Morton（2004）利用10个指标研究了加纳小微企业的就业质量。Aldrich（2010）认为就业质量应该包含工作效率、职位匹配、工作报酬三个方面。联合国欧洲经济委员会（UNECE，2010）从8个维度对就业质量进行衡量，包括就业安全维度和道德规范、就业薪酬福利、工作与日常生活的平衡、就业的安全性和社会保障、社会对话、技能发展与培训、职场人际关系和工作积极性、工作时间。

国内学者陈俊傲等（2004）针对大中专毕业生群体尝试构建了就业质量指标体系。李金林等（2005）主要从主体、客体、对象三个层面构建就业质量指标评价体系。刘素华（2005）指出测评就业质量应当主要涵盖聘用条件、薪资水平、工作环境及社会保障等方面。秦建国（2007）将指标体系的构建划分为就业前的主客观前提指标、就业岗位质量指标、就业满意度指标、就业宏观表现指标和毕业生平均起薪。柯羽（2007）认为劳动力供需比、薪资、社会认可度均是客观评价就业质量的指标。杨河清和李佳（2007）主要基于工作条件、劳动关系、社会保障共计3个维度构建了就业质量指标评价体系。陈欢和刘春风（2012）构建了由就业率、毕业生供需比、薪金水平、就业结构和社会认可度构成等5个一级指标和12个二级指标在内的高校毕业生就业质量指标评价体系。张抗私等（2015）则从就业机会、就业激励、就业环境、就业满意度、劳动保障5个方面构建了14个二级指标43个指标层的大学生全口径就业质量指标评价体系。吴东红和刘北（2016）依据系统性、通用性、客观性和科学性原则，构建了包含就业率、就业结构、供求关系分析、薪资状况、社会认可度、政策扶持在内的就业质量指标评价体系。吴新中（2017）利用德尔斐法构建了大学生就业质量指标评价体系，其包含政府、毕业生和社会共3个层面一级指标，6个二级指标、17个三级指标。

（3）基于宏微观角度，测量就业质量

有的学者对就业质量的测量分为宏微观角度。微观角度是指劳动者自身角度，如张国庆（2003）认为劳动者就业能力是反映劳动者个体就业质量的重要微观维度。廖志成（2005）认为就业率、工作收入、就业机会均是影响大学生就业质量的重要因素。杨黎明（2012）特别指出劳动者的就业质量和薪酬收入多少相关，在同一区域和同一行业，薪酬收入的多少显然和劳动者的就业质量呈现正相关。从宏观角度来看，程蹊和尹宁波（2003）认为工作环境、生产效率、就业者对经济生活的贡献程度是影响就业质量的宏观层面。李斌（2009）指出政府、社会和经济发展均会影响大学生就业质量水平。国富丽（2009）则指出应当从宏观和微观视角考察毕业生就业质量更为全面。赖德胜等（2011）基于统计年鉴数据，构建了一个包含就业环境、就业能力、就业状况、劳动者报酬、社会保护、劳动关系共计6个维度的一级指标，涉及20个二级指标和50个三级指标的就业质量评价指标体系，并采用主成分分析法测量了中国30多个省份的就业质量状况。翁仁木（2016）认为应当从国家、地区、行业角度整体性综合评价就业质量，并积极关注经济社会因素影响。

（4）构建就业质量指数，测量就业质量

加拿大帝国商业银行2011年曾提出就业质量指数的概念，并将就业补偿指数、就业稳定性指数、全职就业比重共同作为就业质量指数的衡量指标。近年来，国内学者也开始尝试构建国内就业质量指数，但目前研究相对比较薄弱。

2.2.3 数字经济发展对就业质量的影响研究

Tapscott（1996）最早正式提出“数字经济”概念，认为数字经济是一个广泛运用ICT技术的经济系统。此后，世界各国、组织及学者陆续开展了数字经济的内涵及测算研究，但由于各国数字经济发展程度不尽相同，目前国际上尚未对数字经济内涵达成共识，概括来讲有广义和狭义之分。狭义的数字经济被理解为一种产业经济，即数字产业化，从传统国民经济部门中剥离出来的数字化服务或货物的生产、消费与分配活动（Barefoot等，2018）。广义的数字经济被视为一种经济活动，这种经济活动典型特征是数字化信息与知识被作为新生产要素，通过以信息化网络作为载体，促进效率提升和宏观经济结构优化的经济活动总和（Dean等，2016；IMF，2018）。关于数字经济的测算研究，不同国家或组织并不完全一致。OECD（2018）指出数字经济规模现阶段可用数字经济产业增加值来体现。欧盟统计局（Eurostat，2017）构建数字经济和社会指数，侧重以数字技能、数字设备以及数字化中间产品或服务等数字化投入带来的全部经济产出来衡量数字经济发展。美国经济分析局（BEA，2019）指出测量数字经济应包括电子商务和数字服务，并以供给使用表对美国数字经济增加值进行测算。澳大利亚统计局（ABS，2019）认为数字经济是指通过互联网、移动电话等信息通信技术，进行的包括互联网购物、电子交易、搜索服务等所有经济活动。

聚焦国内，习近平总书记在2016年G20杭州峰会上首次提出数字经济，并指出数字经济发展成为中国创新增长的主要路径。2017年，数字经济被正式写入政府工作报告，并明确促进数字经济加快成长的需求。关于数字经济定义和测算，中国信息通信研究院做了深入研究，2020年7月公布的《2020年中国数字经济发展报告》将数字经济定义为：数字经济是以数字化的知识和信息作为关键生产要素，以数字技术为核心推动力，以现代信息网络为重要载体，通过数字技术与实体经济深度融合，不断提高数字化、网络化、智能化水平，加速重构经济发展与治理模式的新型经济形态。报告指出数字经济测算主要包括数字产业化、产业数字化、数字化治理、数据价值化四个部分。此外，国内学者续继和唐琦（2019）指出数字经济发展带来的福利提升是核算难点，并探讨了数字经济测算误差与生产率悖论相关性。向书坚和吴文君（2019）基于OECD数字经济研究框架，测算了中国电子商务产业和数字促成产业的增加值。总的来说，数字经济实质上是一个阶段性的概念，其内涵和外延将会不断深化，而数字经济测算目前尚未有统一口径的核算体系，未来仍将是各国亟待解决的重要议题。

就业质量是一个综合性概念，不少学者将森的可行能力理论作为反映就业质量概念的理论基础（Robeyns，2005；Martinetti和Roche，2009；张凯，2015）。Sen（1992）提出可行能力理论，将评价福利的关注点聚焦到功能性活动和可行能力两方面。功能性活动指值得去做的事情和达到的水平，可行能力是指一种实现各种功能性活动的能力及自由（Sen，1999）。Sen（2009）认为可行能力理论不仅适用于微观个体，也可延伸至社会经济发展层面。他指出，为了提高整体社会福利水平，可以通过优化劳动力配置来实现。本书中的“就业质量”是指宏观层面的各省份就业质量状况。基于森的可行能力理论，就业能力是各省份能够实现更高质量就业的一种可行能力，诸如各省份人力资本水平、培训和技能人才状况，而就业环境、劳动报酬和劳动保护都是反映各省份就业质量的重要功能性活动，数字经济发展通过优化以上可行能力和功能性活动，进而有助于提高整个社会福利水平和实现更高质量就业。

数字经济发展有助于实现更高质量就业的影响机理，具体表现在以下四个方面。一是数字经济发展促使各省份就业环境持续改善。随着新经济、新技术、新职业不断涌现，新增市场主体、新增企业等私营经济活力不断被激发，劳动生产效率不断提高，从而优化了就业环境、拉动了经济增长。《中国数字经济发展报告（2020）》[①]显示，从2016年到2019年我国数字经济对GDP增长贡献率始终保持在50%以上，数字经济已经成为双循环新发展格局下经济快速发展的新引擎，各省份整体就业环境不断改善。二是数字经济发展有助于提高各省份整体就业能力。随着数字技术的应用普及，各地区大力开展"互联网+职业技能培训计划"，高技能人才培养和人力资源建设持续推进，全国高技能人才队伍不断壮大，劳动者教育程度、技能水平等综合就业能力将不断增强。2018年我国全年共组织各类职业培训1650万人次，其中就业技能培训850万人次，全国累计有2900多万人获得各类专业技术证书[②]。根据规划，"十四五"时期劳动年龄人口平均受教育程度预计达11年以上，人口素质水平全面提升，从而为就业质量提升奠定良好的人力资源基础。三是数字经济发展有助于提高整体劳动报酬。当前随着数字经济发展，电商直播、新媒体运营、即时物流等新业态蓬勃发展，降低了创业门槛、拓宽了劳动者职业选择，自主就业、多点就

---

① 中国信息通信研究院：《中国数字经济发展报告（2020）》，http://www.caict.ac.cn/kxyj/qwfb/bps/202007/t20200702_285535.htm，2020年7月2日。

② 张车伟：《中国人口与劳动问题报告》（2019年版），社会科学文献出版社2019年版。

业等灵活就业新模式有利于提高居民收入水平，缩小城乡收入差距，提高社会保险参与率（赵建国和周德水，2020；苏岚岚和孔荣，2020）。2018年全国居民人均实际可支配收入达到2.8万元，实际增长6.5%；城镇社会保险覆盖率继续扩大，2018年末城镇职工参加基本养老保险、医疗保险人数分别增长至4.19亿人、3.17亿人[①]。四是数字经济发展有助于引发劳动保护新变化。数字经济催生了众多新就业形态，改变了传统的雇佣关系和就业模式，衍生大量的新型社会分工方式，越来越多的灵活就业者选择自主创业或与第三方平台建立雇用关系，引发劳动关系多元化发展、劳动权益保护有待提升（崔学东和曹樱凡，2019；张毓龙和刘超捷，2020）。当前强化劳动法律法规的包容性，兼顾就业灵活性和劳动者权益保护，增强公共就业服务，成为"十四五"时期应对劳动力市场变革迫切需要解决的重要议题。

2.2.4　大学毕业生就业质量影响因素研究

由就业质量的内涵可知，就业质量是一个综合性概念。就业质量的综合性决定了影响大学毕业生就业质量的因素有很多。总的来说，影响大学毕业生就业质量的因素包括内因和外因两方面。其中内因主要是指大学毕业生自身的因素，如就业能力等，外因主要是指除自身因素以外的其他影响大学毕业生就业质量的因素，如市场因素等。

具体来看，在内因方面，Bills（2003）认为受教育年限、学习成绩、专业水平等是影响大学毕业生就业质量水平的重要因

① 国家统计局：《2018年国民经济和社会发展统计公报》，http://www.stats.gov.cn/tjsj/zxfb/201902/t20190228_1651265.html，2019年2月28日。

素。Hettich（2010）分析了大学毕业生就业质量的影响因素，认为大学毕业生的自身品质、人际交往能力、未来职业规划等都是决定就业质量的关键因素。Sullivan等（2012）指出大学毕业生的团队精神等综合素质对其就业质量有重要影响。Gershuny和Klerk（2012）认为决定大学毕业生就业质量水平的是良好的综合心理素质和积极的就业观念。Stier（2015）利用2005年国际社会调查项目（ISSP）数据，从工作安全、工作时间、工作内容以及劳动者的工作成就角度综合测量了劳动者的就业质量，研究发现劳动者的技能水平是影响就业质量的重要因素，高技能水平的劳动者的就业质量要显著高于低技能水平的劳动者。

在外因方面，Portes（1998）指出依赖于家庭层面的人际关系等社会资本是影响劳动者就业质量的重要因素。Salais（2003）、Reilly（2007）等学者从劳资关系、就业环境、性别歧视等角度对就业质量问题进行深入探讨，研究表明劳资关系、就业环境和性别歧视等市场因素是影响就业质量的重要因素。Psychogios（2010）研究同样发现良好的劳资关系可以显著提升就业质量。Marino（2011）对大学毕业生就业质量的影响因素进行了实证分析，研究发现学校的综合实力、专业设置、就业指导等是影响大学毕业生就业质量的外在因素。此外，Kougioumoutzaki和Kalamatianou（2012）从内外因两方面入手，认为影响大学毕业生低质量就业的原因有当前的就业政策不协调、信息不对称、学生自身素质较低与市场需求不匹配等。Findlay等（2013）从宏观、中观和微观角度出发，深入探讨了一系列影响就业质量的因素，具体来看，宏观角度包括劳资关系和制度体制，中观角度主要是指工作单位，微观角度包括劳动者的就业能力和个体特征因素等。

国内学者关于大学毕业生就业质量影响因素进行了较为

丰富的研究。概括来看，关于大学毕业生就业质量的影响因素研究也可分为内因和外因两方面因素。关于内因方面，李颖等（2005）以大学毕业生内在素质、工作能力以及社交能力作为大学毕业生就业能力的三个方面，实证测度了就业能力对就业质量的影响，研究发现就业能力是影响就业质量的重要因素。姚艳红和张晶（2010）研究发现大学毕业生表达情绪、调控情绪等情绪智力与就业质量呈显著正相关。刘春雷和于研（2011）从大学毕业生对就业前景的态度、就业地域及意向单位选择、对月薪的要求等方面进行分析，发现大学毕业生择业动机、就业心理特征是影响就业选择的重要因素。孟大虎等（2012）实证研究发现，成绩、英语证书、党员等会显著提升大学毕业生就业质量。张抗私和盈帅（2012）基于性别角度，发现个人素质和意愿是影响女大学毕业生就业质量的最重要因素，社会传统观念对女大学毕业生就业质量有负面影响。罗莹（2014）进一步发现就业能力中的沟通合作和自我认识对就业质量的影响程度最大，就业能力与其呈正相关关系。刘翠花和丁述磊（2017）采用分位数回归的方法，实证检验了职业资格证书对不同分位点上大学毕业生就业质量影响程度存在倒U形变化趋势，且对女大学毕业生就业质量的正向影响更显著。

关于外因方面，代锋和吴克明（2009）从社会资本角度出发，探讨了劳动报酬、工作稳定性、社会保障、职业发展空间等因素对大学毕业生就业质量的影响，并指出社会资本与就业质量呈正相关。王霆和张婷（2014）指出扩大就业战略背景下，大学毕业生就业质量逐步下滑的现实问题日益显现。蔡海静和马汴京（2015）定量评估了扩招政策对大学毕业生就业的异质性效应，研究发现因扩招而获得大学录取机会，其大学文凭为“敲门砖”角色，显著降低了缺乏工作经验的新毕业生失业概率，但未能明显改善其就业质量。莫荣等（2018）指出在当前新时代背景下，我国高校毕业生就业质量状况稳中向好，就业质量指数轻微上升、总体水平比较平稳，但是仍然存在一定的就业压力。此外，关于内外因兼备方面，黄敬宝（2012）指出人力资本和社会资本会对大学毕业生就业地区、行业、月薪等方面产生重要影响，两者是导致大学毕业生就业质量差异的双轮驱动力。洪文建（2013）对大学毕业生初次就业质量的影响因素进行研究，认为社会资本的校友联络越丰富越能显著提升其就业质量。王子成和杨伟国（2014）提出了从教育匹配、专业匹配、能力匹配三个维度构建大学毕业生就业匹配多维度测量模型，并实证发现就业匹配对大学毕业生工资和就业稳定性均产生显著影响。

同时，基于前面梳理的阿玛蒂亚·森可行能力理论可知，工资水平、健康状况和主观感知满意度是三个衡量大学毕业生就业质量的功能性活动，也是影响大学毕业生就业质量重要的影响因素。接下来，本书重点梳理学历水平与工资差异相关文献、工作培训与职业资格证书相关文献、工作时间与健康状况相关文献、工作满意度相关文献。其中，工作培训和职业资格证书是反映大学毕业生工作技能的重要因素，因此本章也对其进行了相关文献研究梳理。

（1）工资差异文献研究

工资差异是反映就业质量的一个重要层面。国外一些经济学家对性别工资差异的影响问题进行了大量的研究，并取得了一些有价值的成果。如 Bergmann（1974）、Blau（1988）研究发现，在劳动力市场中存在着男性劳动市场和女性劳动市场制度上的分割，从而造成女性主导职业的工资率低于男性主导职业的工资率，男女工资差异明显的现象。Khanna（2012）曾利用印度劳动力市场的数据，发现2009—2010年在印度低端劳动力市场上性别歧视更加严重，除了模型中男女教育收益率的差异以外，种族差异是性别歧视的重要来源。此外，Belzil和Hansen（2002）研究显示，美国男女大学毕业生工资差距在20世纪波动剧烈，1914—1940年呈下降趋势，在1950—1995年呈现上升态势，而且工资不平等现象的加剧与教育回报率的上涨并驾齐驱。同样在市场经济发达的美国，尽管几十年来一直贯彻反歧视的法律与实践，性别歧视有所下降，但劳动力市场中的性别歧视依然存在。如Ballance（2012）研究发现，1980—1984年美国劳动力市场中性别歧视占性别工资差异的88.9%，2005—2010年性别歧视仍可以解释性别工资差异的87.2%。此外，除性别工资差异外，工资工时作为劳资关系的重要内容，成为各国劳动法关注的重点。美国在1938年通过了《公平劳工基准法》，该法明确了与劳动者工资工时相关的规定，成为美国公平劳动的基本法律（王天玉，2016）。具体来看，该基准法不仅规定了最低工资标准，而且对周工作时间、超时工资率、性别歧视违法行为的相关赔偿责任和处罚都进行了规定（罗正环，2019）。

关于国内劳动力市场，Meng（1998）研究表明，1990年代末期，中国女性工人的工资低于男性工人20%，工资差异的84%应归结为性别歧视，在加入职业哑变量后，性别歧视的贡献率仍然高达78%。此外，另有研究表明，随着市场化程度的提高，人力资本回报率也不断提升，性别在受教育程度和工作技能上的差异得以在工资上逐渐显现出来（王美艳，2005；Zhang等，2005；Hughes等，2002）。陈良焜和鞠高升（2004）通过经验数据表明低教育水平职工的男女收入差距大于高等教育的职工，特别是处于竞争劣势的女性劳动力就业越来越困难。

张世伟和郭凤鸣（2009）则通过对东北城市劳动力市场中男性和女性工资方程的分位数回归，发现随着分位数的提高，性别工资差异不断减小，但性别工资歧视程度却不断扩大。赵显洲（2014）通过工资差异分解发现，与女性工资率相比，男性要高出13.56%，并指出在考虑到选择偏差和就业概率后，工资差异则主要来自就业性别歧视。蔡颖（2015）利用分位数回归方法实证分析发现，性别工资差异随着分位点提升而增大，低分位点上特征效应是造成工资差异的主要原因，而高分位点上市场歧视是主要原因。李得元和李兴绪（2015）利用2012年世界银行STEP住户调查数据分析指出，劳动力市场上女性教育回报率低于男性教育回报率，而随着教育层次的提高，教育回报率呈现上升趋势；劳动力市场上存在工资性别差异，高中以上学历的就业者中男性工资明显高于女性，而这一差距超过82%的部分是由于性别歧视因素造成的。夏庆杰等（2015）基于历年CHNS数据，发现中国1991—2011年市场转型期间性别工资差异不断增加，市场歧视是造成该现象的主要原因。郑加梅和卿石松（2016）则提出非认知技能或人格特质，风险偏好、竞争态度和工资议价意愿等心理行为特征，对教育获得、职业选择和工资收入等具有广泛影响；他们认为非认知技能和心理特征以及由此形成的工资回报存在较为明显的性别差异，因而会对性别工资差距产生一定程度的潜在解释作用。曲兆鹏（2016）利用全国大学毕业生就业数据研究发现，男女大学毕业生的起薪工资差异甚至达到了10%，而且进一步使用改进的匹配分解法，即考虑到了男女大学毕业生在个人特征和就业特征上的分布不可比差异之后，工资差异中不可解释的部分进一步扩大到98%。王湘红等（2016）基于CGSS调查数据实证分析指出，行业内部因素是造成性别工资差异的主要原因，工资水平越高的行业，性别歧视反而越少，而且如果行业属于服务业，女性由于性别特征而存在进入优势。赵媛媛（2016）进一步研究发现，企业中的女性分布比例高则会显著降低女性工资，由此女性从事更低收入工作，进一步拉大了两者间性别工资差异。佟孟华和于建玲（2017）基于CGSS数据，分析指出男女劳动者的工资差异主要是由部门内工资差异引起的，部门选择不同带来的工资差异不大，用人单位对男女劳动者的性别歧视仍是造成两者间工资差异的重要原因。闫琦等（2017）通过文献研究指出与男性相比，教育对女性的影响更高，女性受教育年限增加有利于缩小性别工资差异，由此进一步推进了工资收入方面的性别平等进程。郭凯明等（2017）认为企业中男女的体力劳动生产率差异将导致性别歧视，市场歧视和生产率差距是造成工资差异的主要原因。可见，无论是在发展中国家还是发达国家，低端劳动力市场还是大学生等高端劳动力市场，都普遍存在着性别歧视现象。

（2）职业技能培训文献研究

职业培训对于劳动者的就业能力、工作状况的改善引起了学术界的关注。国外关于工作培训的研究相对较早，如Taylor和Lippitt（1987）将培训定义为向新员工或现有员工传授其完成本职工作所需的基本技能。Rossiter（1999）将培训的定义进一步扩大，认为培训是与工作相关的任何形式的教育。Brown和McDaniel（2001）认为以提升高绩效工作为目标对员工进行教育和再教育的过程即为培训。Leney（2005）指出欧盟职业培训体系包括基准指标、重要指标、一般指标和附加指标。具体来看，基准指标是指欧盟成员国都要达到的指标，主要包括学习年限指标、基础技能指标、就业指标和终身学习指标。Lloyd和Leslie（2005）指出培训是一个获取技能、观念、规则以不断提高员工绩效的教育过程，具有持续性特点。

此外，各个国家关于工作培训的相关研究又提出了不同的见解，概括起来可有以下几个方面：其一，职业科学与职业选择。代表性的理论有Peterson（2002）提出的认知信息加工理论，即关注职业选择过程中的解决问题和决策能力，不同的知识和意识会在这个过程中发挥不同的作用。其二，咨询实务。Tien等（2011）研究发现通过对大学生进行职业生涯指导，可以使其对未来的生活工作有清晰的科学规划。Lent等（2001）提出了社会认知生涯理论，认为自我评价、结果预期、兴趣爱好、社会现实都是影响职业抉择的重要因素。其三，培训研究。Dupeyrat和Marine（2005）研究指出将教育、培训和工作有效结合有利于青年人在就业市场中更好地立足。Richie等（1997）研究表明一些国家执行了将正规教育与在职培训和实习联系在一起的方案。而Godfrey（2003）指出重点培养学生在公司工作和服务过程中的专业性，有利于提升其更好的职场适应能力。Gerhardt和Brown（2006）研究指出，职前的职业素养教育、专业性培训、兼职锻炼均可以使劳动者更切合用人单位需求。

国内学者张凤林（1999）、刘迎秋（1997）指出，我国人力资本利用率低下，高技能人才占比较小是拉大与发达国家人力资本发展水平差距的主要原因。胡峰（2002）、刘方龙和吴能全（2013）提出，充分发挥企业人力资本优先投资、减少智力外流是改进我国员工培训效果的重要举措。赵蒙成（2016）和沈诗杰（2018）认为，社会资本和人力资本是影响农民工就业质量的重要因素，当前农民工的社会资本和人力资本水平相对较低，提高他们的社会资本和人力资本可以显著提升他们的就业质量。刘松林等（2010）研究指出，为了实现教育和培训供需平衡，应该有效提高劳动者工作技能，尤其是劳动力市场中的弱势群体。他提出具体分指标包括弱势群体的定义、群体失业率（不同群体的失业率）、初始培训和终身学习参与率、完成职业教育和培训的比例、在就业岗位运用所获得技能的状况（衡量所学和所用是否匹配）、培训结束一年后受训者的状况。国内关于工作培训的研究相对较晚，但与农民工和大学毕业生相关的工作培训研究取得了一些成果。我国政府出台了《职业技能提升行动方案（2019—2021年）》，面向企业职工、就业重点人员、贫困劳动力等群体，大规模开展职业技能提升培训，增强劳动技能，全面提高劳动者就业能力和收入水平。该方案也是保障《中国制造2025》关于劳动者职业技能培训规划目标圆满完成的重要措施。关于农民工职业培训，国内学者大致从以下四个层面进行研究：第一个层面，概念界定农民工职业培训的内涵及性质，并进一步探讨农民工职业培训的必要性和意义（黄晓利，2009；吕莉敏，2013）；第二个层面，描述农民工职业培训的现状和存在的问题（刘建民和刘伟，2011；杜永红和李鑫，2012；祝士明和张静，2014）；第三个层面，农民工职业培训相关影响因素（丁煜等，2011；李俊，2014），樊茜等（2018）利用全国11个省（直辖市）4030个样本实证分析了教育培训对新生代农民工就业质量的影响，发现教育和技能培训是影响新生代农民工就业质量的重要因素；第四个层面，总结国外农村剩余劳动力转移培训的经验及其对我国农民工职业培训的启示及建议（刘艳珍，2010；王秀丽等，2015）。

关于大学毕业生工作培训，卿云波（2009）深入分析了大学毕业生就业服务流程构建，提出构建信息、市场、网络、指导等平台以更好地服务大学生就业。李晓峰和薛二勇（2014）认为，现有文献对大学毕业生工作培训研究不够深入，特别是宏观政策因素研究较为匮乏，相关政策建议不够具体；面对经济危机，信息共享和沟通是政府间促进就业以及培训方面的主要合作形式（周德禄，2012；付忠超，2015；王晓，2016）。目前大学毕业生工作培训中存在制度欠缺、内容不足、方式缺少实践性、主体不称职等问题，应当出台专门的大学毕业生工作培训法规和政策，提供符合就业市场需求的培训内容，以此不断完善大学毕业生工作培训体系（郦波，2007；陈辑，2010；牛冰非，2016；王彦博，2017；闫海鹰，2017）。值得关注的是，无论是大学毕业生还是其他劳动者经过工作培训后往往会获得相应的职业资格证书，两者紧密关联，且职业资格证书是提高大学毕业生工作技能的重要因素，因此本书也梳理了职业资格证书的相关文献。国外关于职业资格证书的研究比较早，如英国受新职业主义思潮的影响，在1991年提出设立普通国家职业资格证书并在全国多所学校试行。英国教育与技能部（The Department for Education and Skills，1995）认为，英国职业资格证书认证一味强调以实践操作能力为基础，却忽视了学习职业技能相关知识，这种职业资格标准是“很危险的”。美国人事管理办公室（United States Office of Personnel Management，1999）则提出必须将教育培训与经验有效结合，并详细规定了各类证书相应的技能标准。国内关于职业资格证书的研究相对来说比较晚，汤霓和石伟平（2015）指出职业资格证书是市场经济体制下配置和评价劳动力资源的重要手段，建立健全劳动力市场必须加强职业资格证书制度建设。潘云华和刘欢（2012）认为拥有职业资格证书具有信号作用，可以为劳动者提供更好的就业机会。而邵俊和王碧磊（2012）认为拥有职业资格证书并不等于提高了就业能力。单悌翠（2016）、宋成磊（2017）指出，我国的证书认证制度存在漏洞和问题，需进一步完善我国职业资格证书制度。

（3）工作时间与健康状况文献研究

有关调查显示，我国每天工作8小时以上的人约占1/3，约有30%的人需要经常加班工作（Regus，2014）。如果从劳动者的平均工作时间来看，我国要远远高于全球水平。依据我国《中华人民共和国劳动法》最新规定的工时制度是每日不超过8小时，平均每周不超过40小时。现实中，众多劳动者熬夜加班已经成为常态，甚至近期又有舆论建议实行“996工作制”，超时加班必然会对劳动者的生活和健康造成一系列的影响。有研究表明尤其是在北京、上海、广州等国内一线城市，有六成左右的白领工作者由于经常超负荷加班加点工作面临各种疾病风险，其中有近76%的白领身体处于亚健康状态（李愚，2011）。健康状况不仅在微观层面上影响劳动者的生产效率，而且会在宏观层面上涉及整个经济社会的总产出水平。

国外学者关于工作时间如何影响劳动者健康的问题进行了较为丰富的研究。如Warr（2007）研究指出当工作时间超过一定程度时，继续增加工作时间则会对居民健康水平产生显著的负面影响。Ng和Feldman（2008）认为工作时间与居民身体健康之间存在一种山行曲线关系，两者之间遵循维生素模型的非线性分析思路。Artazcoz等（2009）指出每周工作处于51—60小时的男性劳动者会比那些工作时间较短的男性劳动者更容易出现精神高度紧张、过多吸烟、体育锻炼匮乏和睡眠不足问题。Taris等（2010）发现如果长时间的工作会显著降低职工的锻炼保健等健康投资机会。Magee等（2011）研究发现，员工的身体质量指数（BMI）与工作时间之间呈现明显的正相关关系。Haines等（2012）认为工作时间越长、劳动强度越大对劳动者休闲娱乐时间形成挤出效应，会造成过重的工作负荷和精神紧张。Virtanen等（2012）、Burke等（2009）通过长期追踪调研发现工作时间与劳动者的消极情绪、焦虑程度之间呈现正向相关关系。Unger等（2014）研究表明过长的工作时间会对劳动者的生活时间造成较为严重的挤出作用，由此增加了工作—生活的冲突，进一步导致了健康风险增加。而且过长的工作时间抑制了疲劳蓄积的恢复，增加高血压、心血管疾病等健康问题（Sparks等，1997；Yun和Kwon，2013）。Fein和Skinner（2015）则指出工作时间在不同职业间存在劳动强度差异和时间付出异质性，因此注重区分了工作时间对管理者、销售、商业等不同职业劳动者的健康影响差异。

近年来，国内学者也开始关注工作时间如何影响劳动者健康的问题，认为工作时间是影响居民健康状况的一个重要因素。国内有学者认为工作时间过长通常会大大增加劳动者的职业压力，严重影响其身心健康（陈惠清，2013）；而工作时间过短则又难以满足劳动者的社会心理需要和经济需要，主观健康状况也会不高（吴伟炯，2016）。朱玲（2009）通过研究农村迁移工人的工作时间和身体健康之间的关系，发现超长工作时间和不良的工作环境都会显著降低劳动力的身体健康状况。田艳芳（2011）认为工作时间不仅会对健康水平产生影响，反过来健康水平也会对工作时间形成冲击效应。程名望（2012）基于上海1446份农民工调查数据，指出农民工的业余生活相对较为单调，而且平均工作时间要远远超过国家《中华人民共和国劳动法》规定的相关标准。石丹淅和赖柳华（2014）调研分析指出我国新生代农民工的工作时间差别较大，总体来说他们每日需要工作的时间偏长，较长时间工作再加上业余生活单调会使得他们的精神生活较为贫乏，从而也会对他们的城市融入过程造成一定困扰。而且，工作时间还会对职工的工作家庭产生明显的正向冲突（金家飞等，2014）。黄庆波和萨支红（2015）指出农民工群体中工作时间长，自报有心理障碍的比例较高，而且工作时间较长会对农民工身心健康产生显著的负面影响。王笑天等（2017）认为工作时间的增长会增加员工的资源损耗，进而对其心理健康、主观幸福感产生负面影响。

（4）工作满意度文献研究

关于工作满意度的研究，国内外许多学者分别从定义、维度、影响因素等不同侧重点展开。Spector（1964）认为工作满意度从本质上来讲可以看作一种直接心理综合体验，来自员工对于自身工作所处环境的方方面面。Judge等（2001）、Lemmergaard和Lauridsen（2008）等学者将工作满意度界定为员工对于自身工作所有方面产生的主观情感表达或者内在满意度体验，比如对工作环境、工资水平、人际关系等各方面的认知评价和内在情感体会。

关于维度的相关研究，概括来讲可以分为是否满意的一元维度理论和多元维度理论，George和Jones（1996）认为在多元维度理论中又可包括工作本身、与领导同事关系、薪酬福利、对组织的满意度等几个方面。在此维度基础上，Mackenzie等（1998）认为多元维度还涉及发展机会、工作环境、意想不到的奖励及好处等方面。卢嘉和时勘（2005）、冉斌（2011）等国内学者认为工资水平、工作环境、合作团体、规章制度以及公司管理等共同构成了工作满意度的5个维度。

从影响因素来看，个人层面、工作层面、组织层面是影响工作满意度的3个层面主要因素。在个人层面中，Solinger等（2008）指出人际关系和谐程度、工作投入程度及态度、受教育年限水平、性别等因素都会对工作满意度产生显著影响。在工作层面中，Dolan等（2008）认为非正规就业的工作稳定性、晋升可能性以及工作自由灵活性要明显低于正规就业，导致非正规就业群体的工作满意度要更低。姚植夫和张译文（2012）采用西北4个省份的调查数据，研究发现要想明显提高新生代农民工的工作满意度水平可以确保劳动强度适中、工作环境安全、社会保障完善等有效举措。顾梦蛟和程名望（2013）认为工作环境是影响居民就业满意度最显著的因素。工作环境越差，居民就业满意度越低。王茜和罗进化（2014）构建以工时满意度为因变量、以工作时间为核心解释变量的半参数模型，证实加班导致的工时延长显著降低员工的工时满意度。周丽超（2014）指出工作自主权、工作压力程度以及工作环境都会对工作满意度造成显著影响，尤其是适度的工作压力、友好的工作氛围有利于提高职工的工作满意程度。明娟和曾湘泉（2015）研究指出工作转换频率过高会明显降低农民工就业质量。频繁的工作转换会增加农民工的工作时间而收入水平却没有明显提高，同时对他们的养老保险缴纳和签订长期或固定劳动合同产生不利影响。在组织层面中，赵君（2013）研究指出薪酬福利、组织氛围、组织公平和组织信任等会显著影响员工工作满意度，充分的组织信任与完善的薪酬福利体系会促使员工工作满意度得到显著提升。

2.2.5 国内外相关文献研究评议

综上文献梳理，国内外学者对就业质量做了较多的研究，不仅包括内涵研究、测量研究，还包括影响因素研究。但是，聚焦我国大学毕业生群体，通过文献梳理可以发现，已有文献依然存在一些局限，还有一些领域需要进一步深入研究，具体表现在以下几方面：

其一，由于对就业质量的内涵理解不同，国内外不同学者对就业质量的测量存在很大差异，限于国情的特殊性，判断标准相差悬殊，国外的一些理论也不能完全解释中国的现实问题。国内学者对就业质量问题进行研究相对较晚，现有研究还方兴未艾，就业质量的测量方法形式多样，特别是对大学毕业生群体而言，其就业质量评价指标体系构建尚需完善，该群体就业质量重点问题和提升路径仍需聚焦和解决。因此，为了深入研究当前我国大学毕业生就业质量问题，本书基于阿玛蒂亚·森可行能力理论，选取工资水平、健康状况、主观感知满意度等作为衡量就业质量的功能性活动指标，并构建了大学毕业生就业质量评价指标体系，对当前大学毕业生就业质量进行合理评价、测算比较及综合影响因素分析，以期进一步丰富和推进大学毕业生就业质量相关研究。

其二，梳理已有文献研究可知，目前关于数字经济发展对大学毕业生就业质量的影响研究相对较少，聚焦这一主题仍需深入研究。国内外学者围绕劳动力市场性别工资差异进行经验分析取得了一些成果，且技能培训也是提高大学毕业生工作能力的重要因素。但是，对于不同院校层次的大学毕业生性别工资差异文献研究相对匮乏，不同院校层次的大学毕业生性别工资差异呈现怎样的变化趋势，值得进一步检验；而且鲜有文献区分研究培训类型（单位培训和政府培训）对大学毕业生工资水平的影响。厘清单位培训和政府培训，究竟哪种培训方式能够更好地提升大学毕业生工资水平；比较两种培训的工资效应，深入考察工资均值位置及工资条件分布的不同位置上性别工资差异及其影响因素贡献度，并努力缩小性别工资差异将有利于大学毕业生就业质量进一步提高，这些也是本书需要解决的问题。

其三，已有文献研究多数表明工作时间会影响劳动者的健康状况，但是鲜有文献基于异质性工作时间视角，对大学毕业生正常工时群体与超时加班群体的健康差异进行因素分解。健康的影响因素有很多，工时健康差异因素分解有助于剖析工作时间对大学毕业生健康差异的贡献度，而且能发现哪种因素对健康差异的贡献度最大。因此，本书将对大学毕业生正常工时群体和超时加班群体的健康差异进行Fairlie非线性因素分解，以期回答上述问题，同时也对于努力缩小就业质量工时健康差异，提高大学毕业生就业质量水平具有重要意义。

其四，通过梳理现有文献研究可知，关于工作满意度的影响因素相关研究虽较为丰富，如薪酬福利、工作时间、工作环境等，但是鲜有文献考察单位类型对大学毕业生工作满意度的影响。单位类型包括体制内工作和体制外工作，政府机关（事业）单位、国有企业等体制内工作的工资水平高、工作稳定性强、福利待遇好，而体制外工作存在劳动强度大、社会保障不足等特征，工作满意度作为衡量大学毕业生就业质量的主观感知维度，系统分析单位类型对大学毕业生工作满意度的影响，对于做好大学毕业生就业服务与管理，提升他们的就业质量具有重要意义。因此，本书利用微观数据，重点分析了国有单位就业对整体工作满意度、晋升机会满意度、工作环境满意度造成的影响，并对性别、年份分样本进行异质性分析，以期得到更有针对性的政策建议。

2.3 本章小结

就业质量是衡量劳动者福利水平的一个综合性概念，可以反映劳动者从事社会工作所得到的工作条件的优劣程度，如工资水平和福利待遇的高低、职业健康状况、工作特征、劳动权益是否得到保障，以及劳动者对所从事工作的满意度等。阿玛蒂亚·森可行能力理论、劳动力供给理论、人力资本理论和市场歧视理论都能在理论上解释大学毕业生就业质量的一些影响因素。国内外学者对就业质量也做了较为丰富的文献研究，不仅包括内涵研究、测量研究，还包括影响因素研究。通过文献梳理，发现还有一些领域需要进一步去深入研究：其一，由于对就业质量的内涵理解不同，不同学者对就业质量的测量存在很大差异，特别是立足数字经济时代，最具社会活力的大学毕业生群体就业质量状况更值得深入研究；其二，教育和培训作为大学毕业生两种重要的人力资本投资方式，其中培训又包括单位培训和政府培训，但是对单位培训和政府培训的工资效应比较研究相对匮乏，以及不同院校层次和分年份样本的就业质量性别工资差异分解也需要进一步深入研究；其三，工作时间作为影响健康状况的重要因素，鲜有文献研究工作时间对大学毕业生健康差异的贡献度，因此需要对正常工时群体和超时加班群体的健康差异进行因素分解，即深入剖析就业质量工时健康差异问题；其四，工作满意度作为衡量就业质量的主观感知维度，关于单位类型对就业质量工作满意度影响的研究相对不足。

基于以上认识，首先，本书选取大学毕业生群体，使用省级宏观数据以及2012年、2014年、2016年中国劳动力动态调查数据（CLDS），基于阿玛蒂亚·森可行能力理论和主客观相结合、宏微观相结合的原则选取指标，构建大学毕业生就业质量指标评价体系，并对总体及异质性分样本大学毕业生就业质量进行测算比较和综合影响因素分析，发现问题并提出研究假设。其次，实证分析数字经济发展对大学毕业生就业质量的影响，并从工资水平、健康状况和主观感知满意度三个衡量就业质量的功能性活动出发，为了进一步检验研究假设，在分析就业质量性别工资差异分解时，主要基于教育培训视角分析其对就业质量工资水平的影响，重点比较分析了教育层次和异质性培训的工资效应，并采用Cotton分解、Neumark分解对总体及不同院校层次大学毕业生性别工资差异进行分解，考察工资均值位置上性别工资差异及其影响因素贡献度，以及采用分位数分解方法对不同年份样本的性别工资差异进行分解，深入考察在工资条件分布的不同位置上性别工资差异及其影响因素贡献度；在分析就业质量工时健康差异分解时，主要基于工作时间视角分析其对就业质量健康状况维度的影响，利用Fairlie非线性分解方法对正常工时群体和超时加班群体的健康差异进行因素分解，剖析工作时间对两类群体健康差异的贡献度，以及比较了不同性别、区域和年份的工时健康差异变化特点；在分析单位类型对就业质量主观感知满意度的影响时，重点分析了国有单位就业对整体工作满意度、晋升机会满意度、工作环境满意度造成的影响，并对不同性别、年份分样本进行异质性分析。最后，立足数字经济时代，从政府、用人单位、高校及大学毕业生个体层面，为实现大学毕业生更高质量就业提出有针对性的政策建议。

3 大学毕业生就业质量评价指标体系构建及综合影响因素分析

3.1 大学毕业生群体及就业质量概念界定

3.1.1 大学毕业生群体界定

大学毕业生是社会的高层次人才群体，他们是接受过大学教育、完成大学学业并取得相应毕业证的高级专门人才。大学毕业生作为社会新技术、新思想的前沿群体，不仅是国家最为宝贵的人力资源和未来发展希望，更是推动社会发展进步的主力军。高校扩招以来，我国普通高校毕业生人数激增，大学毕业生的就业政策由国家分配转变为自谋职业、双向选择等。立足数字经济时代，劳动力市场中开始呈现供过于求的现象，导致大学毕业生就业竞争压力过大，就业形势日趋严峻，就业质量不容乐观。因此，越来越多的学者针对大学毕业生问题展开研究。

关于大学毕业生群体界定，不同的学者研究范围不同。邢春冰和李实（2011）[①]将大学毕业生界定为22—35岁的高校毕业生群体，包括大专、本科、研究生及以上的高校毕业生。

① 邢春冰、李实："扩招'大跃进'、教育机会与大学毕业生就业"，《经济学（季刊）》，2011年第4期，第1187-1209页。

苏丽锋和孟大虎（2011）[①]对大学毕业生群体的界定为大专、本科和研究生群体（硕士和博士），但是年龄没有限制。常进雄和项俊夫（2013）[②]将大学毕业生群体的界定为年龄在23—55岁，拥有大专和本科学历的群体。吕姝仪和赵忠（2015）[③]将大学毕业生的研究范围界定在21—25岁，且已就业的大学毕业生。本书认为当前大学毕业生群体就业难，加班现象严重，工作满意度不高，不仅包括大专和本科毕业生群体，而且硕士和博士群体也存在类似问题。因此，本书根据邢春冰和李实（2011）的定义，将大学毕业生界定为22—35岁的高校毕业生群体，包括大专毕业生、本科毕业生、研究生及以上的高校毕业生。

3.1.2 就业质量概念界定

由前面文献梳理可知，目前学术界对就业质量概念尚未统一，不同的学者相继提出了“工作生活质量”“体面劳动”“工作满意度”“高质量的就业”等概念。不同的概念从不同的角度分别阐释了就业质量的内涵。总的来说，本书认为就业质量是衡量劳动者福利水平的一个综合性概念，可以反映劳动者从事社会工作所得到的工作条件的优劣程度，基于阿玛蒂亚·森可行能力理论可知，收入、健康、心理社交等都是体现劳动者福利水平的功能性活动，因此，就业质量不仅包括劳动者的工资

① 苏丽锋、孟大虎：“扩招以来我国大学毕业生的供给与配置状况报告——基于统计年鉴数据的分析”，《中国高教研究》，2011年第9期，第69-74页。

② 常进雄、项俊夫：“扩招对大学毕业生工资及教育收益率的影响研究”，《中国人口科学》，2013年第3期，第104-111页。

③ 吕姝仪、赵忠：“高校扩招、职业代际流动与性别差异”，《劳动经济研究》，2015年第4期，第52-69页。

福利待遇、职业健康状况、劳动权益保障等维度，还包括劳动者对所从事工作的主观满意度等。

3.2 就业质量评价指标体系构建

3.2.1 数据来源

本书使用2012年、2014年和2016年中国劳动力动态调查（CLDS）数据。该项调查是中山大学从2012年开展的社会科学特色数据库建设专项内容，通过每两年一次的动态调查，2016年是目前能公开得到的最新数据，该调查建立了劳动力、家庭和社区三个层面的动态调查数据库，为实证研究提供了详尽的基础数据。为了方便不同年份数据的比较，本书利用消费者物价指数（CPI）将2014年和2016年的工资水平转化成按照2012年不变价格衡量的实际工资水平。本书进行分析的对象是22—35岁的大学毕业生，剔除数据缺失的样本之后，本书最终得到2012年2420个、2014年3114个、2016年2622个，共计8156个有效混合截面样本，该有效样本包含了28个省（自治区、直辖市），涉及范围较为广泛，因此样本代表性相对而言比较理想。本书将总体8156个混合截面数据按性别划分，男生有4396个，占比53.90%；女生有3760个，占比46.10%。按照学历划分，大专毕业生有3640个，占比44.63%；本科毕业生有4073个，占比49.94%；研究生及以上有443个，占比5.43%。按户籍划分，城镇户籍样本有4465个，占比54.74%；农村户籍样本有3691个，占比45.26%。按区域划分，东部地区样本有3039个，占比37.26%；中部地区样本有2727个，占比33.44%；西部地区样本有2390个，占比29.30%。

3.2.2 指标选取

（1）指标选取原则

国际、国内各个组织或学者的就业质量指标对我们建立大学毕业生就业质量评价指标体系有很好的借鉴和指导作用，但由于国内和国外的经济发展阶段不同，劳动力市场发展状况不同，以及对高质量就业的具体细则认识不一等，还需要构建符合我国劳动力市场特征的大学毕业生就业质量指标体系。就业质量本质上也是衡量劳动者福利水平的一个综合性概念，可以反映劳动者从事社会工作所得到的工作条件的优劣程度。基于阿玛蒂亚·森可行能力理论可知，收入、健康、心理社交等都是体现劳动者福利水平的功能性指标，为此本书选取工资水平和福利待遇、职业健康与劳动权益保障，以及对所从事工作的满意度等作为衡量大学毕业生就业质量的功能性活动。其中工作满意度是大学毕业生对目前工作是否满意的主观感知，也可以在一定程度上反映出大学毕业生的心理状况。

同时，本书在选取就业质量评价指标时，还注重主客观指标相结合、宏微观指标相结合的原则。首先，主客观指标相结合的原则。在设计指标时要注重相互分工、各有侧重，考虑到我国劳动力市场的实际问题，先以一些客观指标来反映大学毕业生就业质量；同时在大学毕业生就业质量的评价中，大学毕业生自身的主观感觉也起到了极为重要的作用，因此用一些主观指标作为辅助，这样做到主客观指标相互补充、相互配合，以期全面反映和跟踪大学毕业生就业质量状况。比如工作收入、医疗保险、工作稳定性、劳动合同、工伤发生情况等均属于客观指标，而整体工作满意度、工作环境满意度、晋升机会满意度、能力发挥程度等均是反映大学毕业生自身主观满意程度强弱的主观性指标。

其次，宏微观指标相结合的原则。由于每一个大学毕业生所追求的生活目标和心理的承受能力程度不同，面对同样的就业机会，个人的认同感就存在着差异。同时，政府、社会和经济发展状况对大学毕业生就业质量起到了很强的制约作用。政府通过刺激经济增长，提供更多的就业机会；通过完善相关的劳动立法，规范企业行为和保护劳动者的合法权益；通过发展社会事业、公益事业、提供良好的医疗保健服务，提高了人力资本的质量，这些都为大学毕业生就业质量的提升提供了良好的平台。比如养老保险、医疗保险、失业保险、住房公积金等社会保障性指标，工会组织、劳动合同等就业保护性指标均是宏观原则的体现，而其他指标健康状况、晋升机会满意度、工作环境满意度等均是微观原则的体现。

（2）指标名称与量化

本书为实证分析大学毕业生就业质量的影响因素，基于阿玛蒂亚·森可行能力理论，以及主客观相结合、宏微观相结合原则选取指标，构建了包括劳动合同、工作收入、医疗保险、工作稳定性、养老保险、健康状况、晋升机会满意度等14个因素的大学毕业生就业质量指标评价体系，具体指标名称与量化如表3-1所示。

表3-1　大学毕业生就业质量各指标名称与量化

性质	指标名称	对应问卷调查	指标量化	均值（标准差）
客观指标	劳动合同	您目前是否签订书面劳动合同 1.是 2.否	X_1：是=1，否=0	0.652 （0.340）
	工作收入	您过去一年的工资性收入大致为多少元？	X_2：将年收入水平转化为月收入并取其对数值	8.514 （0.739）

续表

性质	指标名称	对应问卷调查	指标量化	均值（标准差）
客观指标	工作稳定性	过去两年来您从事的工作是否发生变化，比如单位变化、职位变化、生意内容变化？ 1.没有变化 2.有变化	X_3：没有变化=1，有变化=0	0.673（0.598）
	医疗保险	目前，您是否有城镇职工基本医疗保险 1.有 2.没有	X_4：有=1，没有=0	0.710（0.645）
	养老保险	目前，您是否有企业职工基本养老保险 1.有 2.没有	X_5：有=1，没有=0	0.723（0.612）
	失业保险	目前，您是否有失业保险 1.有 2.没有	X_6：有=1，没有=0	0.708（0.609）
	住房公积金	目前，您是否有住房公积金 1.有 2.没有	X_7：有=1，没有=0	0.732（0.653）
	工会组织	您是否有参加单位或企业的工会 1.有 2.没有	X_8：有=1，没有=0	0.706（0.654）
	工伤发生情况	您是否有过工伤 1.是 2.否	X_9：是=1，否=0	0.061（0.045）
主观指标	健康状况	您认为自己现在的健康状况如何 1.非常健康 2.健康 3.一般 4.比较不健康 5.非常不健康	X_{10}：非常健康=5，健康=4，一般=3，比较不健康=2，非常不健康=1	3.203（1.291）
	整体工作满意度	您对目前工作的整体满意度评价是 1.非常满意 2.比较满意 3.一般 4.不太满意 5.非常不满意	X_{11}：非常满意=5，比较满意=4，一般=3，不太满意=2，非常不满意=1	3.413（1.476）

续表

性质	指标名称	对应问卷调查	指标量化	均值（标准差）
主观指标	工作环境满意度	您对目前工作环境的评价是 1.非常满意 2.比较满意 3.一般 4.不太满意 5.非常不满意	X_{12}：非常满意=5，比较满意=4，一般=3，不太满意=2，非常不满意=1	4.125 （1.632）
	晋升机会满意度	您对目前工作晋升机会的评价是 1.非常满意 2.比较满意 3.一般 4.不太满意 5.非常不满意	X_{13}：非常满意=5，比较满意=4，一般=3，不太满意=2，非常不满意=1	3.476 （1.503）
	能力发挥程度	您对目前能力和技能使用的评价是 1.非常满意 2.比较满意 3.一般 4.不太满意 5.非常不满意	X_{14}：非常满意=5，比较满意=4，一般=3，不太满意=2，非常不满意=1	3.561 （1.635）

注：数据来源于2012年、2014年、2016年中国劳动力动态调查（CLDS）混合截面数据计算而得，下同。

本书客观指标共选取了9个，分别为劳动合同、工作收入、工作稳定性、医疗保险、养老保险、失业保险、住房公积金、工会组织、工伤发生情况。其中，对于劳动合同变量，将签订书面劳动合同赋值为1，没有签订劳动合同赋值为0，总体均值为0.652，表明有近65.2%的大学毕业生签订了正规劳动合同，有近34.8%的劳动者没有签订正规形式的劳动合同；对于工作收入变量，是指把过去一年的大致工资收入水平除以12转化为月工资并取其对数值，总体均值为8.514，即月工资水平约$e^{\wedge 8.514}$=4984.06元；对于工作稳定性变量，是指大学毕业生在过去两年来是否发生单位、职位、生意内容变化，将没有发生变化赋值为1，有发生变化赋值为0，总体均值为0.673，表明有

67.3%的大学毕业生没有发生工作变化，工作较为稳定；对于医疗保险、养老保险、失业保险、住房公积金变量，本书将大学毕业生有参保赋值为1，没有参保赋值为0，以上四者的总体均值为0.710、0.723、0.708、0.732；对于工伤发生情况，将有过工伤赋值为1，没有工伤赋值为0，总体均值为0.061，表明有近6.1%的大学毕业生曾经有过工伤；对于工会组织，将大学毕业生参加单位的工会组织赋值为1，没有参加工会的赋值为0，总体均值为0.706，表明总体大学毕业生中有近70.6%加入了工会组织。

主观指标选取了5个，分别为健康状况、整体工作满意度、工作环境满意度、晋升机会满意度、能力发挥程度。其中，对于健康状况变量，本书将非常健康赋值为5，健康赋值为4，一般赋值为3，比较不健康赋值为2，非常不健康赋值为1，总体均值为3.203，即接近"一般"；对于整体工作满意度、工作环境满意度、晋升机会满意度、能力发挥程度，本书将非常满意赋值为5，比较满意赋值为4，一般赋值为3，不太满意赋值为2，非常不满意赋值为1。其中，整体工作满意度的总体均值为3.413，接近"一般"，表明大学毕业生对工作整体满意度评价是一般水平；工作环境满意度的总体均值为4.125，接近4"比较满意"；晋升机会满意度的总体均值为3.476，接近"一般"；能力发挥程度的总体均值为3.561，接近"比较满意"。

3.2.3 降维分析

本书针对2012年、2014年和2016年中国劳动力动态调查（CLDS）混合截面数据筛选得出的14个二级指标采用因子分析方法进行降维分析，将公因子进行提取并命名为一级指标，以期构建一个包含目标层和指标层的大学毕业生就业质量评价指标体系，具体表示如下：

$$X_j = a_{j1}F_1 + a_{j2}F_2 + \cdots + a_{jp}F_p + \varepsilon_j \quad (j=1, 2, \cdots, 14, p \leqslant 14) \tag{3-1}$$

其中，X_j代表选取的14个原指标变量，F_m代表降维之后得到的公共因子（m=1，2，…，p），a_{jm}表示第j个原指标变量与第m个公共因子F_m之间的相关系数，称为因子载荷，ε_j为与原指标变量X_j相对应的特殊因子。

（1）KMO与Bartllet的球形度检验

本书通过KMO样本测度法与Bartlett的球形度检验方法来检测所使用的混合截面样本是否适合进行因子分析，并对所选取的14个指标变量检测它们之间的相关性。具体检测数据详见表3–2。

表3–2　　KMO和Bartlett的球形度检验

取样足够度的Kaiser–Meyer–Olkin度量		0.792
Bartlett的球形度检验	近似卡方	9531.475
	df	112
	Sig.	0.000

表3–2显示，所得KMO检测值为0.792>0.700，此外，Bartlett的球形度检验卡方统计值的显著性水平为0.000<0.0001，说明所选取指标变量之间具有较强的相关性，因此，表明本书选取的2012年、2014年和2016年中国劳动力动态调查（CLDS）混合截面数据可以用因子分析法进行研究。

（2）公共因子的特征值与贡献率

在本书中，$X=(X_1, X_2, \cdots, X_{14})'$是观测指标的向量，该向量的协方差矩阵的特征值为$\lambda_j$（$j$=1，2，…，14，且

$\lambda_1 \geqslant \lambda_2 \geqslant \cdots \geqslant \lambda_{14}$），其对应的特征向量为$u_1$，$u_2$，$u_3$，…，$u_{14}$。公因子的方差贡献率$g_m^2 = \sum_{j=1}^{14} a_{jm}^2$（$m$=1，2，…，$p$），表示第$m$个公因子对原指标变量$X_j$提供的方差总和，反映了第$m$个公因子的相对重要程度。

计算结果显示，所提取的前3个公因子的累计总方差贡献率达到了71.589%。具体数据详见表3–3所示。

表3–3　　解释的总方差

成分	初始特征值			提取平方和载入			旋转平方和载入		
	合计	方差的%	累积%	合计	方差的%	累积%	合计	方差的%	累积%
F_1	6.804	29.301	29.301	6.804	29.301	29.301	5.351	28.920	28.920
F_2	4.630	25.533	54.834	4.630	25.533	54.834	4.495	24.572	53.492
F_3	3.967	16.755	71.589	3.967	16.755	71.589	3.913	18.097	71.589

提取方法：主成分分析。

本书将大学毕业生就业质量综合评价得分定义为Y，由上述3个公因子加权汇总得到，每个公因子F_m（m=1，2，3）权重为其旋转方差贡献率占总累计方差贡献率比值，由表3–3可得，大学毕业生就业质量的综合评价得分如公式（3–2）所示：

$$Y = [0.2892 * F_1 + 0.2457 * F_2 + 0.1810 * F_3] / 0.7159 \qquad (3\text{–}2)$$

（3）因子旋转与旋转后的载荷矩阵

本书使用最大方差法对因子进行正交旋转，使因子载荷矩阵中每列或行元素的平方值向0和1两极分化，得到方差最大化的因子载荷矩阵，使得旋转后的总方差累计贡献率不变，具体数据详见表3–4。

表 3-4　　　　旋转成分矩阵

变量名称	成分		
	F_1	F_2	F_3
劳动合同	0.419	**0.651**	0.013
工作收入	**0.859**	0.174	0.101
工作稳定性	-0.423	**0.618**	-0.289
医疗保险	**0.812**	0.031	0.086
养老保险	**0.764**	0.078	0.076
失业保险	**0.732**	0.008	0.044
住房公积金	**0.724**	0.030	0.013
工会组织	0.102	**0.645**	0.080
工伤发生情况	-0.284	**-0.601**	-0.172
健康状况	0.052	**0.689**	0.034
整体工作满意度	0.360	0.105	**0.670**
工作环境满意度	0.081	0.096	**0.636**
晋升机会满意度	0.013	0.247	**0.621**
能力发挥程度	0.049	0.095	**0.525**

由表3-4降维分析可知，公因子F_1在工作收入、医疗保险、养老保险、失业保险、住房公积金上的载荷量较高分别为0.859、0.812、0.764、0.732、0.724。基于阿玛蒂亚·森可行能力理论可知，收入水平可以作为体现个体生存需求的功能性活动指标。同时，袁方和史清华（2013）、叶静怡和王琼（2014）等研究均指出医疗保险、养老保险等社会保障性指标也是衡量劳动者福利水平的重要功能性活动。鉴于此，为充分体现大学毕业生从事社会工作所得到的工作条件的优劣程度，本书将公因子F_1命名为工资福利待遇维度。此外，由公式（3-2）可知，在大学毕业生就业质量指标体系中公因子F_1的权重系数为0.4040，排在

第一位，表明当前大学毕业生在就业时最看重的还是工资福利待遇高低，工资水平越高则就业质量越好。

公因子F_2在健康状况、劳动合同、工会组织、工作稳定性、工伤发生情况的载荷量较高，分别为0.689、0.651、0.645、0.618、-0.601。由阿玛蒂亚·森可行能力理论可知，个体功能性活动在客观上具有多样性，除了劳动收入外，健康状况也是反映个体生存需求的功能性活动。如Alkire（2007）认为功能性活动应该包括收入、健康、生活、社交等层面；而Brock（2010）则指出功能性活动更侧重于健康，不仅包括身体健康，还包括心理健康。同时，劳动合同签订情况、是否加入工会组织以及工作稳定性情况，不仅是大学毕业生劳动权益保护状况的度量，更是客观反映就业质量状况的重要指标。因此，本书将公因子F_2命名为健康与劳动保护维度。由公式（3-2）可知，在大学毕业生就业质量指标评价体系中公因子F_2的权重系数为0.3432，排在第二位，表明衡量就业质量水平时，大学毕业生除了首先看重工资福利外，也会比较重视自身健康状况和相应的劳动权益是否得到保障。如果健康状况越好、劳动权益保障越完善，则相应的就业质量水平越高。

公因子F_3在整体工作满意度、晋升机会满意度、工作环境满意度、能力发挥程度的载荷量较高，分别为0.670、0.636、0.621、0.525。由阿玛蒂亚·森可行能力理论可知，采用功能性活动评价个体福利水平时，除了客观上的多元性，还强调主观上的价值性，即个体在主观上对功能性活动的感知认同和社会心理活动。如Martinetti（2000）在对意大利居民的福利评价时，除了选取经济条件、健康、教育以外，还将心理和社会交往纳入功能性活动。大学毕业生无论是对整体工作、晋升机会、工作环境，还是对能力发挥程度的满意程度，不仅是功能性活动，亦是对就业质量的主观感知评价，因此本书将公因子F_3命名为主观感知满意度。同时，由公式（3–2）可知，在大学毕业生就业质量指标评价体系中公因子F3的权重系数为0.2528，排在第三位，表明评估大学毕业生就业质量除了工资福利待遇维度、健康与劳动保护维度以外，还应将大学毕业生对就业质量的主观感知评价纳入进来。

（4）成分得分系数矩阵

由于公因子能够反映原指标变量之间相关关系，用公因子代表原指标变量更有利于描述研究对象特征。本书运用最小二乘法进行估计，公因子与原指标变量之间线性组合如式（3–3）所示：

$$F_m = b_{m1}X_1 + b_{m2}X_2 + \cdots + b_{mj}X_j，(m=1，2，\cdots，5；j=1，2，\cdots，14) \quad (3–3)$$

同时，运用SPSS软件得到的因子得分系数b_{mj}矩阵，具体结果详见表3–5。

表3–5　成分得分系数矩阵

原指标变量	成分		
	F_1	F_2	F_3
劳动合同	0.041	0.115	0.089
工作收入	0.495	0.190	0.328
工作稳定性	0.034	0.108	0.015
医疗保险	0.076	0.014	0.049
养老保险	0.088	0.007	0.012
失业保险	0.076	0.083	0.015
住房公积金	0.110	0.064	0.025
工会组织	0.084	0.137	0.060
工伤发生情况	–0.045	0.119	–0.074
健康状况	0.062	0.182	0.105

续表

原指标变量	成分		
	F_1	F_2	F_3
整体工作满意度	0.047	0.031	0.121
工作环境满意度	0.029	0.025	0.065
晋升机会满意度	0.072	0.069	0.079
能力发挥程度	0.007	0.017	0.061

3.2.4　就业质量评价指标体系

通过以上分析，本书基于阿玛蒂亚·森可行能力理论，采用因子分析法，构建了大学毕业生就业质量评价指标体系，该体系包含工资福利待遇、健康与劳动保护、主观感知满意度共计3个一级指标，同时也是衡量就业质量的3个功能性活动，涉及工作收入、健康状况、整体工作满意度等14个二级指标，具体就业质量评价指标体系构建如表3–6所示。

表3–6　　大学毕业生就业质量评价指标体系

指标名称	一级指标	二级指标	权重
大学毕业生就业质量评价指标体系	F_1工资福利待遇	工作收入	0.4040
		医疗保险	
		养老保险	
		失业保险	
		住房公积金	
	F_2健康与劳动保护	健康状况	0.3432
		劳动合同	
		工作稳定性	
		工会组织	
		工伤发生情况	

续表

指标名称	一级指标	二级指标	权重
大学毕业生就业质量评价指标体系	F_3主观感知满意度	整体工作满意度	0.2528
		晋升机会满意度	
		工作环境满意度	
		能力发挥程度	

由表3-6可知，在大学毕业生就业质量评价指标体系中，排在第一位的工资福利待遇维度包含工作收入、医疗保险、养老保险、失业保险、住房公积金共计5个二级指标；排在第二位的健康与劳动保护维度包含健康状况、劳动合同、工作稳定性、工会组织、工伤发生情况共计5个二级指标；排在第三位的主观感知满意度包含整体工作满意度、晋升机会满意度、工作环境满意度、能力发挥程度共计4个二级指标。接下来，本书利用该就业质量指标评价体系和构建的就业质量综合评价得分方程，对各群体大学毕业生就业质量综合得分进行测算和分析。

3.3 大学毕业生就业质量测算及异质性分析

3.3.1 总体就业质量测算分析

在前面研究基础上，本书进一步对2012年、2014年、2016年和混合截面大学毕业生按照性别、户籍状况、区域进行划分为男生、女生、城镇户籍、农村户籍、东部地区、中部地区、西部地区不同分样本，分别计算以上各年份不同群体的原始指标变量均值X_j（j=1，2，…，14）并结合因子得分系数矩阵，然后基于公式（3-3）可以分别得到2012年、2014年、2016年和混合截面各年份不同群体的公因子F_m（m=1，2，3）得分，最后利用就业质量综合评价得分方程可计算得到各年份不同群体大学毕业生的就业质量综合评价得分，具体就业质量得分情况如表3–7和图3–1所示。

表 3–7　　2012 年、2014 年和 2016 年不同群体大学毕业生就业质量综合得分

年份/分组		就业质量综合得分							
		总体	男生	女生	城镇户籍	农村户籍	东部地区	中部地区	西部地区
2012	得分	3.429	3.607	3.155	3.582	3.309	3.731	3.402	3.105
	观测值	2420	1316	1104	1321	1099	962	809	649
2014	得分	3.710	3.912	3.508	3.894	3.635	3.905	3.610	3.374
	观测值	3114	1651	1463	1710	1404	1145	1072	897
2016	得分	3.952	4.196	3.829	4.170	3.931	4.201	3.913	3.751
	观测值	2622	1429	1193	1434	1188	932	846	844
混合截面	得分	3.662	3.915	3.485	3.884	3.624	3.950	3.641	3.404
	观测值	8156	4396	3760	4465	3691	3039	2727	2390

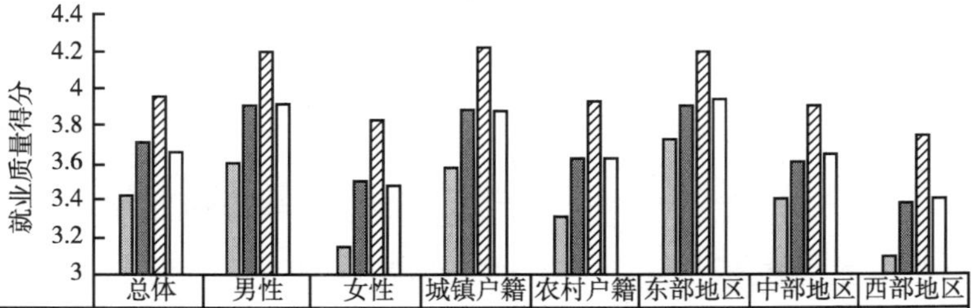

	总体	男性	女性	城镇户籍	农村户籍	东部地区	中部地区	西部地区
2012年	3.429	3.607	3.155	3.582	3.309	3.731	3.402	3.105
2014年	3.71	3.912	3.508	3.894	3.635	3.905	3.61	3.374
2016年	3.952	4.196	3.829	4.17	3.931	4.201	3.913	3.751
混合截面	3.662	3.915	3.485	3.884	3.624	3.95	3.641	3.404

图 3–1　2012 年、2014 年和 2016 年各群体就业质量得分情况

由表3-7和图3-1可知，其一，混合截面数据显示，总体大学毕业生就业质量综合得分为3.662，分性别比较来看，男大学毕业生就业质量综合得分为3.915，高于女生就业质量综合得分3.485，两者之间差距为0.430；分户籍比较来看，城镇户籍大学毕业生就业质量综合得分为3.884，高于农村户籍大学毕业生就业质量综合得分3.624，两者之间差距为0.260；分区域比较来看，东部、中部、西部大学毕业生就业质量综合得分依次为3.950、3.641和3.404，呈逐渐减小趋势，其中东部与中部之间差距为0.309，中部与西部之间差距为0.237，东部与西部之间差距最大为0.546。可见，不同性别、不同户籍状况以及不同区域间的大学毕业生就业质量存在较大差异，这也就意味着在当前劳动力市场中大学毕业生仍然会面临性别歧视、户籍歧视以及地区就业差异等一系列影响就业质量提升的障碍因素。

其二，分年份比较来看，2012年、2014年和2016年总体大学毕业生就业质量综合得分依次增加为3.429、3.710和3.952，且从各年份总体就业质量差异值来看，2014年就业质量综合得分高出2012年0.281，而2016年高出2014年0.242，可见，随着年份的增加和劳动力市场逐渐完善，大学毕业生就业质量不断提升。2012—2016年，无论分性别还是分户籍、区域，各群体大学毕业生就业质量得分均呈逐年递增趋势；同时，2012—2016年男性大学毕业生就业质量综合得分始终高于女生，两者间差异值依次递减为0.452、0.404和0.367，城镇户籍大学毕业生就业质量始终高于农村户籍，两者间差异值依次递减为0.273、0.259、0.239，可见，随着年份的增加，大学毕业生不同性别、城乡间就业质量差异逐渐缩小。2012—2016年，东部与中部大学毕业生就业质量差异值依次为0.329、0.295和0.288，中部与西部大学毕业生就业质量差异值依次为0.297、0.236和

0.162，表明随着年份的增加，各区域间就业质量差异逐渐递减。这可能是由于随着我国精准扶贫、加强教育和技能培训、社保改革等各种惠民政策不断向中西部倾斜，中西部大学毕业生的收入水平、知识、技能及健康等综合素质不断提高，从而逐渐缩小与东部经济发达地区的就业质量差异。

3.3.2 就业质量测算异质性分析

（1）异质性教育水平的就业质量测算比较

受教育年限是指接受学校教育时间。大学毕业生通过接受学校教育可以提高自身的科学文化知识与技术水平，提高生产能力和工作效率。接受学校教育是人力资本投资的重要方面。按照学历水平划分，可分为大专、本科、研究生及以上三个教育层次，本章根据2012年、2014年、2016年和混合截面中国劳动力动态调查（CLDS）数据，分别测算以上各年份的不同教育水平大学毕业生就业质量综合得分及人数占比情况，并进行差异比较。具体测算结果和人数占比情况如表3–8和图3–2、图3–3所示。

表 3–8　2012 年、2014 年和 2016 年不同教育水平大学毕业生就业质量综合得分及人数占比情况

年份	分组	大专	本科	研究生及以上
2012	就业质量得分	3.205	3.592	3.680
	观测值（占比）	1127（46.57%）	1187（49.05%）	106（4.38%）
2014	就业质量得分	3.496	3.708	3.923
	观测值（占比）	1391（44.28%）	1551（49.81%）	172（5.91%）
2016	就业质量得分	3.704	3.991	4.204
	观测值（占比）	1122（42.76%）	1335（50.92%）	165（6.32%）
混合截面	就业质量得分	3.593	3.667	3.801
	观测值（占比）	3640（44.63%）	4073（49.94%）	443（5.43%）

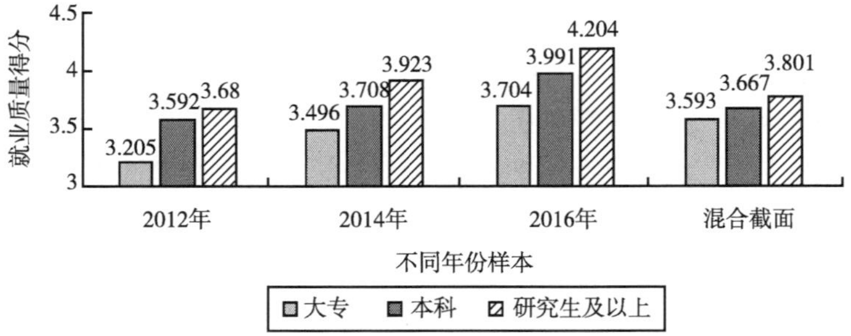

图 3-2　2012 年、2014 年和 2016 年不同教育水平大学毕业生就业质量得分情况

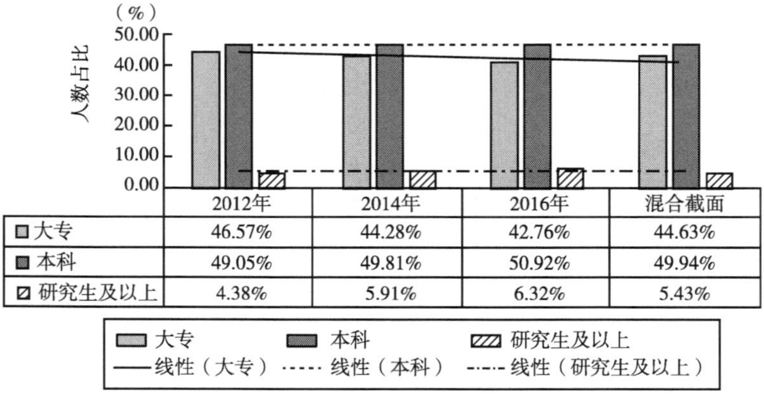

	2012年	2014年	2016年	混合截面
大专	46.57%	44.28%	42.76%	44.63%
本科	49.05%	49.81%	50.92%	49.94%
研究生及以上	4.38%	5.91%	6.32%	5.43%

图 3-3　2012 年、2014 年和 2016 年不同教育层次大学毕业生人数占比情况

由表3-8和图3-2、图3-3可知，其一，混合截面数据显示，大专、本科、研究生及以上大学毕业生就业质量综合得分依次为3.593、3.667、3.801，即随着教育层次的提高，大学毕业生就业质量综合得分呈逐渐上升趋势。对此，一个可能的解释是，由教育具有生产功能和筛选功能理论可知，随着受教育年限增加，大学毕业生获得的教育投资也就越充分，从而使得受教育者的认知能力和判断能力得到改善，同时教育水平越高也有助于受教育者形成更好的科学文化素质和思想道德品格，因此其所蕴含的生产能力或经济能量也就越大；高学历的大学毕业生更容易获得薪资福利水平更优越、工作满意度更高、劳动保护更完善的工作岗位，从而其就业质量水平也会更高，因此总体大学毕业生就业质量随着受教育年限的增加呈现出逐渐上升的变化趋势。人数占比来看，大专、本科、研究生及以上大学毕业生占比依次为44.63%、49.94%、5.43%，即总体本科学历的大学毕业生占比最高，大专学历的次之，研究生及以上占比最低。

其二，从年份纵向比较来看，2012年、2014年、2016年，各教育层次大学毕业生就业质量得分均呈逐年递增趋势；从横向比较来看，2012—2016年，随着教育层次提升，各年份大学毕业生就业质量得分呈递增趋势，最大值为2016年研究生以上大学毕业生就业质量得分4.204，最小值为2012年大专学历的大学毕业生就业质量得分3.205；从人数占比和趋势线来看，2012—2016年，随着年份推进大学毕业生中本科、研究生及以上占比均逐渐提高，而专科人数占比有减小的趋势，表明随着高等教育的逐年扩招，大学毕业生整体学历层次提升较为明显。此外，在大学扩招政策驱动下，大学生本科毕业后是否进行研究生及以上教育投资，往往会进行教育投资成本（直接成本和机会成本）和教育收益的考量，学习能力和边际生产率更高的大学毕业生净收益越高，越有动力进行研究生及以上的更高等教育投资。

（2）异质性工作培训的就业质量测算比较

工作培训是人力资本投资的重要因素之一。大学毕业生参加工作培训能够提高其劳动参与率和就业能力。对于工作培训变量，本章根据调查问卷设置，将在过去两年中接受过单位提供的专业技术培训或政府提供的职业技能培训赋值为1，没有赋值为0，由混合截面数据统计结果显示总体均值为0.769，表明总体混合截面数据中有占比76.9%的大学毕业生参加过工作培训。更具体的按照提供培训主体划分，可分为单位工作培训和政府就业培训两类。为深入了解大学毕业生接受不同培训就业质量得分情况，本章根据2012年、2014年、2016年和混合截面中国劳动力动态调查（CLDS）数据，分别测算以上各年份的不同培训类型大学毕业生就业质量综合得分及人数占比情况，并进行差异比较分析。具体结果见表3–9和图3–4、图3–5。

表3–9　2012年、2014年和2016年异质性工作培训大学毕业生就业质量综合得分及人数占比情况

年份	分组	政府培训	单位培训	两培训兼有	未接受培训
2012	就业质量得分	3.315	3.538	3.460	3.107
	观测值（占比）	567（23.45%）	1105（45.67%）	96（3.98%）	652（26.90%）
2014	就业质量得分	3.489	3.814	3.659	3.205
	观测值（占比）	781（25.07%）	1468（47.15%）	143（4.58%）	722（23.20%）
2016	就业质量得分	3.702	4.157	3.602	3.316
	观测值（占比）	705（26.88%）	1294（49.35%）	115（4.39%）	508（19.38%）
混合截面	就业质量得分	3.511	3.845	3.579	3.198
	观测值（占比）	2053（25.17%）	3867（47.41%）	354（4.34%）	1882（23.08%）

由表3–9和图3–4、图3–5可知，其一，混合截面数据显示，未接受培训的大学毕业生就业质量得分最低，为3.198；其次是政府培训大学毕业生就业质量得分，为3.511，再次为两类培训兼有，而接受单位培训就业质量得分最高，为3.845。从人数占比来看，总体大学毕业生中未接受工作培训的人数占比为23.12%，可见仍有超过两成的大学毕业生没有接受过任何形式

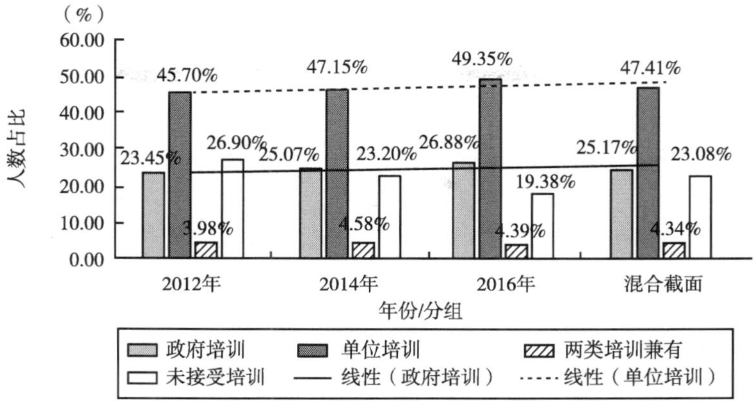

图 3-4　2012 年、2014 年和 2016 年不同培训类型大学毕业生人数占比情况

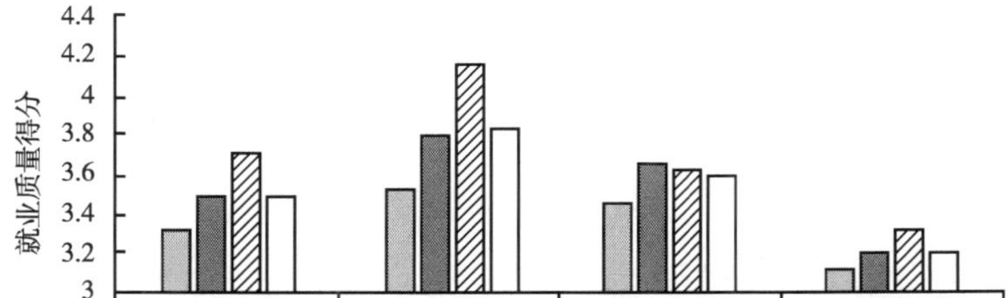

	政府培训	单位培训	两培训兼有	未接受培训
2012年	3.315	3.538	3.46	3.107
2014年	3.489	3.814	3.659	3.205
2016年	3.702	4.157	3.602	3.316
混合截面	3.511	3.845	3.579	3.198

图 3-5　2012 年、2014 年和 2016 年不同培训类型的大学毕业生就业质量得分情况

的职业技能培训，培训力度仍有提升的空间。在接受工作培训的大学毕业生中，按照提供培训主体划分，总体大学毕业生接受政府就业培训的人数占比为25.15%，接受单位培训的人数占比为47.39%，两类培训兼有的大学毕业生占比为4.34%。可见

与政府就业培训相比，大学毕业生接受企业单位培训的比例更高。企业为了提高大学毕业生边际生产力和人力资本技能，有更大的动力为员工提供职业技能培训。同时，参加培训后大学毕业生就业质量显著提高，但与政府培训相比，大学毕业生接受单位培训后就业质量得分更高。这是由于单位培训主要以提供特殊技能培训为主，通过提高大学毕业生从事某种特定工作的生产率，进而提高了员工的收入水平、就业稳定性以及企业的效益，从而该群体的就业质量得分更高。

其二，从各年份比较来看，2012—2016年，无论是政府培训还是单位培训，大学毕业生就业质量得分均呈逐渐上升趋势，而两培训兼有的大学毕业生就业质量得分呈先上升后下降的趋势，表明随着年份增加，大学毕业生参加工作培训后就业质量水平得到不断提升。从各年份单位培训与政府培训的大学毕业生就业质量差异值来看，2016年两者间差异值最大，为0.455；2014年差异值次之，为0.325；2012年差异值最小，为0.223。同时，从人数占比来看，2012年、2014年、2016年大学毕业生接受政府培训和单位培训的占比均呈递增趋势，而未接受培训的占比依次递减为26.90%、23.20%、19.38%，可见随着年份增加，劳动力市场中大学毕业生接受过工作培训的占比越来越高，促使大学毕业生整体技能水平不断提升。就大学毕业生个人而言，单位培训由于培训内容的针对性和实用性，有利于解决工作中的实际问题，提高专业技能和边际生产力，进而增加大学毕业生的收入水平；而政府培训通常提供的是一般培训，旨在提高大学毕业生从事各种工作的生产率。

（3）异质性工作时间的就业质量测算比较

工作时间是客观反映工作状况的重要方面，工作时间增加，虽然可以在一定程度上增加收入水平，但超长时间工作会使得大学毕业生容易身心疲劳，得不到充分休息，进而对他们的健康状况造成负面影响。而大学毕业生良好的健康状况不仅关乎生产效率，还是高质量就业的重要前提。因此，异质性工作时间不仅影响大学毕业生的健康状况，还会造成生产效率和就业质量差异。本章根据问卷设置，将周工作小时数作为工作时间的衡量指标，由混合截面数据统计结果显示总体均值为45.416，而我国最新《劳动法》规定“劳动者每日工作时间不超过8小时，平均每周工作时间不超过40小时”，表明混合截面数据中大学毕业生实际平均每周工作时间超过了40小时的法定时间。为了进一步考察不同工作时间大学毕业生就业质量综合得分差异，本章将周工作时间T在法定40小时及以内的称为“正常工时”（$T \leqslant 40$），将超过40小时的统称为“超时加班”（$T > 40$）。本章根据2012年、2014年、2016年和混合截面中国劳动力动态调查（CLDS）数据，分别测算以上各年份的不同工作时间大学毕业生就业质量综合得分及人数占比情况，并进行差异比较分析。具体结果如表3-10和图3-6、图3-7所示。

表3-10　2012年、2014年和2016年异质性工作时间大学毕业生就业质量综合得分及人数占比情况

年份	分组	正常工时群体	超时加班群体
		$T \leqslant 40$	$T>40$
2012	就业质量得分	3.525	3.316
	观测值（占比）	913（37.72%）	1507（62.28%）
2014	就业质量得分	3.812	3.501
	观测值（占比）	1150（36.94%）	1964（63.06%）
2016	就业质量得分	4.173	3.728
	观测值（占比）	948（36.16%）	1674（63.84%）
混合截面	就业质量得分	3.798	3.530
	观测值（占比）	3011（36.92%）	5145（63.08%）

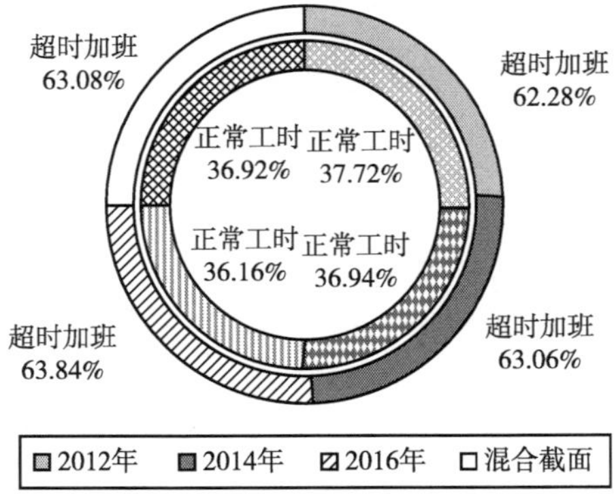

图 3–6　2012 年、2014 年和 2016 年正常工时与超时加班群体人数占比情况

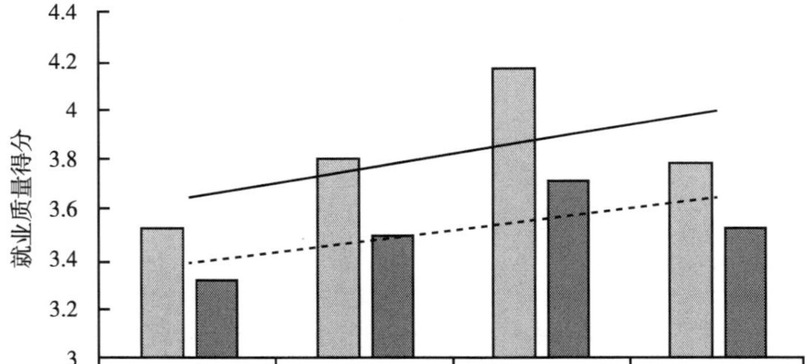

	2012年	2014年	2016年	混合截面
正常工时群体	3.525	3.812	4.173	3.798
超时加班群体	3.316	3.501	3.728	3.53

图 3–7　2012 年、2014 年和 2016 年异质性工时大学毕业生就业质量得分情况

由表3–10和图3–6、图3–7可知，其一，混合截面数据显示，每周工作时间在法定40小时以内的大学毕业生就业质量综合得分为3.798，明显高于超时工作群体的就业质量得分3.530。可见，法定工作时间以内工作可以增加大学毕业生的薪资收入，同时大学毕业生的脑力和体力会得到充分利用，此时身心健康和就业质量达到最大值；但是当过度加班，如果工资回报没有充分的补偿时间付出成本，会使得大学毕业生内心满足感降低，同时由于长时间工作得不到充分休息使得大学毕业生自身健康状况和就业质量也会随之下降。人数占比来看，总体仅有36.92%大学毕业生每周工作时间在法定40小时以内，超时加班的大学毕业生占比近63.08%，可见，在现实中大量大学毕业生加班加点、超长时间工作已成为常态。

其二，分年份比较来看，2012年、2014年、2016年，无论是法定工时群体还是超时加班群体，其就业质量得分均呈逐年递增趋势，各年份就业质量得分均是法定工时群体的更高，这与混合截面数据测算结果相一致，能由图3-6中两群体就业质量得分的趋势线清晰展现出来；从两群体就业质量差异值比较来看，2012年、2014年、2016年法定工时群体就业质量比超时加班群体分别高出0.209、0.311、0.445，即两群体就业质量差异值有逐年扩大趋势。从人数占比来看，2012年、2014年、2016年，周工作时间在40小时以内的群体占比逐年缩小，而超时加班群体占比逐年增加，表明越来越多的大学毕业生面临加班加点、超时工作的问题。因此，用人单位让职工进行加班加点的时间必须符合《劳动法》等相关法律规定，切实保障职工休息权，减少长时间劳作对职工身体健康的损害，同时安排职工延长工作时间的用人单位，应按照法律标准支付大学毕业生加班工资。此外，劳动和社会保障部门应进一步落实职工法定工作时间的相关规定，限制非法超长时间工作，确保大学毕业生的合法工时权益，不断促进劳动力市场工作时间正规化。

（4）异质性单位类型的就业质量测算比较

本书中的单位类型是指国有单位与非国有单位之分。与非国有单位相比，国有单位的工资福利待遇较好、工作稳定性较强，这也是近年来国考热度不减，很多大学毕业生优先考虑选择国有单位工作的原因之一。本章根据2012年、2014年、2016年和混合截面中国劳动力动态调查（CLDS）数据，分别测算以上各年份的不同单位类型大学毕业生就业质量综合得分及人数占比情况，并进行差异比较分析。具体结果如表3-11和图3-8、图3-9所示。

表3-11　2012年、2014年和2016年异质性单位类型大学毕业生就业质量综合得分及人数占比情况

年份	分组	国有单位	非国有单位
2012	就业质量得分	3.578	3.310
	观测值（占比）	721（29.78%）	1699（70.22%）
2014	就业质量得分	3.821	3.502
	观测值（占比）	1001（32.15%）	2113（67.85%）
2016	就业质量得分	4.173	3.763
	观测值（占比）	882（33.62%）	1740（66.38%）
混合截面	就业质量得分	3.849	3.551
	观测值（占比）	2604（31.93%）	5552（68.07%）

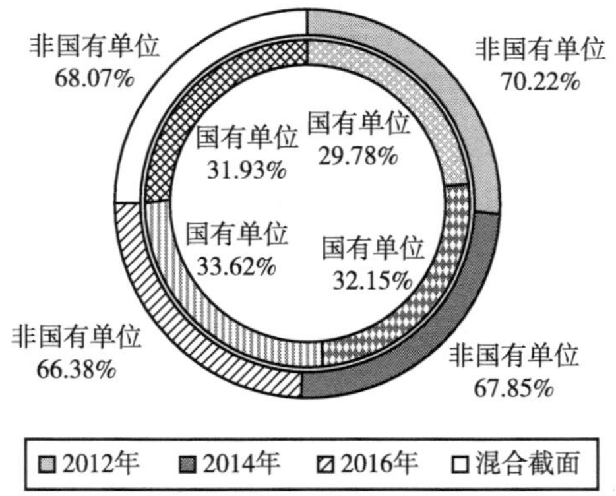

图3-8　2012年、2014年和2016年大学毕业生国有单位与非国有单位人数占比情况

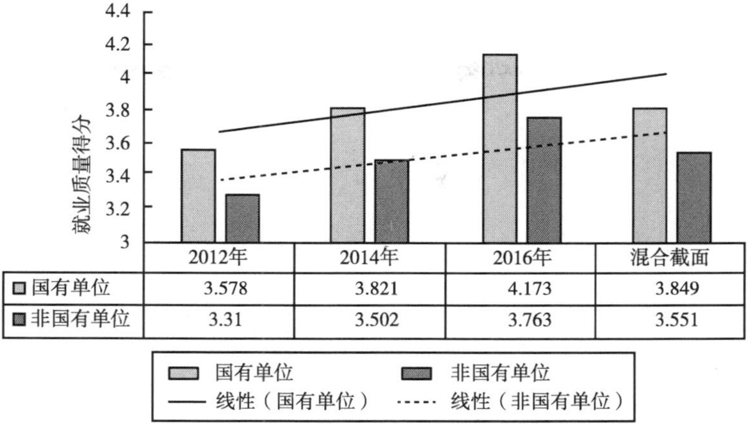

	2012年	2014年	2016年	混合截面
国有单位	3.578	3.821	4.173	3.849
非国有单位	3.31	3.502	3.763	3.551

图 3-9 2012 年、2014 年和 2016 年不同单位类型大学毕业生就业质量得分情况

由表3-11和图3-8、图3-9可知，其一，混合截面数据显示，国有单位工作的大学毕业生就业质量得分为3.849，明显高于非国有单位的就业质量得分3.551，两者间差距为0.298。两种单位类型间之所以会出现较明显的就业质量差异，可能是由于与非国有单位相比，国有单位的薪资福利待遇较完善，整体工作环境较优越。从人数占比来看，混合截面数据中大学毕业生选择在国有单位工作的占比31.93%，在非国有单位工作的占比68.07%，即在国有单位就业的大学毕业生占比约为三成，在非国有单位就业的大学毕业生占比约为七成，这与现实情况相契合。

其二，从各年份比较来看，2012—2016年，无论是国有单位就业者还是非国有单位就业者，其就业质量得分均呈逐年增加趋势，这能由图3-7中两种单位类型就业质量得分趋势线清晰展现出来；从各年份不同单位类型差异比较来看，2012年、2014年、2016年国有单位的就业质量得分高于非国有单位的就业质量依次为0.268、0.319、0.410，两部门间就业质量差异值呈逐年扩大的趋势。从人数占比来看，2012—2016年，非国有单位就业者占比有逐渐降低趋势，而国有单位就业者占比有逐渐增加趋势，这可能与近年来国考热度不减，越来越多的大学毕业生想进入国有企事业单位争夺“铁饭碗”有关。

3.4 大学毕业生就业质量综合影响因素分析

3.4.1 模型设定

为了进一步考察教育层次、异质性工作培训、工作时间、单位类型等综合影响因素对大学毕业生就业质量的影响程度，本章对大学毕业生就业质量综合得分进一步采用OLS方法回归分析，本章建立的大学毕业生就业质量综合影响因素的多元回归模型如式（3–4）所示：

$$Y_i = \beta_0 + \beta_1 edu + \beta_2 train + \beta_3 time + \beta_4 type + \sum \alpha_i X + \varepsilon_i \quad (3\text{–}4)$$

式（3–4）中，因变量 Y_i 表示大学毕业生就业质量综合得分，通过前面因子分析计算得到；核心解释变量为教育层次 edu、工作培训 $train$、工作时间 $time$、单位类型 $type$；其他控制变量 X 有性别、工作经验、户籍状况、婚姻状况、政治面貌、区域虚拟变量、年份虚拟变量；β_i、α_i 为相应系数向量；β_0 表示常数项；ε_i 为随机误差项。

具体来看，将接受的最高教育程度划分为大专、本科、研究生及以上3个层次。其中，以大专为对照组。异质性工作培训，按照提供培训主体划分，可分为单位工作培训和政府就业培训两类。为了厘清两种培训类型对大学毕业生就业质量的影响差异如何，本书将混合截面总体中两类培训兼有的354个样本删除，以未接受任何形式培训为对照组。关于工作时间变量，选取周工作小时数；关于单位类型，将国有单位赋值为1，非国有单位赋值为0；关于性别变量，用1代表男性，用0代表女性；关于工作经验变量是具体的工作经验年限数；关于户籍状况变量，用1代表城镇户籍大学毕业生，用0代表农村户籍大学毕业生；关于婚姻状况变量用1表示已婚或同居，用0表示其他；关于政治面貌变量，用1表示中共党员，0表示非党员；区域虚拟变量是以西部地区为基准区域，引入两个区域虚拟变量中部地区和东部地区。年份虚拟变量是以2012年为基准年份，引入两个年份虚拟变量2014年和2016年。

3.4.2 综合影响因素总体回归结果

本章利用stata软件采用OLS回归方法分析教育层次、异质性工作培训、工作时间、单位类型等综合影响因素对总体大学毕业生就业质量得分的影响，本章进行分析的对象是22—35岁的大学毕业生，3年混合截面数据有效样本共计8156个，删除两培训兼有的354个样本，接下来进行回归分析的总体有效混合样本为7802个。具体OLS回归结果如表3-12所示。

表3-12 综合因素对总体大学毕业生就业质量得分影响的OLS回归结果

解释变量	回归系数（标准误）	解释变量	回归系数（标准误）
研究生及以上	0.208*** （0.020）	户籍状况	0.052** （0.020）
本科	0.145*** （0.016）	婚姻状况	0.046 （0.037）
单位培训	0.097*** （0.014）	政治面貌	0.047** （0.018）
政府培训	0.049** （0.019）	中部地区	0.042** （0.016）

续表

解释变量	回归系数（标准误）	解释变量	回归系数（标准误）
工作时间	–0.073** （0.028）	东部地区	0.079*** （0.011）
单位类型（国有单位=1）	0.085*** （0.013）	2014年	0.036** （0.014）
性别（男性=1）	0.071*** （0.004）	2016年	0.053** （0.021）
工作经验	0.081** （0.032）	常数项	2.156*** （0.052）
R^2	0.351	观测值	7802

注：括号内数值为标准误差，***、**、*表示在1%、5%和10%水平上显著，下同。

由表3–12可知，混合截面回归结果显示：其一，受教育程度对大学毕业生就业质量有显著的正向影响。与大专水平相比较，本科、研究生及以上对大学毕业生就业质量的正向影响程度分别为14.5%和20.8%，且在1%水平上显著，表明随着教育层次提高，大学毕业生就业质量水平也在不断提升，两者呈正向变动关系。与未接受培训相比较，参加单位培训、政府培训均会显著提升大学毕业生就业质量状况，但单位培训对就业质量的提升作用显著高于政府培训。一种可能的解释是，与政府培训相比较，接受单位培训的大学毕业生工作技能和劳动生产率得到更大提升，进而更有利于增加其工资水平。工作时间对大学毕业生就业质量产生显著的负向影响，可能的原因是，超时工作大学毕业生得不到充分的休息，更容易身心疲劳，导致健康状况受损，而职业健康状况作为就业质量的重要维度，进而其就业质量也会随之下降。国有单位工作对大学毕业生就业质量的正向影响程度为8.5%，且在1%水平上显著，表明与非国有单位相比，国有单位工作会显著提升就业质量状况，这可能与国有单位工作提升了大学毕业生的主观感知满意度有关。

其二，其他控制变量回归结果显示，性别、工作经验、户籍状况、政治面貌对总体大学毕业生就业质量的影响显著为正，表明男大学毕业生的就业质量显著高于女大学毕业生。随着工作经验增加大学毕业生的就业质量会不断提升，城镇户籍大学毕业生就业质量高于农村户籍大学毕业生，政治面貌为党员的大学毕业生就业质量要高于非党员的大学毕业生。婚姻状况对大学毕业生就业质量影响为正，但在统计意义上不显著，可能的解释是：已婚对男大学毕业生努力工作产生了激励作用，但对女生而言，已婚后面临的生育压力可能会导致其退出劳动力市场，不利于工作晋升，已婚在男女生两群体间存在中和抵消作用。区域虚拟变量显示，与西部地区相比，中部地区、东部地区对就业质量产生的正向影响逐渐增大，这也与前面测算的不同地区就业质量得分相对应；年份虚拟变量显示，与2012年相比，2014年、2016年大学毕业生就业质量逐渐增加，这与前面测算的分年份样本就业质量得分逐年提升趋势相一致。

3.4.3 不同年份样本回归结果

为了深入考察2012年、2014年、2016年教育层次、异质性培训、工作时间、单位类型等综合影响因素对大学毕业生就业质量影响的年份变化趋势，本章继续采用OLS方法对不同年份样本的大学毕业生就业质量综合影响因素进行回归分析。为了厘清两种培训类型对不同年份样本大学毕业生就业质量的影响差异如何，我们先删除不同年份中两培训兼有的样本，接下来分别对2012年2324个，2014年2971个，2016年2507个有效观测样本进行回归分析。具体回归结果如表3-13所示。

表 3-13　　综合因素对不同年份样本就业质量得分影响的 OLS 回归结果

解释变量	2012年	2014年	2016年
	回归系数（标准误）	回归系数（标准误）	回归系数（标准误）
研究生及以上	0.186*** （0.019）	0.218*** （0.020）	0.230*** （0.025）
本科	0.152*** （0.015）	0.147*** （0.013）	0.131*** （0.012）
单位培训	0.083*** （0.009）	0.095*** （0.011）	0.108*** （0.016）
政府培训	0.044** （0.017）	0.050** （0.019）	0.053** （0.021）
工作时间	–0.067** （0.026）	–0.072** （0.028）	–0.080** （0.031）
单位类型（国有单位=1）	0.078*** （0.010）	0.086*** （0.012）	0.091*** （0.015）
性别（男性=1）	0.065*** （0.003）	0.069*** （0.004）	0.073*** （0.006）
工作经验	0.082** （0.032）	0.074** （0.029）	0.066** （0.025）
户籍状况	0.061** （0.024）	0.053** （0.021）	0.049* （0.025）
婚姻状况	0.048* （0.024）	0.042 （0.035）	0.037 （0.030）
政治面貌	0.041** （0.016）	0.045** （0.018）	0.050** （0.019）
中部地区	0.050** （0.020）	0.048** （0.019）	0.039** （0.015）
东部地区	0.086*** （0.013）	0.081*** （0.010）	0.072*** （0.008）
R^2	0.362	0.340	0.357
观测值	2324	2971	2507

注：括号内数值为标准误差，***、**、* 表示在 1%、5% 和 10% 水平上显著。

由表3-13分年份样本回归结果可知：其一，2012—2016年，随着年份的推进，与大专水平相比较，研究生及以上对大学毕业生就业质量得分的正向影响程度逐年增加，而本科对大学毕业生就业质量得分的正向影响程度逐年缩小，可能的解释是，随着高校的不断扩招，大学毕业生整体学历层次提升较为明显，相对而言本科学历对大学毕业生就业质量的促增作用有所减弱，这也与前面测算的异质性教育层次的大学毕业生就业质量得分得到的结论相一致。随着年份推进，与未接受培训相比，单位培训和政府培训均对大学毕业生就业质量得分的正向影响有逐年递增趋势，但单位培训对就业质量得分的促增作用显著高于政府培训，两种培训类型对就业质量得分影响间的差距随着年份推进而逐年增大。2012—2016年，随着年份推进，工作时间对大学毕业生就业质量得分的负向影响逐年增大，这可能与越来越多的大学毕业生面临加班加点，超时工作有关。2012—2016年，单位类型对大学毕业生就业质量得分的正向影响逐渐增大，一种可能的解释是，近年来国考热度不减，国有单位的福利待遇优厚及较好的工作环境，促使越来越多的大学毕业生选择进入国有单位工作，由此可以较明显地提升其整体工作满意度和就业质量。

其二，其他控制变量回归结果显示，随着年份推进，性别、政治面貌对大学毕业生就业质量的正向影响均呈现逐渐增加的趋势，表明与女大学毕业生相比较，男大学毕业生就业质量要更好，这可能与当前劳动力市场存在较为严重的性别歧视，从而男女大学毕业生面临“同工不同酬”的性别工资差距逐渐增大有关；同时，政治面貌为党员对大学毕业生就业质量的促进作用逐渐增强。2012—2016年，随着年份推进，工作经验、户籍状况对大学毕业生就业质量的正向影响作用逐年减弱，这可能与随着户籍制度不断改革，大学毕业生在就业过程中面临的城乡户籍差异有所减弱有关。随着年份推进，婚姻状况对大学毕业生就业质量的正向影响和显著性逐渐减弱，这可能与越来越多的大学毕业生选择晚婚甚至不婚的观念有关，尤其是对于女生而言，婚后由于面临生育和照顾幼儿的压力，可能会阻碍其职场晋升甚至会暂时退出劳动力市场。区域虚拟变量显示，与西部地区相比较，中部地区、东部地区对大学毕业生就业质量的正向影响逐渐减弱，这也与前面测算的东部与中部、中部与西部之间就业质量差异值逐渐递减的趋势相一致。随着国家政策对中西部精准扶贫、教育投入和技能培训力度的逐年加大，与东部地区间的差异逐渐缩小。

3.4.4 稳健性检验

本章前面回归分析是以就业质量综合得分作为被解释变量的。为了得到更可靠的结论，本章接下来构建“就业质量指数”作为就业质量综合得分的替换变量，重新进行回归分析。本章对大学毕业生就业质量指数的测度，既参考了国内外学者的指标选取方法，又结合了2012年、2014年、2016年中国劳动力动态调查数据的特点，最终选取了5个指标，涵盖工资水平、健康状况、工作整体满意度、工作稳定性、劳动合同共计5个方面。具体来看，借鉴Leschke和Watt（2014）、明娟（2016）等提出的多维就业质量指数做法，从以下5方面进行测度：一是工资水平，用年收入水平转化为月收入并取其对数值来衡量；二是健康状况，大学毕业生自身的职业健康状况主观评价，为1–5次序变量；三是工作整体满意度，是大学毕业生对工作整体满意度的主观评价，为1–5次序变量；四是工作稳定性，用过去两年来大学毕业生从事的工作是否发生变化，比如单位变化、职位变化、生意内容变化，用0–1表示；五是劳动合同，用大学毕业生是否签订书面劳动合同来测量，签订合同赋值为1，否则为0。

由于不同变量不具有可比性，因此需要对各变量进行标准化处理，具体处理方法为：变量与其均值的差除以变量的样本均值。本书构建的大学毕业生就业质量指数方程（Index of Employment Quality，缩写为EQI指数），5个指标变量分别用I代表工资水平（Income）、用H代表健康状况（Health）、用J代表工作整体满意度（Job Satisfaction）、用E代表工作稳定性（Employment Stability）、用L代表劳动合同（Labor Contract）。为了使各项估值的标准化值进一步转换为60—100分值，需要采用的转化公式为：

$$X_{转化值}=\frac{100-60}{X_{max}-X_{min}}*(X-X_{min})+60 \quad (3–5)$$

其中，X为每个变量的标准化值，如工资水平变量I的标准化值为：

$$I=\frac{I_i-\bar{I}}{S_I} \quad (3–6)$$

其中，S_I代表工资水平变量的样本标准差。

本书借鉴欧盟委员会和欧洲基金会的做法，采用等权重赋值的方法来构建大学毕业生就业质量指数。即对不同变量赋予相同的权重，虽然等权重赋值具有一定的简明性，同时等权重赋值方法也存在不足之处，但是在没有更好的方法进行权重差别处理的情况下，暂且是可以接受的（李晓西等，2014）。本书最终构建的大学毕业生就业质量指数（可称为EQI指数）如式（3–7）所示：

$$EQI\ 指数_i=\frac{1}{5}[I_{转化值}+H_{转化值}+J_{转化值}+E_{转化值}+L_{转化值}] \quad (3–7)$$

其中，大学毕业生就业质量EQI指数的取值范围为［60–

100]，数值越大，代表大学毕业生就业质量越高；数值越小，代表大学毕业生就业质量越低。由于构建的就业质量指数是定距变量，仍然可用前面的公式（3-4）来估计教育层次、工作培训、工作时间、单位类型等综合影响因素对大学毕业生就业质量指数的影响，此时的 Y_i 为大学毕业生就业质量指数，其他变量含义不变。

接下来，本章采用OLS方法估计综合影响因素对总体混合截面样本及不同年份样本大学毕业生就业质量指数的影响程度，具体回归结果如表3-14所示。

表 3-14　综合因素对总体及分年份样本就业质量指数影响的OLS 回归结果

解释变量	总体	2012年	2014年	2016年
	系数（标准误）	系数（标准误）	系数（标准误）	系数（标准误）
研究生及以上	0.179*** （0.028）	0.158*** （0.016）	0.177*** （0.023）	0.182*** （0.025）
本科	0.126*** （0.015）	0.131*** （0.014）	0.124*** （0.011）	0.120*** （0.009）
单位培训	0.082*** （0.011）	0.076*** （0.007）	0.081*** （0.010）	0.093*** （0.012）
政府培训	0.036** （0.014）	0.033** （0.012）	0.035** （0.014）	0.041** （0.016）
工作时间	-0.065** （0.025）	-0.066** （0.026）	-0.070** （0.027）	-0.075*** （0.029）
单位类型（国有单位=1）	0.077*** （0.010）	0.072*** （0.009）	0.085*** （0.011）	0.087*** （0.013）
控制变量	YES	YES	YES	YES
R^2	0.323	0.340	0.319	0.325
观测值	7802	2324	2971	2507

注：括号内数值为标准误差，***、**、*表示在1%、5%和10%水平上显著。

由表3-14回归结果可知，在用就业质量指数对被解释变量就业质量综合得分进行替换之后，总体混合截面数据回归显示，受教育程度对大学毕业生就业质量指数仍然有显著的正向影响，且与大专水平相比较，本科、研究生及以上对大学毕业生就业质量指数的正向影响程度不断提升，两者呈正向变动关系。2012—2016年，随着年份推进，与大专水平相比较，研究生及以上对大学毕业生就业质量指数的正向影响程度逐年增加，而本科对大学毕业生就业质量指数的正向影响程度逐年缩小，与前面回归结果相一致。总体混合截面回归结果显示，单位培训对大学毕业生就业质量指数的提升作用仍然显著大于政府培训，分年份样本来看，与未接受培训相比，单位培训和政府培训均对大学毕业生就业质量指数的正向影响呈逐年递增趋势，且两种培训类型对就业质量指数影响间的差距随着年份推进而逐年增大，与前面回归结论相一致。总体混合截面数据显示，工作时间对大学毕业生就业质量指数的影响显著为负，这可能与工作时间降低了就业质量的健康状况维度有关。分年份样本来看，随着年份推进，工作时间对大学毕业生就业质量指数的负向影响仍呈现逐年增大的趋势。总体混合截面数据回归显示，国有单位工作对总体大学毕业生就业质量指数影响显著为正。分年份样本来看，2012—2016年，国有单位工作对大学毕业生就业质量指数的正向影响逐渐增大。此外，其他控制变量的回归系数符号与前面的结果基本一致，本章不再详细叙述。总之，用大学毕业生就业质量指数替换被解释变量大学毕业生就业质量综合得分之后得到的结论与前面表3-12、表3-13得出的回归结论相一致，表明回归结果是稳健、可靠的。

3.5 问题发现及研究假设

3.5.1 问题发现

通过总体及异质性群体就业质量测算分析可知，混合截面数据显示，总体大学毕业生就业质量综合得分为3.662，分性别来看，男生就业质量得分为3.915，高出女生0.430；分教育层次来看，大专、本科、研究生及以上就业质量得分依次为3.593、3.667、3.801，即随着教育层次的提高，大学毕业生就业质量综合得分呈逐渐上升趋势；分异质性培训来看，未接受培训的大学毕业生就业质量得分最低，为3.198，其次是政府培训大学毕业生就业质量得分，为3.511，而接受单位培训就业质量最高，为3.845。可见，不同性别、教育层次及培训类型均会对大学毕业生造成显著的就业质量差异。

总体混合截面数据显示，从异质性工作时间就业质量差异比较来看，每周工作时间在法定40小时以内的大学毕业生就业质量综合得分为3.798，明显高于超时工作群体的就业质量得分3.530。分年份两群体就业质量差异值比较来看，2012年、2014年、2016年法定工时群体就业质量比超时加班群体分别高出0.209、0.311、0.445，即两群体就业质量差异值有逐年扩大趋势。可见，异质性工作时间以及年份变化均会对大学毕业生就业质量产生明显差异。此外，国有单位工作的大学毕业生就业质量得分为3.849，明显高于非国有单位的就业质量得分3.551，两者间差距为0.298。从各年份不同单位类型差异比较来看，2012年、2014年、2016年国有单位的就业质量高出非国有单位的就业质量依次为0.268、0.319、0.410，两部门间就业质量差异值呈逐年扩大的趋势。

教育层次、工作培训、工作时间、单位类型等综合影响因素对总体及分年份样本大学毕业生就业质量影响的OLS回归结果显示，随着教育层次增加对大学毕业生就业质量的影响程度不断提高，两者呈正向变动关系；单位培训对就业质量的提升作用显著大于政府培训的提升作用，且随着年份推进，单位培训和政府培训均对大学毕业生就业质量的正向影响呈逐年递增趋势；工作时间显著降低了大学毕业生就业质量状况，随着年份推进，工作时间对大学毕业生就业质量的负向影响呈逐年增大的趋势；与非国有单位相比较，国有单位工作显著提升了大学毕业生就业质量水平。

3.5.2 研究假设

通过以上异质性群体的就业质量测算结果比较、就业质量综合影响因素回归结果分析及问题发现，本书提出以下可能的解释和推论：

其一，随着教育层次增加，其对工资水平的正向影响也就越大。单位培训的工资效应大于政府培训的工资效应，且随着年份的推进，单位培训和政府培训对工资水平的提升作用均呈现逐年递增趋势。而工资水平又是体现就业质量的功能性活动和重要维度，由此可以解释，随着教育层次增加对就业质量正向影响逐渐增大，单位培训对就业质量的提升作用大于政府培训的提升作用，以及2012—2016年，随着年份的推进，两种培训均对就业质量的正向影响呈逐年递增趋势的回归结果。

其二，大学毕业生接受异质性教育层次的教育回报率和异质性培训的收入回报率存在较明显的性别差异。与女生相比，各教育层次、工作培训对男大学毕业生工资水平的正向影响程度更高。同时，工资水平是构成就业质量的一个重要维度，性别、教育层次及异质性培训会对大学毕业生工资水平产生不同影响，进而也就造成了男女大学毕业生就业质量状况差异。

其三，对于超时加班群体而言，超长时间工作，如果工资回报没有充分的补偿时间付出成本，会使得其内心满足感降低；同时，长时间工作得不到充分休息使得大学毕业生自身健康状况和就业质量明显下降，由此解释了工作时间降低了总体就业质量的回归结果。随着年份增加，越来越多的大学毕业生面临加班加点、超时工作的问题，正常工时和超时加班群体的健康差异有逐渐扩大趋势，进而拉大了两群体间就业质量的差异。

其四，就业质量测算结果显示，两种单位类型间之所以会出现较明显的就业质量差异，以及回归结果显示国有单位工作显著提高了大学毕业生就业质量水平，可能是由于：与非国有单位相比，国有单位工作的大学毕业生薪资福利待遇较完善，整体工作环境和福利待遇较优越，从而大学毕业生对国有单位工作的主观感知满意度评价更高，而主观感知满意度又是反映大学毕业生对就业质量的主观评价，因此国有单位工作会显著提升大学毕业生的就业质量状况。

根据以上解释和推论，本书提出以下四条研究假设。

研究假设1：随着教育层次增加教育回报率不断提高，单位培训的工资效应大于政府培训的工资效应，且随着年份推进，两类培训的工资效应均呈逐年增加趋势。

研究假设2：大学毕业生接受异质性教育层次、工作培训的收入回报率存在较明显的性别差异，与女生相比，各教育层次、工作培训对男大学毕业生工资水平的正向影响程度更高。

研究假设3：工作时间降低了大学毕业生的健康状况，工作时间对超时加班群体的健康状况影响更大，且随着年份推进，大学毕业生正常工时与超时加班群体的健康差异有逐渐扩大趋势。

研究假设4：与非国有单位相比，大学毕业生在国有单位工作显著提高其主观感知满意度，进而提高整体就业质量。

3.6 本章小结

本章是基于2012年、2014年和2016年中国劳动力动态调查（CLDS）混合截面数据，根据阿玛蒂亚·森可行能力理论以及主客观相结合、宏微观相结合原则选取指标，利用因子分析方法构建了大学毕业生就业质量评价指标体系。该就业质量评价指标体系包含工资福利待遇、健康与劳动保护、主观感知满意度共计3个一级指标，同时也是衡量就业质量的3个功能性活动，涉及工作收入、医疗保险、养老保险、健康状况、整体工作满意度、工作环境满意度等14个二级指标。通过因子旋转以及成分得分系数矩阵并利用就业质量综合评价得分方程可以测算出各年份大学毕业生就业质量综合得分。为了考察群体异质性，本章进一步对总体大学毕业生按照性别、户籍、区域划分并进行就业质量测算分析。同时，本章还测算了异质性教育和培训的就业质量差异比较、异质性工作时间的就业质量差异比较、异质性单位类型的就业质量差异比较。

此外，本章采用OLS回归方法，进一步分析了教育层次、工作培训、工作时间、单位类型等综合影响因素对总体及分年份样本大学毕业生就业质量得分的影响，并通过构建就业质量指数进行相应的稳健性检验。回归结果显示，随着教育层次增加，对大学毕业生就业质量的影响程度不断提高；单位培训对就业质量的提升作用显著大于政府培训的提升作用，且随着年份推进，两类培训对就业质量的正向影响均呈逐渐增加趋势；工作时间显著降低了大学毕业生就业质量状况，随着年份推进，工作时间对大学毕业生就业质量的负向影响呈逐年增大的趋势；与非国有单位相比，国有单位工作显著提升了大学毕业生就业质量水平。

综合以上分析，本书发现相应问题，并提出了四条研究假设。为了进一步检验研究假设，以及深入考察教育培训、工作时间、单位类型分别对就业质量不同维度的具体影响程度，本书接下来在第5章深入分析了教育培训对就业质量工资水平维度的影响，并对性别工资差异进行分解；在第6章探讨了工作时间对就业质量健康状况维度的影响，并对工时健康差异进行分解；在第7章分析了单位类型对就业质量主观感知满意度的影响；最后，为努力缩小性别工资差异和工时健康差异，提升主观感知满意度，进而提高总体大学毕业生就业质量，本书基于前面的研究结论提出了合理化建议。

4 数字经济发展对就业质量影响的实证分析

4.1 数字经济发展现状分析

4.1.1 数字经济发展成为国家发展和国际竞争战略的核心

首先，推进数字经济快速发展成为共识，众多国家出台推进政策。数字经济日益成为国家竞争战略的核心制高点，很多国家/地区将其作为国家经济增长、战略转型、可持续发展的关键驱动。2010年后各国关于促进数字经济发展的政策频繁推出，争先恐后布局数字经济发展，抢占经济发展的制高点。

其次，发达国家普遍布局数字经济发展，整体领先。美国、德国等国家数字化建设起步早，目前正深入人工智能、智能制造等腹地，深入布局数字经济。美国从20世纪90年代开始研究数字经济，提出《国家信息基础设施（NII）计划》《新一代互联网计划》等支撑数字化建设；2012年公布《大数据研究和发展计划》，2016年发布《智能制造振兴计划》，2019年出台《国家网络战略》，2021年发布《2021美国创新与竞争法案》等，持续推进数字经济发展。2019年，德国发布《德国工业战略2030》，2020年，欧盟发布《欧洲数据战略》，英国也发布《数据战略》等，不断加速产业升级与数据价值释放。

最后，数字经济已上升为我国的国家战略，正在加速推进。党的十八大以来，党中央高度重视发展数字经济，将其上升为国家战略。加紧布局并实现弯道超车，通过数字产业化和产业数字化基本路径，抢占数字经济国际竞争高地。2019年出台《国家数字经济创新发展实验区实施方案》，2021年6月10日第十三届全国人民代表大会常务委员会第二十九次会议通过《中华人民共和国数据安全法》，2021年底印发《“十四五”数字经济发展规划》等，通过数字产业化和产业数字化，加速推动数字经济发展。党的二十大报告进一步提出“加快发展数字经济，促进数字经济和实体经济深度融合，打造具有国际竞争力的数字产业集群”的任务。数字经济的崛起与繁荣，赋予了经济社会发展的“新领域、新赛道”和“新动能、新优势”，正在成为引领中国经济增长和社会发展的重要力量。

4.1.2 中国数字经济发展规模分析

据中国信息通信研究院发布的《中国数字经济发展报告（2022）》数据显示①，中国数字经济发展再上新台阶，实现“十四五”良好开局，成为稳增长的强大力量。2021年中国数字经济规模达到45.5万亿元（见表4–1），同比名义增长16.2%，显著高于GDP增速，且占GDP比重达到39.8%。与“十三五”初期相比，数字经济规模扩张了1倍多，数字经济作为宏观经济“加速器”和“稳定器”的作用愈发凸显，数字经济成为中国经济稳定发展的重要基石。

---

① 中国信息通信研究院：《中国数字经济发展报告（2022）》，http://www.caict.ac.cn/kxyj/qwfb/bps/202207/t20220708_405627.htm，2022年7月8日。

表 4-1　2016—2021 年中国数字经济总体规模、增速及 GDP 占比　单位：万亿元，%

年份	数字经济规模	数字经济占 GDP 比重	数字经济增速	GDP 增速
2016	22.6	30.1	18.9	8.4
2017	27.2	32.7	20.3	11.5
2018	31.3	31.3	20.9	10.5
2019	35.8	35.8	15.6	7.3
2020	39.2	39.2	9.7	3.0
2021	45.5	39.8	16.2	8.1

注：作者根据中国信息通信研究院发布的历年《中国数字经济发展白皮书》及公开数据整理。

在中国数字经济发展内部，产业数字化成为数字经济发展的主引擎。伴随着人工智能、区块链、云计算、大数据、物联网等数字技术的创新演进，数字技术与实体经济深度融合，产业数字化对数字经济增长的主引擎作用更加凸显。2021 年，中国数字产业化规模为 8.3 万亿元（见表 4-2），同比名义增长 10.7%，占数字经济比重为 18.3%，占 GDP 比重为 7.3%。中国产业数字化规模为 37.2 万亿元，同比名义增长 17.4，占数字经济比重为 81.7%，占 GDP 比重为 32.5%。总体来看，中国数字产业化发展正经历由量的扩张到质的提升阶段转变，中国产业数字化转型持续向纵深方向加速发展。

表 4-2　2016—2021 年中国数字产业化和产业数字化规模及增速　单位：万亿元，%

年份	数字产业化	产业数字化	数字产业化增速	产业数字化增速
2016	5.2	17.4	8.3	25.2
2017	6.2	21.0	19.2	20.7
2018	6.4	24.9	3.2	18.6

续表

年份	数字产业化	产业数字化	数字产业化增速	产业数字化增速
2019	7.1	28.8	10.9	15.7
2020	7.5	31.7	5.6	10.1
2021	8.3	37.2	10.7	17.4

注：作者根据中国信息通信研究院发布的历年《中国数字经济发展白皮书》及公开数据整理。

2021年年底，国务院印发《数字经济发展“十四五”规划》，提出到2025年，数字经济核心产业增加值占GDP比重达到10%；到2035年，数字经济发展基础、产业体系发展水平位居世界前列。《数字经济发展“十四五”规划》中提出数字经济核心产业“十四五”期间从7.4%增长到10%，相比“十三五”要求进一步提高，而要实现此目标，数字产业化增长率要达到GDP增长速度的2倍以上。此外，产业数字化在经济中占比较大，过去10多年增长率一直高于数字产业化增长率，保守地把产业数字化增长率和数字产业化增长率统一计算，到2025年产业数字化比重将会超过40%，加上数字产业化比例，数字经济比重超过50%，占经济发展的半壁江山，将成为经济增长的第一位因素。

当下，我国数字经济将进入区域加强统筹、加速落地推进的新阶段。地方政府纷纷出台数字经济专项规划，大力推进数字经济发展。截至2022年3月31日，全国31个省（未统计台湾、香港和澳门），其中25个省发布了数字经济规划，占比约80%；15个计划单列市和副省级城市中，有11个发布相关规划，占比73%；333个地级行政区中，有108个发布规划，占比32%。数字经济已经成为城市推进转型升级，实现高质量发展的重要抓手，在多级政府的统筹推进下，进入加速落地发展的新阶段。

4.2　数据来源与变量描述

4.2.1　数据来源

本章节数据来自《中国统计年鉴》《中国劳动统计年鉴》《第三产业统计年鉴》《中国人口与就业统计年鉴》，以及各省（自治区、直辖市）统计年鉴。由于西藏的缺失值较多，本章节删除西藏，共涉及30个省，对于个别年份缺失数据，采用差值法补齐。考虑不同年份数据可比性，本章节以2012年为基期，利用GDP平减指数和CPI进行数据调整。此外，数字经济发展指数中的工业机器人安装密度数据来自国际机器人联盟。由于国际机器人联盟公布的是中国各行业工业机器人安装量，本章节参考康茜和林光华（2021）的做法，利用分行业各省份就业人数与全国总就业人数占比 × 全国各行业机器人安装数量计算得到省级工业机器人安装密度数据。此外，关于大学毕业生就业质量的数据则来源于2012年、2014年、2016年中国劳动力动态调查，并将微观个体与宏观数据按照省份进行匹配。

4.2.2　变量描述

本章核心解释变量为数字经济发展。该变量主要从两个维度来衡量：一是数字产业化，包括电子信息制造能力（集成电路产量/亿块）、电信业务通信能力［移动电话普及率/(部/百人)］、互联网普及率水平（互联网普及率/%）、软件技术服务水平（软件业务收入/万元）；二是产业数字化，包括工业互联网［长途光缆线路密度/(公里/万平方公里)］、智能制造［工业机器人安装密度/(台/百万人)］、数字物流（快递业务收入/万元）、数字零售（网上零售额/亿元）。考虑到以上反映数字经济发展的8个代理指标的量纲、数量级存在差异，需要对原始数据进行标准化处理，具体公式为：

$$X'_{ij}=\frac{X_{ij}-\min\{X_{1j},\ \cdots,\ X_{nj}\}}{\max\{X_{1j},\ \cdots,\ X_{nj}\}-\min\{X_{1j},\ \cdots,\ X_{nj}\}} \tag{4-1}$$

其中，X_{ij}为第i个省份的第j个指标数据，$i=1$，…，30，$j=1$，…，8

本章对以上代理指标进行标准化处理后，采用等权重法构建数字经济发展指数。鉴于等权重赋值对数据依赖性较小，该方法在无法进行权重差别处理的情况下可以接受（李晓西等，2014）。目前关于测评数字经济发展的赋权方法尚未有统一标准，且也有研究采用等权重赋值法构建数字经济发展评价体系（刘军等，2020；白雪洁等，2021）。鉴于此，本章采用等权重赋值法构建数字经济发展指数的公式为：

$$DE_{it}=\sum_{j=1}^{8}w_jX'_{ij}(j=1,\ 2,\ \cdots,\ 8) \tag{4-2}$$

本章被解释变量为大学毕业生就业质量，是根据第3章构建的大学毕业生就业质量指标评价体系得到具体就业质量得分。考虑到大学毕业生就业质量是一系列综合因素影响的结果，因此在上述模型中均还引入了相关控制变量，包括：人口特征因素，如性别、年龄、婚姻状况；人力资本因素，如工作培训、工作经验、健康状况；行业因素，如建筑业、制造业、服务业。具体变量描述已经在前述章节中列出，此处不再赘述。

4.3 实证分析

4.3.1 数字经济发展对总体就业质量的回归分析

为了考察数字经济发展对总体大学毕业生就业质量的影响差异，本章依次控制人口学特征因素、人力资本因素、行业因素控制变量对总体样本进行逐步OLS回归，具体回归结果如表4–3所示。

表4–3 数字经济发展对总体就业质量影响的逐步回归结果

解释变量		回归（1）	回归（2）	回归（3）
		系数（标准误）	系数（标准误）	系数（标准误）
数字经济发展		0.073*** （0.009）	0.051*** （0.008）	0.042*** （0.006）
人口学特征	性别	0.081*** （0.009）	0.049** （0.018）	0.041** （0.015）
	年龄	0.123** （0.045）	0.089** （0.032）	0.068** （0.025）
	婚姻状况	0.079** （0.028）	0.058* （0.029）	0.042* （0.021）
人力资本因素	工作培训		0.059** （0.021）	0.041* （0.015）
	工作经验		0.092** （0.034）	0.071*** （0.020）
	健康状况		0.084** （0.031）	0.060** （0.022）
行业因素	建筑业			0.028* （0.014）
	制造业			0.042** （0.015）
	服务业			0.073** （0.027）
R^2		0.275	0.298	0.326
观测值		8156	8156	8156

由表4–3回归结果可知，数字经济发展对大学毕业生就业质量产生正向影响，即数字经济发展显著提高了大学毕业生就业质量，表4–3回归（3）中当控制了相关控制变量因素之后，数字经济发展会在1%水平上显著提高大学毕业生就业质量。人口学特征因素中，性别对大学毕业生就业质量有正向影响，表明男性大学毕业生的就业质量要高于女性，这可能与劳动力市场上存在一定程度的性别歧视有关。年龄对大学毕业生的就业质量有正向影响，表明随着年龄的增加，大学毕业生的就业质量逐渐增加。就婚姻状况而言，有配偶对大学毕业生就业质量产生正向影响，可能是受“先成家、后立业”的观念影响，稳定的婚姻状况为大学毕业生积极工作、发展事业奠定了坚实的后盾。人力资本因素中，工作培训、工作经验以及健康状况均对大学毕业生的就业质量产生正向影响，这表明人力资本投资、健康资本投资越充分，越有可能促使大学毕业生找到薪酬福利更好、劳动强度较小但劳动保护更完善、主观工作满意度更高的就业岗位，进而其综合就业质量水平也就越高。此外，行业因素中，与建筑业、制造业相比，大学毕业生从事服务业对就业质量的正向影响更大，这可能与服务业相对较高薪酬福利、较好的劳动保护有关。

4.3.2 分样本异质性分析

本章采用OLS回归方法，对混合截面样本按照性别、区域进行划分，分别划分为男性样本、女性样本、城镇样本、农村样本、东部地区、中部地区、西部地区进行回归，具体回归结果如表4–4所示。

表 4-4 数字经济发展对各分样本就业质量影响的回归结果

变量名称	男性样本	女性样本	城镇样本	农村样本
	回归系数（标准差）	回归系数（标准差）	回归系数（标准差）	回归系数（标准差）
数字经济发展	0.069***（0.010）	0.033***（0.006）	0.072***（0.009）	0.028***（0.005）
控制变量	已控制	已控制	已控制	已控制
R^2	0.331	0.294	0.280	0.275
观测值	4396	3760	4465	3691

变量名称	东部样本	中部样本	西部样本
	回归系数（标准差）	回归系数（标准差）	回归系数（标准差）
数字经济发展	0.077***（0.008）	0.051***（0.006）	0.032***（0.005）
控制变量	已控制	已控制	已控制
R^2	0.296	0.282	0.250
观测值	3039	2727	2390

由表4-4可知，与女性相比，数字经济发展更显著提高了男性大学毕业生就业质量。这可能是由于在数字经济时代，人工智能、大数据、云计算等各种先进的数字技术给男性大学毕业生提供了更多的就业机会和更高的薪酬待遇，诸如互联网IT行业中男性大学毕业生占比颇高，还有一些美团、滴滴等平台企业也给更多的男性大学毕业生提供了就业岗位，从而提高了男性大学毕业生就业质量。与农村户籍大学毕业生相比，数字经济发展对城镇户籍大学毕业生就业质量的正向影响更大，可能是由于城镇户籍的大学毕业生接受数字技能之后，会对就业机会及薪酬水平产生更多的积极影响。随着区域由西向东推进，数字经济发展对大学毕业生就业质量的影响逐渐增加，可能是

由于与中西部地区相比，东部地区数字经济发展程度更高，即不同区域数字经济发展不平衡。当前，中国数字经济发展呈现“东强西弱”的态势，东部尤其是京津冀、长三角、珠三角城市群是数字经济发展的主要推动力，中西部数字经济发展的规模、质量远低于东部，且中西部经济发展、结构优化、人才供给等因素短板也会限制其数字经济发展速度。可见，与中西部比，东部在数字经济发展优势可为东部营造有利的就业环境，赋能大学毕业生就业呈现高质量发展态势。

4.3.3 稳健性检验

前文大学毕业生就业质量是基于因子分析法得到的。本章根据构建的大学毕业生就业质量评价指标体系，分别利用熵权法、CRITIC法和等权重法进行加权获得大学毕业生就业质量得分。具体不同的赋权方法如下：

（1）熵权法

熵属于信息论中对不确定性的一种度量，不确定性程度越大，包含的信息量越多，熵值就越大；反之则越小。根据熵的特性，可以用熵值来判断指标的离散度，指标离散度越大，对综合评价的影响（权重）越大，这种依赖数据离散性对指标进行赋权的方法属于客观赋权法，具体计算步骤如下：

①指标数据的标准化。

正向指标的标准化：

$$X'_{ij}=\frac{X_{ij}-\min\{X_{1j},\ \cdots,\ X_{nj}\}}{\max\{X_{1j},\ \cdots,\ X_{nj}\}-\min\{X_{1j},\ \cdots,\ X_{nj}\}} \tag{4-3}$$

负向指标的标准化：

$$X'_{ij}=\frac{\max\{X_{1j},\ \cdots,\ X_{nj}\}-X_{ij}}{\max\{X_{1j},\ \cdots,\ X_{nj}\}-\min\{X_{1j},\ \cdots,\ X_{nj}\}} \tag{4-4}$$

其中，X_{ij} 为第 i 个省份的第 j 个指标数据，$i=1$，…，30，$j=1$，…，20

②计算第 j 项指标下第 i 个省份值占该指标比重

$$P_{ij}=X'_{ij}/\sum_{i=1}^{n}X'_{ij} \tag{4-5}$$

③计算第 j 项指标的熵值 $e_j=-k\sum_{i=1}^{n}(P_{ij}*\ln(P_{ij}))$ 和信息熵冗余度 $d_j=1-e_j$

④计算各项指标权重 $w_j=d_j/\sum_{j=1}^{m}d_j$ 和各省份就业质量综合得分 $Score_i=\sum_{j=1}^{m}w_jX'_{ij}$ （4–6）

（2）CRITIC权重法

CRITIC权重法的核心思想是利用指标的变异性和冲突性进行赋权，变异性用标准差进行表示。如果变异性越大则说明数据波动越大，权重会越高；冲突性使用相关系数进行表示，如果指标间的相关系数越大则说明数据冲突性越小，权重会越低。该方法对数据的依赖性较大，本质上也是一种客观赋权方法。具体计算步骤如下：

①指标数据的标准化（同熵权法）；

②计算各指标的标准差 σ_j 及指标间的相关系数 r_{jh}；

③计算第 j 项指标的权重

$$w_j=\left[\sigma_j\sum_{h=1}^{m}(1-r_{jh})\right]/\left\{\sum_{j=1}^{m}\left[\sigma_j\sum_{h=1}^{m}(1-r_{jh})\right]\right\} \tag{4-7}$$

④计算各省份就业质量综合得分 $Score_i=\sum_{j=1}^{m}w_jX'_{ij}$ （4–8）

（3）等权重法

等权重赋值是对指标体系中的20个二级指标分别赋予相同的权重，即认为以上20个指标分别衡量了就业质量的不同层面，其重要性难分轻重。等权重赋值属于主观赋权法，对数据的依赖性较小，虽然有一定的不足之处，但是该方法简单易操作，在无法进行权重差别处理的情况下，暂可接受。根据以上不同的赋权方法计算得到大学毕业生就业质量得分，并对3个年份的混合截面样本进行替换被解释变量，具体回归结果如表4-5所示。

表 4-5　　　　稳健性检验：替换被解释变量

变量	熵权法就业质量	CRITIC 法就业质量	等权重法就业质量
数字经济发展	0.051*** （0.009）	0.038*** （0.011）	0.042*** （0.008）
控制变量	已控制	已控制	已控制
R^2	0.319	0.297	0.301
观测值	8156	8156	8156

注：括号内数值为聚类标准误，***、**、*表示在1%、5%和10%统计意义上显著。

由表4-5可知，数字经济发展对熵权法、CRITIC法、等权重法测算下的大学毕业生就业质量的影响仍显著为正，且回归系数相差不大，表明前文回归结果较为稳健。数字经济助力国民经济提质增效的同时不断催生新就业形态，具有较强的就业辐射带动效应，能够吸纳更多领域就业主体，促使劳动力市场就业总量不断扩容，日益成为新增就业机会的主要来源。在数字技术应用下，大学毕业生的工作时间愈发弹性化、工作地点更灵活化、就业模式更多元化，改善了整体就业环境，提高了工作满意度和就业质量，并为实现就业量质齐升提供了可能，从而证实前文回归结果是稳健的。此外，控制变量的回归结果与前文基本一致，不再赘述。

4.4　本章小结

本章首先梳理了数字经济发展现状，基于省级宏观数据以及2012年、2014年和2016年中国劳动力动态调查（CLDS）混合截面数据相匹配，根据第3章构建的大学毕业生就业质量评价指标体系，并利用因子分析法得到就业质量得分，同时从数字产业化和产业数字化层面，利用等权重法构建了数字经济发展指数。本章采用OLS逐步回归方法，分析了数字经济发展对大学毕业生就业质量的影响，对不同性别、城乡、区域样本进行异质性分析，并采用熵权法、CRITIC法、等权重法来重新计算大学毕业生就业质量，对被解释变量做替换变量以进行稳健性检验。研究发现以下结论：数字经济发展成为国家发展和国际竞争战略的核心，与“十三五”初期相比，数字经济规模扩张了1倍多，数字经济作为宏观经济“加速器”和“稳定器”的作用愈发凸显，数字经济成为中国经济稳定发展的重要基石。在中国数字经济发展内部，产业数字化成为数字经济发展的主引擎。伴随着人工智能、区块链、云计算、大数据、物联网等数字技术的创新演进，数字技术与实体经济深度融合，产业数字化对数字经济增长的主引擎作用更加凸显。总体来看，中国数字产业化发展正经历由量的扩张到质的提升阶段转变，中国产业数字化转型持续向纵深方向加速发展。实证分析表明，通过逐步纳入控制变量，数字经济发展仍显著提高了大学毕业生就业质量。与女性、农村户籍、中西部地区大学毕业生相比，数字经济发展更显著提高了男性、城镇户籍、东部地区大学毕业生就业质量，存在明显的群体异质性，可能与不同城乡、地区区域间数字经济发展不平衡有关。数字经济发展对熵权法、CRITIC法、等权重法测算下的大学毕业生就业质量的影响仍显著为正，且回归系数相差不大，表明前文回归结果较为稳健。

5 就业质量性别工资差异分解的实证分析

本章进行就业质量性别工资差异分解，主要基于教育培训视角分析其对就业质量工资水平维度的影响，重点比较分析了大学毕业生教育层次和异质性培训的工资效应。首先，设定大学毕业生性别工资决定方程，采用OLS回归分析教育层次和异质性培训分别对总体、不同院校层次大学毕业生工资水平的影响，在均值回归基础上，使用Cotton分解和Neumark分解分别对总体、不同院校层次大学毕业生进行性别工资差异分解，以考察工资均值位置上性别工资差异情况及其影响因素的贡献度；其次，采用分位数回归方法对不同年份大学毕业生性别工资方程进行回归，在分位数回归基础上，进一步采用分位数分解方法进行性别工资差异分解，以深入考察在工资条件分布的不同位置上性别工资差异及其影响因素的贡献度。

5.1 数据来源与变量描述

5.1.1 数据来源

本章使用2012年、2014年和2016年共计3个年份的中国劳动力动态调查（CLDS）数据。该项调查是中山大学从2012年开展的社会科学特色数据库建设专项内容，通过每两年一次的动态调查，2016年是目前能公开得到的最新数据，该调查建立了劳动力、家庭和社区3个层面的动态调查数据库，为实证研究提供了详尽的基础数据。为了方便不同年份数据的比较，本章利用消费者物价指数（CPI）将2014年和2016年的工资水平转化为了按照2012年不变价格衡量的实际工资水平。本章进行分析的对象是22—35岁的大学毕业生，3年混合截面有效样本共计8156个。本章为了重点考察教育层次和异质性培训对大学毕业生工资水平的影响，特别是厘清两种培训类型对大学毕业生工资水平的影响差异，将混合总体中既接受过单位工作培训又接受过政府就业培训的354个样本删除，同时分年份中两培训兼有的样本对应删除，因此，本章进行实证分析的有效混合样本共计7802个，其中，2012年有2324个，2014年有2971个，2016年有2507个。该有效样本包含了28个省（自治区、直辖市），涉及范围较为广泛，因此样本代表性相对而言比较理想。其中，将总体按性别划分，男大学毕业生有4205个，女大学毕业生有3597个。

5.1.2 变量描述

本章因变量为实际月工资对数值，核心解释变量为教育层次和异质性工作培训。其中，将接受的最高教育程度划分为大专、本科、研究生及以上三个层次。其中，以大专为对照组。异质性工作培训，按照提供培训主体划分，可分为单位工作培训和政府就业培训两类。为了厘清两种培训类型对大学毕业生工资水平的影响差异，将两类培训兼有的样本删除，以未接受任何形式培训为对照组。考虑到工资水平还受其他因素影响，本章引入控制变量有工作经验、工作经验平方、工作时间、婚姻状况、户籍状况、区域虚拟变量、年份虚拟变量。其中，区域虚拟变量是以西部地区为基准区域，引入两个区域虚拟变量中部地区和东部地区。年份虚拟变量是以2012年为基准年份，引入两个年份虚拟变量2014，2016。本章的总体、男生样本、女生样本的因变量、核心解释变量和其他控制变量统计性描述如表5-1所示。

表 5-1 变量的描述性统计分析

变量名称	变量含义及赋值	总体	男生	女生
		均值/百分比	均值/百分比	均值/百分比
工资对数	月工资水平对数值	8.516 （0.740）	8.569 （0.783）	8.450 （0.721）
性别	男生=1，女生=0	0.539 （0.487）	—	—
研究生及以上	研究生及以上=1，其他=0	5.429%	5.589%	5.254%
本科	本科=1，其他=0	49.938%	51.201%	48.457%
大专	大专=1，其他=0	44.633%	43.210%	46.289%
单位培训	只接受过单位培训=1，其他=0	49.541%	50.131%	48.846%
政府培训	只接受过政府培训=1，其他=0	26.287%	26.659%	25.855%
未接受培训	未接受任何形式培训=1，其他=0	24.172%	23.210%	25.299%
工作经验	工作经验年数	2.615 （1.027）	2.706 （1.215）	2.509 （1.003）
工作经验平方	工作经验的平方	6.838 （3.101）	7.322 （3.196）	6.295 （3.041）

续表

变量名称	变量含义及赋值	总体	男生	女生
		均值/百分比	均值/百分比	均值/百分比
工作时间	周工作小时数	45.421 （14.853）	46.802 （14.912）	43.807 （14.711）
婚姻状况	已婚/同居=1，未婚/单身/离婚/丧偶=0	0.687 （0.458）	0.682 （0.451）	0.693 （0.467）
户籍状况	城镇户口=1，农业户口=0	0.547 （0.441）	0.550 （0.446）	0.543 （0.431）
观测值	—	7802	4205	3597

注：作者根据2012年、2014年、2016年中国劳动力动态调查（CLDS）中的数据计算而得，括号内为标准误差项，下同。

由表5-1可知，本章进行实证分析的3年混合截面数据共计7802个，该总体月工资对数均值为8.516，即月工资水平约为4994.04元；男大学毕业生月工资对数均值为8.569，即月工资水平约为5267.71元，而女大学毕业生月工资对数约为8.450，即月工资水平约为4674.10元，可见，总体男生月工资水平平均高出女生593.61元。总体混合数据中男生约占比53.90%，女生约占比46.10%。分教育层次看，总体中研究生及以上、本科、大专的大学毕业生分别占比5.429%、49.938%、44.633%，可见总体大学毕业生中受教育年限为大专及本科的占比约为95%，研究生及以上的占比较少。分性别来看，男生中研究生及以上、本科的占比分别为5.589%、51.201%，均高于女生中研究生及以上、本科的占比5.254%、48.457%，而男生中大专比例为43.210%，则明显低于女生中大专比例46.289%。以上表明男生的整体学历层次要高于女生。关于异质性培训，总体大学毕业生中只接受过单位培训的占比49.541%，只接受过政府培训的占比26.287%、从未接受过任何形式培训的占比24.172%。分性别来看，男生中接受单位培训、政府培训的占比分别为50.131%、26.659%，均明显高于女生中接受单位培训、政府培训的占比48.846%、25.855%，而女生中未接受培训的占比为25.299%，明显高于男生中未接受培训的占比23.210%，以上均表明男生中接受培训的比例高于女生。关于工作经验，总体大学毕业生平均工作经验年限为2.615年，男生平均工作经验年限为2.706，高于女生平均工作经验年限2.509年。关于工作时间，总体每周工作时间为45.421小时，可见超过了法定周工作时间；而男生每周工作时间为46.802小时，明显高于女生每周工作时间43.807小时。关于婚姻状况，总体中已婚占比68.70%，未婚占比31.30%；而男生中已婚占比68.20%，低于女生已婚占比69.30%，这可能与女大学毕业生更早地结婚步入家庭生活有关。关于户籍状况，总体城镇户籍占比约为54.70%，农村户籍占比约为45.30%；男生中城镇户籍占比明显高于女生城镇户籍占比。

5.2 大学毕业生性别工资决定的回归分析

5.2.1 性别工资决定方程设定

本章首先采用OLS方法对总体及不同院校层次大学毕业生性别工资决定方程进行均值回归，并利用Cotton、Neumark两种分解方法进行工资差异分解，探讨教育层次、异质性工作培训对大学毕业生工资水平的影响，相关大学毕业生工资决定方程设定如式（5–1）所示。

$$\mathrm{Ln}W = \beta_0 + \alpha_1 edu + \alpha_2 train + \sum \beta_i X + \varepsilon \quad (5\text{–}1)$$

其中，因变量是实际月工资对数Ln*W*，核心解释变量为教育层次*edu*和工作培训*train*，其他控制变量组合*X*包括性别、工作经验、工作时间、婚姻状况、户籍状况、区域虚拟变量、年份虚拟变量。同时，为了考察大学毕业生的工资水平与工作经验是否存在二次变动关系，还引入了工作经验平方项。β_0为截距项，回归系数α_1、α_2、β_i为对应的估计值；ε为随机误差项。

由于OLS回归考察的是教育培训对工资水平的均值影响，无法分析在不同工资分位点上教育培训对工资水平的影响程度。因此，本章进一步采用分位数回归方法，考察在工资条件分布的不同位置上，分析教育培训对分年份样本大学毕业生性别工资的影响方向、大小以及趋势情况，并结合分位数分解的方法进行分年份样本性别工资差异分解。采用分位数回归的优点是不受极端值的影响，从而得到更稳健的回归结果。具体性别工资决定分位数回归模型如式（5–2）所示：

$$Q_{j\theta}(\ln W_j | X_j) = X_j \beta_{j\theta} + u_{j\theta} \quad (j=1或0) \qquad (5\text{–}2)$$

其中，$Q_{j\theta}(\ln W_j | X_j)$表示给定解释变量*X*的情况下，第*j*个群体（*j*=1为男生；*j*=0为女生）的被解释变量ln*W*在第θ个分位数水平上的值，分位数回归可以选取任意特定分位数进行参数估计，其中代表性的分位数为0.25、0.50和0.75，并通过最小化方程（5–3）得到系数估计值。

$$\min\left\{ \sum_{j:\ln W_j \geqslant X_j\beta(\theta)} \theta \left|\ln W_j - X_j\beta(\theta)\right| + \sum_{j:\ln W_j < X_j\beta(\theta)} (1-\theta)\left|\ln W_j - X_j\beta(\theta)\right| \right\} \qquad (5\text{–}3)$$

5.2.2 总体及不同院校层次性别工资决定OLS回归结果

（1）总体性别工资决定的OLS回归结果

在前面分析基础上，本章利用stata软件分别对3年混合截面数据中大学毕业生总体、男生、女生样本的工资决定方程进行OLS回归，深入考察教育层次和异质性培训对总体及男女大学毕业生工资水平的影响，具体性别工资决定方程的回归结果如表5–2所示。

表 5–2 总体性别工资方程 OLS 回归结果

解释变量	总体	男生	女生
	系数（标准差）	系数（标准差）	系数（标准差）
研究生及以上	0.364*** （0.024）	0.379*** （0.027）	0.356*** （0.020）
本科	0.152*** （0.010）	0.167*** （0.009）	0.131*** （0.008）
单位培训	0.087*** （0.012）	0.093*** （0.015）	0.081*** （0.009）
政府培训	0.055** （0.020）	0.061** （0.023）	0.052** （0.019）
性别（男生=1）	0.179*** （0.015）	—	—
工作经验	0.048*** （0.007）	0.052*** （0.008）	0.043*** （0.006）
工作经验平方	–0.006** （0.002）	–0.008** （0.003）	–0.004** （0.001）
工作时间	0.053** （0.019）	0.047** （0.017）	0.055** （0.020）

续表

解释变量	总体	男生	女生
	系数（标准差）	系数（标准差）	系数（标准差）
婚姻状况（已婚=1）	0.031* （0.015）	0.050* （0.026）	0.028 （0.025）
户籍状况（城镇=1）	0.075*** （0.016）	0.063*** （0.012）	0.079*** （0.018）
中部地区	0.051*** （0.004）	0.056*** （0.006）	0.043** （0.017）
东部地区	0.094*** （0.013）	0.102*** （0.014）	0.087*** （0.011）
2014年	0.035** （0.014）	0.039** （0.015）	0.031** （0.012）
2016年	0.042*** （0.005）	0.045*** （0.007）	0.040*** （0.003）
常数项	6.175*** （0.921）	5.103*** （0.885）	6.920*** （0.952）
R^2	0.326	0.358	0.301
观测值	7802	4205	3597

注：括号内数值为标准误差，***、**、*表示在1%、5%和10%水平上显著，下同。

由表5-2可知，第一，受教育程度对总体大学毕业生工资水平有显著的正向作用，且与大专水平相比，本科、研究生及以上对大学毕业生工资水平的正向影响程度逐渐增加。即随着教育层次提升教育回报率不断提高，这与前面提出的研究假设1的预期相一致，同时也与龚刚敏和江沙沙（2019）研究结论相一致。教育收益率的递增趋势，表明“学历水平”这一人力资本投资对提高大学毕业生工资水平的重要性。分性别比较来看，与女生相比，各教育层次对男大学毕业生工资水平的正向影响程度更高，且随着教育层次提升，教育回报率性别差异逐渐缩小。即对于女生而言，提升学历水平可以提高其自身教育收益率，同时有助于减少教育回报率性别间差异。该发现不仅证实了前面提出的研究假设2，而且与陈纯槿和胡咏梅（2013）、李得元和李兴绪（2015）的研究结论相一致。

第二，与未接受培训相比，参加单位培训或政府培训均会显著提高总体大学毕业生的工资水平；但与政府培训相比，单位培训对总体大学毕业生工资水平的正向影响显著更高。即单位培训的工资效应大于政府培训的工资效应，进一步证实了研究假设1。这可能是由于政府提供的公共就业培训往往针对大众化、较低端、临时性工作岗位，主要面向一些较低学历者开展进行，目的偏向于增加就业机会，解决失业问题，培训针对性并不强，对于工资水平提升效果较小；而用人单位提供的专业技术培训主要面向职工开展，会涉及较专业和具体的岗位技能培训，能快速、有效提升大学毕业生人力资本素质和工作技能，进而能够明显提高其办事效率和获得更高收入。分性别比较来看，无论是单位培训还是政府培训，对男大学毕业生的收入回报率均显著高于女生，证实了研究假设2预期。对此，可能的解释是，男生在接受单位或政府提供的技能培训后，其人力资本禀赋、专业技术能力得到显著提升。由于劳动力市场歧视存在，男大学毕业生面临的就业机会、晋升发展空间和涨薪机会可能会明显高于女生，因此工作培训对男生工资水平提升作用也会相对更加明显。

第三，控制变量回归结果显示，性别（男生=1）对总体工资水平为显著正向影响，即男大学毕业生的工资水平显著高于女生。性别工资差异明显，可能与劳动力市场性别歧视有关。

无论是总体还是分性别两群体，工作经验的回归系数均显著为正，工作经验平方回归系数均显著为负，表明工作经验与大学毕业生工资水平呈倒U形变动关系。已婚对总体和男大学毕业生工资水平在10%水平上显著为正，但对女生工资水平影响不显著，可能与婚后面临家务劳动和养育幼儿的负担，部分女生不得不退出劳动力市场有关。与农村户籍相比，城镇户籍显著提高了总体大学毕业生的工资水平，表明城乡收入存在较大差异；与男生相比，城镇户籍对女生工资水平的正向影响程度显著更高。对于区域虚拟变量，与西部地区相比，东部地区、中部地区大学毕业生的工资水平显著更高，可见区域之间的工资水平存在较大差异。对于年份虚拟变量，与2012年相比，2014年、2016年大学毕业生的工资水平明显增加，且随着年份推进，系数有逐渐变大的趋势；与女生相比较，男生工资水平随着年份推进增加程度更为显著。

（2）不同院校层次性别工资决定的OLS回归结果

院校层次也是筛选和识别大学毕业生内在素质和能力差别的重要信息，不同的院校层次可以体现大学毕业生不同的人力资本含量。一般认为，能力越强的人，学习的成本越低，越有可能考上重点大学，从而其院校层次等级越高。根据问卷问题，“您最高学历就读高等学校等级是？”我们将“教委、中央或国家其他部委所属高等院校归为院校层次3，省属、地区所属高等院校归为院校层次2，其他全日制、非全日制高校归为院校层次1”共分三个等级。为了进一步分析不同院校层次对大学毕业生性别工资差异变动的影响，根据问卷设置，本章将总体按院校层次分为院校层次3、院校层次2、院校层次1三个子样本分别进行OLS估计，得到不同院校层次男女大学生工资决定方程的回归结果，具体结果见表5-3。

表 5–3　　不同院校层次男女大学生工资决定方程 OLS 回归结果

变量名称	院校层次3			院校层次2			院校层次1		
	总体	男生	女生	总体	男生	女生	总体	男生	女生
	系数（标准误）	系数（标准误）	系数（标准误）	系数（标准误）	系数（标准误）	系数（标准误）	系数（标准误）	系数（标准误）	系数（标准误）
研究生及以上	0.4635***（0.0241）	0.5582***（0.0263）	0.4124***（0.0228）	0.4123***（0.0206）	0.4839***（0.0261）	0.3670***（0.0172）	0.3402***（0.0161）	0.3715***（0.0188）	0.2973***（0.0131）
本科	0.1738***（0.0101）	0.1980***（0.0089）	0.1609***（0.0076）	0.1379***（0.0115）	0.1485***（0.0071）	0.1272***（0.0063）	0.0851***（0.0166）	0.0976***（0.0148）	0.0793***（0.0102）
单位培训	0.1162***（0.0143）	0.1258***（0.0110）	0.1045***（0.0063）	0.0892***（0.0052）	0.0916***（0.0058）	0.0752***（0.0065）	0.0643***（0.0048）	0.0705***（0.0047）	0.0574***（0.0030）
政府培训	0.0397*（0.0209）	0.0431*（0.0210）	0.0352*（0.0185）	0.0526**（0.0210）	0.0679**（0.0272）	0.0498**（0.0199）	0.0834**（0.0325）	0.0972**（0.0379）	0.0745**（0.0298）
性别	0.1012***（0.0091）	—	—	0.1398***（0.0123）	—	—	0.1720***（0.0284）	—	—
工作经验	0.0635**（0.0241）	0.0698**（0.0263）	0.0624*（0.0328）	0.0623***（0.0096）	0.0639*（0.0336）	0.0627**（0.0232）	0.0702**（0.0260）	0.0795***（0.0126）	0.0673***（0.0161）
工作经验平方	–0.0016**（0.0007）	–0.0018**（0.0008）	–0.0015*（0.0008）	–0.0022**（0.0009）	–0.0024*（0.0013）	–0.0020**（0.0010）	–0.0029**（0.0011）	–0.0031***（0.0001）	–0.0027**（0.0009）
工作时间	0.0731***（0.0091）	0.0872***（0.0120）	0.0655***（0.0083）	0.0572**（0.0221）	0.0626***（0.0010）	0.0504**（0.0201）	0.0464**（0.0185）	0.0517**（0.0206）	0.0429**（0.0171）

续表

变量名称	院校层次3			院校层次2			院校层次1		
	总体	男生	女生	总体	男生	女生	总体	男生	女生
	系数（标准误）	系数（标准误）	系数（标准误）	系数（标准误）	系数（标准误）	系数（标准误）	系数（标准误）	系数（标准误）	系数（标准误）
婚姻状况（已婚=1）	0.0219* （0.0111）	0.0324* （0.0170）	0.0055 （0.0083）	0.0372* （0.0190）	0.0416* （0.0212）	0.0104 （0.0196）	0.0501** （0.0201）	0.0539** （0.0215）	0.0327* （0.0167）
户籍状况（城镇=1）	0.1202*** （0.0143）	0.1108*** （0.0110）	0.1295*** （0.0063）	0.0452** （0.0174）	0.0416* （0.0252）	0.0514** （0.0195）	0.0093* （0.0048）	0.0085* （0.0047）	0.0134* （0.0070）
中部地区	0.0625*** （0.0071）	0.0691*** （0.0076）	0.0527*** （0.0053）	0.0417** （0.0167）	0.0449** （0.0179）	0.0320** （0.0128）	0.0211** （0.0084）	0.0278** （0.0111）	0.0142* （0.0075）
东部地区	0.1253*** （0.0020）	0.1371*** （0.0026）	0.0948*** （0.0019）	0.0815*** （0.0017）	0.0842*** （0.0189）	0.0761*** （0.0098）	0.0603*** （0.0072）	0.0719*** （0.0063）	0.0542*** （0.0052）
2014年	0.0325** （0.0126）	0.0361** （0.0144）	0.0307** （0.0121）	0.0298** （0.0119）	0.0301** （0.0120）	0.0276** （0.0110）	0.0198* （0.0101）	0.0221* （0.0116）	0.0180* （0.0092）
2016年	0.0485** （0.0194）	0.0509** （0.0202）	0.0327** （0.0131）	0.0398* （0.0209）	0.0528* （0.0274）	0.0426** （0.0170）	0.0728* （0.0382）	0.0788* （0.0414）	0.0714* （0.0375）
常数项	7.5311*** （0.1991）	8.1082*** （0.1145）	7.7032*** （0.1402）	7.2965*** （0.2190）	9.6592*** （0.1617）	8.2460*** （0.1972）	6.7865*** （0.3210）	6.2045*** （0.2259）	7.4793*** （0.1768）
R^2	0.3682	0.3760	0.3419	0.3547	0.3805	0.3421	0.3520	0.3813	0.3467
观测值	1726	941	785	2581	1384	1197	3495	1880	1615

注：括号内数值为标准误差，***、**、*表示在1%、5%和10%水平上显著。

由表5-3可知，第一，就总体而言，与大专水平相比较，研究生及以上、本科均对院校层次3大学毕业生工资水平的正向影响相对更大，而对院校层次2、院校层次1的大学毕业生工资水平正向影响逐渐减小，即大学毕业生教育收益率与院校层次呈正相关。这与国外学者Gustafsson和Li（2000）的实证研究结论相一致。就读于不同水平的教育机构，由于教育资源差异，诸如教师学生比率、学生人均支出、社会教育投资额等会造成学生的成绩、能力等禀赋差异，两者呈同向变动关系，个人能力资本禀赋高者毕业后会在劳动力市场获得更高的工资收入。分性别来看，男女大学生教育收益率及其差距随着院校层次的提升而增大，即相比于其他两类院校，院校层次3中男生比女生有更明显的教育回报率优势。

第二，就总体培训情况而言，与未接受培训相比，随着院校层次提升，单位培训对大学毕业生工资水平的正向影响逐渐增大。但值得注意的是，随着院校层次提升，政府培训对大学毕业生工资水平的正向影响逐渐缩小。以上表明院校层次3毕业生接受单位培训的工资效应更大，而院校层次1毕业生接受政府培训的工资效应更大。分性别比较来看，院校层次3大学毕业生接受单位培训的收入回报率性别差异最大，为2.13%；而院校层次1中大学毕业生接受政府培训的收入回报率性别差异最大，为2.27%。不同院校层次大学毕业生之所以会出现异质性培训的工资效应，可能是因为较低院校层次的大学毕业生更有可能从事低端岗位，接受政府就业培训的可能性也越高，对其工资水平的促进作用越大；而较高院校层次的大学毕业生更倾向于选择高端高薪岗位，接受单位培训后更有利于提高其职业技能和工作效率，也就增大了升职加薪的可能性。

第三，其他控制变量回归结果显示，工作经验对于男大专生的影响更关键。就总体来看，院校层次1大学生的工作经验回报率为7.02%，高于其他两类院校；三类院校层次中男生的工作经验回报率均高于女生，院校层次1男女生间的工作经验回报率差异最大，为1.22%；男大专生工作经验回报率最高，为7.95%。这表明相比于其他院校，工作经验对于院校层次1学生尤其是男大专生更为重要，这可能与院校层次1学生相对更早进入工作岗位有关，因此那些工作经验丰富、技能精湛的男大专生更容易受到用人单位青睐。与其他院校层次相比，性别（男生=1）对院校层次1大学毕业生工资水平的正向影响更大。对于工作时间变量，随着院校层次提升，工作时间对院校层次3大学毕业生工资水平的正向影响更大，这可能与院校层次高的大学毕业生平均小时工资率更高有关。此外，已婚对院校层次1的大学毕业生工资水平正向影响更显著，这可能与大专院校毕业生相对较早步入婚姻，成家立业有关；而城镇户籍对院校层次3大学毕业生工资水平正向影响更大；随着院校层次提升，与西部地区相比，中东部地区对大学毕业生工资水平的正向影响逐渐增大。

5.2.3 分年份样本性别工资决定的分位数回归结果

为了深入考察2012年、2014年、2016年教育层次和异质性培训对大学毕业生性别工资水平影响的年份变化趋势，同时为了厘清两种培训类型对大学毕业生工资水平的影响差异，将分年份样本中既接受过单位工作培训又接受过政府就业培训的样本对应删除，本章分别对2012年2324个，2014年2971个，2016年2507个有效观测样本进行回归分析。同时，为了避免受极端值的影响得到更稳健的回归结果，本章进一步采用分位数回归的方法，选取0.25、0.50和0.75为代表性分位数，以深入研究在不同工资分位点上教育层次和异质性培训如何影响总体、男生、女生的工资水平，以及相应的年份变化趋势特点，具体分位数回归结果如表5–4所示。

表 5-4 分年份样本性别工资方程的分位数回归结果

年份	解释变量	总体			男生			女生		
		0.25	0.50	0.75	0.25	0.50	0.75	0.25	0.50	0.75
2012	研究生及以上	0.345*** （0.021）	0.389*** （0.022）	0.434*** （0.024）	0.371*** （0.026）	0.406*** （0.027）	0.452*** （0.029）	0.308*** （0.019）	0.362*** （0.020）	0.409*** （0.022）
	本科	0.150*** （0.017）	0.177*** （0.018）	0.116*** （0.010）	0.165*** （0.012）	0.189*** （0.022）	0.138*** （0.014）	0.142*** （0.015）	0.170*** （0.021）	0.110*** （0.009）
	单位培训	0.083*** （0.009）	0.090*** （0.011）	0.095*** （0.013）	0.089*** （0.010）	0.096*** （0.014）	0.101*** （0.016）	0.074*** （0.007）	0.083*** （0.008）	0.091*** （0.009）
	政府培训	0.067*** （0.011）	0.058** （0.023）	0.049* （0.028）	0.070*** （0.012）	0.063** （0.024）	0.057* （0.032）	0.064*** （0.009）	0.054** （0.021）	0.045** （0.017）
	控制变量	YES	YES	YES	YES	YES	YES	YES	YES	YES
	观测值		2324			1256			1068	
2014	研究生及以上	0.362*** （0.024）	0.390*** （0.028）	0.465*** （0.030）	0.384*** （0.029）	0.415*** （0.030）	0.480*** （0.035）	0.349*** （0.022）	0.387*** （0.026）	0.451*** （0.028）
	本科	0.146*** （0.018）	0.171*** （0.017）	0.120*** （0.012）	0.159*** （0.013）	0.183*** （0.019）	0.142*** （0.017）	0.135*** （0.014）	0.166*** （0.015）	0.108*** （0.010）
	单位培训	0.089*** （0.010）	0.093*** （0.014）	0.099*** （0.016）	0.094*** （0.015）	0.098*** （0.016）	0.104*** （0.020）	0.076*** （0.009）	0.087*** （0.010）	0.095*** （0.013）

续表

年份	解释变量	总体			男生			女生		
		0.25	0.50	0.75	0.25	0.50	0.75	0.25	0.50	0.75
2014	政府培训	0.072*** (0.013)	0.064** (0.026)	0.052* (0.027)	0.075*** (0.014)	0.067** (0.026)	0.061* (0.032)	0.069*** (0.010)	0.059** (0.024)	0.047** (0.019)
	控制变量	YES	YES	YES	YES	YES	YES	YES	YES	YES
	观测值	2971			1609			1362		
2016	研究生及以上	0.366*** (0.025)	0.397*** (0.029)	0.468*** (0.032)	0.387** (0.154)	0.429*** (0.034)	0.487*** (0.036)	0.351*** (0.023)	0.392*** (0.031)	0.455** (0.182)
	本科	0.140*** (0.019)	0.163*** (0.018)	0.105*** (0.012)	0.153*** (0.011)	0.175*** (0.030)	0.127*** (0.015)	0.121*** (0.014)	0.160*** (0.019)	0.097*** (0.008)
	单位培训	0.091*** (0.011)	0.095*** (0.016)	0.102*** (0.018)	0.112*** (0.017)	0.119*** (0.019)	0.126*** (0.024)	0.080*** (0.010)	0.089*** (0.014)	0.099*** (0.017)
	政府培训	0.075*** (0.014)	0.066** (0.026)	0.058* (0.030)	0.077*** (0.013)	0.070** (0.028)	0.064* (0.033)	0.071*** (0.012)	0.062** (0.024)	0.050** (0.020)
	控制变量	YES	YES	YES	YES	YES	YES	YES	YES	YES
	观测值	2507			1340			1167		

注：括号内数值为标准误差，***、**、*表示在1%、5%和10%水平上显著。

由表5–4可知，第一，2012—2016年，随着分位点数上升，与大专相比，研究生及以上对总体、男生、女生工资水平的影响系数均呈显著增加趋势，且随着年份的推进，研究生及以上的影响系数逐年增加，表明与工资较低分位点相比，研究生及以上对工资较高分位点的正向促进作用越明显；同时随着年份推进，研究生及以上对大学毕业生工资水平的正向影响不断增加。与之不同的是，各年份的本科对总体、男生、女生工资水平的影响系数均在0.50分位点上达到最高值，呈现出先增后减的倒U形变化趋势；随着年份的推进，本科对大学毕业生工资水平的正向影响系数逐年缩小。之所以异质性教育层次呈现出不同的工资分位点效应，可能是因为：随着教育层次的提升，学历对收入的促增作用越来越在较高收入群体上体现出来，即高学历水平与高收入群体相对应；同时，随着高等教育的普及，越来越多的大学毕业生学历水平呈逐年上升趋势有关。分性别比较来看，在各分位点上，2012年、2014年、2016年各教育层次对男生工资水平的正向影响均显著高于女生，表明男生接受同等教育程度的回报率显著高于女生。

第二，2012—2016年，随着分位点数的上升，单位培训对总体、女生、男生工资水平的正向影响程度均呈逐渐增加趋势，表明单位培训对高收入群体的工资效应更加明显；与之相反，各分位点上，政府培训对总体、男生、女生工资水平的正向影响程度呈逐渐递减趋势，即政府培训对低收入群体的工资效应更加明显；在各分位点上，与政府培训相比，参加单位培训对各群体工资水平的提升作用更大，该结论与前面OLS回归结果相一致。分年份比较来看，随着年份推进，单位培训和政府培训对大学毕业生工资水平的正向影响程度均呈逐年增加趋势，表明职业技能培训对工资的提升效应逐年增大，这也进一步证实了研究假设1的预期。分性别比较来看，各年份的各分位点上单位培训和政府培训均对男生工资水平的提升作用显著高于女生；2012—2016年，随着分位点数提升，单位培训的收入回报率性别差异逐渐缩小，而政府培训的收入回报率性别差异逐渐增大，表明相对其他分位数而言，参加单位培训对女生高收入群体的工资效应更显著，而参加政府培训对女生低收入群体的工资效应更显著。

5.3 工资差异分解方法

5.3.1 Cotton分解方法和Neumark分解方法

在前面OLS均值回归的基础上，为了进一步分析性别工资差异及其影响因素的贡献度，本章采用Cotton分解和Neumark分解两种方法对总体及不同院校层次大学毕业生性别工资差异进行分解。Cotton（1988）分解可表述成：

$$\mathrm{Ln}\overline{W_m}-\mathrm{Ln}\overline{W_f}=\overline{X_m}\hat{\beta}_m-\overline{X_f}\hat{\beta}_f$$
$$=(\overline{X_m}-\overline{X_f})\hat{\beta}^*+[\overline{X_m}(\hat{\beta}_m-\hat{\beta}^*)+\overline{X_f}(\hat{\beta}^*-\hat{\beta}_f)] \tag{5-4}$$

其中，男生、女生样本的特征禀赋均值矩阵分别记为$\overline{X_m}$和$\overline{X_f}$，$\hat{\beta}_m$和$\hat{\beta}_f$分别表示相应男生和女生工资方程回归系数估计值的向量，$\hat{\beta}^*=f_m\hat{\beta}_m+f_f\hat{\beta}_f$，$f_m$和$f_f$分别表示男生和女生劳动力占劳动力总数的比例。等式左边表示男女工资对数总差异G，等式右边第一项表示由于男生和女生个体禀赋特征差异，也即生产力或技能差异而引起的工资水平差异E；第二项表示男生的相对工资优势（其劳动力价值被高估所形成的反向歧视），第三项表示女生的相对工资劣势（其劳动力价值被低估形成的直接歧视），将第二项和第三项合起来并用U表示劳动力市场中不可解释的总性别歧视部分。

此外，Neumark（1988）提出更为一般、理论基础更夯实的分解方法，即认为组群无歧视工资方程结构系数应从一个歧视行为理论模型中推导出来。Neumark分解可以表述为：

$$\mathrm{Ln}\overline{W_m}-\mathrm{Ln}\overline{W_f}=(\overline{X_m}-\overline{X_f})\hat{\beta}_N^*+[\overline{X_m}(\hat{\beta}_m-\hat{\beta}_N^*)+\overline{X_f}(\hat{\beta}_N^*-\hat{\beta}_f)] \tag{5-5}$$

其中，$\hat{\beta}_N^*=(X'\Omega X)^{-1}(X'\Omega\Lambda)=(X'X)^{-1}X'Y$，虽然从形式上看，Cotton分解中的$\hat{\beta}^*$与Neumark分解中的$\hat{\beta}^*{}_N$都是两个群组各自工资结构的加权平均，但两者有本质上的差别。首先，$\hat{\beta}^*$多来源于经验和直觉，而$\hat{\beta}^*{}_N$则来自雇主歧视行为理论；其次，两者的权数不同，$\hat{\beta}^*$的权数为简单的线性加权，取值在0至1之间，而$\hat{\beta}^*{}_N$的权数为矩阵加权，其正负和大小取决于所考察样本的具体特征。因此，Neumark分解涵盖了更多的组群结构信息、个体特征分布等样本信息。

5.3.2 分位数分解方法

值得注意的是，上述两种分解方法都是基于在OLS回归基础之上进行的均值差异分解。如果想在工资分布的不同分位数上进行差异分解，需要利用基于分位数回归基础之上的分位数分解方法。本章使用的是Machado等（2005）提出的构造反事实工资分布分解方法（MM方法），对前面分年份样本的分位数回归进行分位数分解，该分解方法能够更加精准地描绘出基于解释变量分布的反事实分析。该分解方法研究的是男生与女生两群体在整个工资分布上的差别，是通过大量分位数回归构造实际工资分布的模拟分布，该过程实质上属于从收入的条件分布过渡到无条件分布的过程，从而进一步确保了工资差异分解结果的准确性。具体可以表示为：

$$Q_\theta(\ln w_m)-Q_\theta(\ln w_f)=[Q_\theta(\ln w_m)-Q_\theta(\ln w_{m-f})]+[Q_\theta(\ln w_{m-f})-Q_\theta(\ln w_f)] \tag{5-6}$$

其中，$Q_\theta(\ln w_{m-f})$表示的是反事实工资条件分布，其含义为在对男生赋予女生的工资结构时的男生工资分布。等式右边第一项表示报酬率不同所导致的工资差异，即系数差异；第二项表示个体特征不同造成的工资差异，即特征差异。为了工资差异分解结果的稳健性和方便比较，本章分别给出了总体及不同院校层次的大学毕业生性别工资差异的Cotton、Neumark分解结果，以及不同年份样本的分位数分解结果，来考察大学毕业生的性别工资差异情况和影响因素的贡献，以期为努力缩小性别工资差异、提高整体就业质量提出合理化建议。

5.4 就业质量性别工资差异的分解

5.4.1 总体及不同院校层次Cotton和Neumark分解结果

（1）总体Cotton和Neumark分解结果

由前面分析可知，在估计出总体工资决定方程的基础上，为考察男女大学毕业生面临的性别工资歧视程度和影响因素的贡献，本章给出总体大学毕业生工资性别差异分解，包括Cotton

分解结果和Neumark分解结果。同时，为了着重分析受教育年限和工作培训两个变量，将工作经验、工作时间、婚姻状况、户籍状况等其他控制变量合并为“其他”，并分别进行性别工资差异分解，具体的分解结果如表5-5所示。

表5-5　　总体大学毕业生性别工资差异分解结果

分解项名称	Cotton分解结果			Neumark分解结果		
	总差异	特征差异	系数差异	总差异	特征差异	系数差异
	差异值（比例%）	差异值（比例%）	差异值（比例%）	差异值（比例%）	差异值（比例%）	差异值（比例%）
受教育年限	0.1762（147.32）	0.0458（38.26）	0.1304（109.06）	0.1785（149.25）	0.0451（37.72）	0.1334（111.53）
工作培训	0.0475（39.72）	0.0123（10.28）	0.0352（29.44）	0.0439（36.71）	0.0119（9.95）	0.0320（26.76）
其他	–0.1041（–87.04）	–0.0414（–34.58）	–0.0627（–52.46）	–0.1028（–85.95）	–0.0393（–32.90）	–0.0635（–53.05）
总计	0.1196（100）	0.0167（13.96）	0.1029（86.04）	0.1196（100）	0.0177（14.80）	0.1019（85.20）

由表5-5可知：第一，在Cotton分解中男女大学毕业生对数工资总差异为0.1196，表明男生比女生工资高12.70%（$=e^{0.1196}-1$），由男女大学毕业生能力禀赋等个体特征因素引起的差异为0.0167，仅占总差异的13.96%；由劳动力市场歧视造成的系数差异为0.1029，占总差异的86.04%，即市场无法解释的部分比重颇高。在Neumark分解中，特征差异占总差异的比例为14.80%，属于可以解释的合理差异部分；而市场歧视造成的系数差异为0.1019，占总差异的比例为85.20%，即市场歧视的不可解释部分占比颇高，该结论与赵显洲（2014）的研究发现相一致。这表明在大学毕业生劳动力市场中存在较为严重的

性别歧视现象，女大学毕业生往往面临着“同工不同酬”的不平等就业环境和就业机会。

第二，分解项中受教育年限是造成男女大学毕业生工资差异最主要的原因。在Cotton分解和Neumark分解中，由受教育年限引起的工资差异分别为0.1762和0.1785，各占总差异的147.32%和149.25%。其中，受教育年限特征差异值分别为0.0458和0.0451，各占总差异的38.26%和37.72%；受教育年限的系数差异值分别为0.1304和0.1334，各占总差异的109.06%和111.53%。这表明大学毕业生接受不同的教育年限获得不同的学历层次会造成明显的工资差异，男大学毕业生比女大学毕业生在受教育方面有明显的禀赋特征优势和更高的教育回报率优势。

第三，对于工作培训分解项，在Cotton分解中，其引起的工资差异为0.0475，占总差异的39.72%；在Neumark分解中，由工作培训引起的工资差异为0.0439，占总差异的36.71%，与受教育年限相比，工作培训因素对男女大学毕业生工资差异的影响程度较小。由前面总体回归分析可知，男生参加工作培训的收入回报率高于女生，即参加工作培训与否会拉大总体毕业生性别工资差异。此外，对于其他分解项，在Cotton分解和Neumark分解中，由其他因素引起的大学毕业生性别工资总差异值、系数差异值和对应比例均为负值，表明工作经验、工作时间、婚姻状况、户籍状况、区域年份等其他控制变量对大学毕业生性别工资差异的综合影响是负向的，即其他控制变量会缩小性别工资差异。

（2）不同院校层次的Cotton和Neumark分解结果

在估计出不同院校层次男女大学毕业生工资决定方程的基础上，本章将进一步考察不同院校层次的大学毕业生性别歧视程度和影响因素的贡献度。如前所述，为着重分析受教育年限和工作培训两个变量，仍将工作经验、工作时间、婚姻状况、户籍状况等其他控制变量合并为“其他”，并分别进行Cotton分解和Neumark分解，具体汇总结果如表5-6所示。

表5-6 不同院校层次的大学毕业生性别工资差异分解结果

名称		Cotton分解结果			Neumark分解结果		
院校层次类型	分解项	总差异	特征差异	系数差异	总差异	特征差异	系数差异
		差异值（比例%）	差异值（比例%）	差异值（比例%）	差异值（比例%）	差异值（比例%）	差异值（比例%）
院校层次3	受教育年限	0.2021（153.22）	0.0588（44.56）	0.1433（108.66）	0.1990（150.87）	0.0582（44.12）	0.1408（106.75）
	工作培训	0.0483（36.62）	0.0101（7.69）	0.0382（28.93）	0.0465（35.25）	0.0099（7.48）	0.0366（27.77）
	其他	−0.1185（−89.84）	−0.0362（−27.45）	−0.0823（−62.39）	−0.1136（−86.12）	−0.0354（−26.85）	−0.0782（−59.27）
	总计	0.1319（100）	0.0327（24.79）	0.0992（75.21）	0.1319（100）	0.0327（24.75）	0.0992（75.25）
院校层次2	受教育年限	0.1976（132.17）	0.0413（27.62）	0.1563（104.55）	0.1962（131.24）	0.0381（25.47）	0.1581（105.77）
	工作培训	0.0594（39.73）	0.0099（6.59）	0.0495（33.14）	0.0549（36.72）	0.0089（5.97）	0.0460（30.75）
	其他	−0.1075（−71.90）	−0.0174（−11.62）	−0.0901（−60.28）	−0.1016（−67.96）	−0.0149（−9.98）	−0.0867（−57.98）
	总计	0.1495（100）	0.0338（22.59）	0.1157（77.41）	0.1495（100）	0.0321（21.46）	0.1174（78.54）
院校层次1	受教育年限	0.1861（114.73）	0.0172（10.63）	0.1689（104.10）	0.1845（113.75）	0.0133（8.19）	0.1712（105.56）
	工作培训	0.0693（42.73）	0.0071（4.40）	0.0622（38.33）	0.0680（41.92）	0.0075（4.62）	0.0605（37.30）

续表

名称		Cotton分解结果			Neumark分解结果		
院校层次类型	分解项	总差异	特征差异	系数差异	总差异	特征差异	系数差异
		差异值（比例%）	差异值（比例%）	差异值（比例%）	差异值（比例%）	差异值（比例%）	差异值（比例%）
院校层次1	其他	–0.0932（–57.46）	0.0076（4.68）	–0.1008（–62.14）	–0.0903（–55.67）	0.0224（13.78）	–0.1127（–69.45）
	总计	0.1622（100）	0.0319（19.71）	0.1303（80.29）	0.1622（100）	0.0431（26.59）	0.1191（73.41）

由表5–6可知：第一，就总差异而言，随着院校层次的提升，男女大学毕业生工资对数总差异逐渐减少，从院校层次1的0.1622减少到院校层次2的0.1495，再到院校层次3的0.1319。可见，院校层次1大学毕业生的性别工资差异最明显，院校层次2次之，院校层次3的性别工资差异最小，表明不同的院校层次会对毕业生个体能力、禀赋特征等进行筛选。院校层次越高，男女生之间获得工资的能力禀赋差异降低，相应地工资薪酬差异会减小。同时，在两种工资差异分解方法中，院校层次与大学生工资对数的总系数差异均呈负相关，即毕业于越高知名度院校的大学毕业生受到的市场歧视程度会越低，这也与现实情况相符合，可能是由于学校层次教育水平具有释放信号的筛选功能，院校层次较高的大学毕业生可能具备更优秀的综合素质和劳动生产率，高素质水平的男女大学毕业生在劳动力市场中会更受到青睐，也相对更容易找到薪酬福利待遇较高的工作单位有关。

第二，分解项中受教育年限差异是造成男女大学毕业生工资差异最主要的因素。如在Cotton分解中，院校层次3、院校层次2和院校层次1中由受教育年限引起的工资差异各自占总差异的153.22%、132.17%和114.73%。受教育年限的总差异值、特征差异值和对应比例均与院校层次呈正相关，但受教育年限的系数差异值（市场歧视）与院校层次呈负相关，表明对于接受教育获得收入回报率和能力禀赋特征而言，相比其他两类院校，院校层次3男生比女生有更明显的教育优势，且院校层次3学生受到的市场歧视程度要远低于其他院校的学生。

第三，对于工作培训分解项，在不同院校层次中和采用不同分解方法时，由工作培训引起的工资差异占总差异的比例波动范围在35%—45%，与受教育年限相比，工作培训因素对男女大学毕业生工资差异的影响程度较小。进一步分析发现，大学毕业生工作培训的总差异值、系数差异值和对应比例均与院校层次呈负相关，表明与其他院校相比，院校层次1中男女生的工作培训差异会引起更显著的工资差异，用人单位会更看重院校层次1中男女生的工作培训情况，那些技能培训不足的女大专生会受到更严重的歧视。此外，对于其他分解项，在Cotton分解和Neumark分解中，由其他因素引起的大学毕业生工资总差异值、系数差异值和对应比例均为负值，且随着院校层次提升，其他因素引起的工资差异占总差异比例的绝对值逐渐增大，系数差异绝对值逐渐减小。

5.4.2 分年份样本的分位数分解结果

在前面2012—2016年中的不同年份样本的分位数回归分析基础上，为了考察分年份样本的不同工资分位点上大学毕业生性别工资差异情况，本章进一步采用分位数分解的方法进行工资差异分解。这里进行分位数分解时，重点考察在0.25、0.50、0.75工资分位点上，受教育年限和工作培训对各年份大学毕业生不同工资分位点性别工资差异的特征差异和系数差异情况，不再细区分教育层次和异质性培训，同时仍将工作经验、工作时间、婚姻状况、户籍状况等其他控制变量合并为“其他”，具体分年份样本的分位数分解结果如表5-7所示。

表 5-7 分年份大学毕业生性别工资差异的分位数分解结果

年份	分解项	变量名称	0.25 差异值（占比）	0.50 差异值（占比）	0.75 差异值（占比）
2012	特征差异	受教育年限	0.0561（43.02%）	0.0473（26.50%）	0.0319（14.38%）
		工作培训	0.0148（11.35%）	0.0120（6.73%）	0.0097（4.37%）
		其他变量	–0.0392（–30.06%）	–0.0167（–9.36%）	0.0079（3.56%）
		总计	0.0317（24.31%）	0.0426（23.87%）	0.0495（22.31%）
	系数差异	受教育年限	0.1301（99.77%）	0.1520（85.15%）	0.1618（72.92%）
		工作培训	0.0397（30.44%）	0.0513（28.74%）	0.0684（30.82%）
		其他变量	–0.0711（–54.52%）	–0.0674（–37.76%）	–0.0570（–26.05%）
		总计	0.0987（75.69%）	0.1359（76.13%）	0.1724（77.69%）
	总差异		0.1304（100%）	0.1785（100%）	0.2219（100%）
2014	特征差异	受教育年限	0.0513（36.48%）	0.0421（23.17%）	0.0290（12.06%）
		工作培训	0.0145（10.31%）	0.0109（6.00%）	0.0096（3.99%）
		其他变量	–0.0350（–24.88%）	–0.0158（–8.70%）	0.0070（2.91%）
		总计	0.0308（21.91%）	0.0372（20.47%）	0.0456（18.96%）

续表

年份	分解项	变量名称	0.25 差异值（占比）	0.50 差异值（占比）	0.75 差异值（占比）
2014	系数差异	受教育年限	0.1347（95.80%）	0.1625（89.43%）	0.1858（77.26%）
		工作培训	0.0466（33.14%）	0.0618（34.01%）	0.0870（36.17%）
		其他变量	–0.0715（–50.85%）	–0.0798（–43.91%）	–0.0779（–32.39%）
		总计	0.1098（78.09%）	0.1445（79.53%）	0.1949（81.04%）
	总差异		0.1406（100%）	0.1817（100%）	0.2405（100%）
2016	特征差异	受教育年限	0.0484（31.18%）	0.0393（20.02%）	0.0264（10.17%）
		工作培训	0.0128（8.25%）	0.0093（4.74%）	0.0081（3.12%）
		其他变量	–0.0317（–20.42%）	–0.013（–6.62%）	0.0096（3.69%）
		总计	0.0295（19.01%）	0.0356（18.14%）	0.0441（16.98%）
	系数差异	受教育年限	0.1508（97.16%）	0.1782（90.78%）	0.2081（80.13%）
		工作培训	0.0569（36.66%）	0.0750（38.21%）	0.1042（40.12%）
		其他变量	–0.0820（–52.83%）	–0.0925（–47.13%）	–0.0967（–37.23%）
		总计	0.1257（80.99%）	0.1607（81.86%）	0.2156（83.02%）
	总差异		0.1552（100%）	0.1963（100%）	0.2597（100%）

由表5–7可知，第一，在各年份中，随着分位点数提升，大学毕业生性别工资总差异逐渐提高，表明在工资高分位点上，大学毕业生性别工资总差异最大，呈现出“粘天花板”现象，这与杨锦英等（2016）的研究发现相一致。同时，各年份中随着分位点数提升，系数总差异值和对应比例呈逐渐增加趋势，且系数差异值占总差异值的比例均高达75%以上，表明劳动力市场上的性别歧视仍然是造成性别工资差异的主要原因，这一发现与葛玉好和曾湘泉（2011）的结论相一致。各年份中随着分位点数提升，特征差异值呈依次增加的趋势，但特征差异值占对应总差异值的比例却呈逐渐降低趋势，表明与高收入群体相比较，中低收入群体禀赋特征差异对性别工资差异的影响更重要。分年份比较来看，2012—2016年随着年份的推进，在相同分位点上，性别工资总差异呈逐年扩大趋势，系数差异值及占比也逐年增加，而特征差异值及占比逐年减少，表明随着年份的推进，不可解释部分占总差异的比例越来越大，而禀赋特征差异的可解释力度逐年减小。

第二，对于受教育年限分解项，各年份中，随着分位点数提升，受教育年限的特征差异值及占比逐渐减小，而系数差异值却逐渐增加，表明随着收入等级的提高，男女接受教育年限的禀赋特征差异逐渐缩小，而因不同教育水平造成的收益率差异是构成工资性别歧视的主要部分，该分解结果也进一步证实了前面分位数回归的结论。分年份比较来看，2012—2016年，随着年份推进，在相同分位点上，受教育年限的特征差异值逐年减小，而系数差异值逐年增加，表明劳动力市场中，对大学毕业生教育水平的歧视程度有逐渐加强趋势。

第三，对于工作培训分解项，各年份中随着分位点数提高，工作培训的特征差异值和对应比例均呈逐渐缩小趋势；而工作培训的系数差异值逐渐提升，表明男女大学毕业生在工作培训收益率方面的差异拉大了高层收入者性别工资差距。在各分位点上，工作培训的系数差异对性别工资总差异的解释力度为30%—41%，表明技能培训也是引起大学毕业生性别工资差异扩大不可忽视的重要因素。分年份比较来看，2012—2016年，随着年份推进，在相同分位点上，工作培训的特征差异值及占比呈逐年缩小趋势，而工作培训的系数差异值及占比呈逐年增大趋势，表明随着年份的推进用人单位越来越重视技能培训，技能培训的收益率差异对性别工资总差异解释力度越来越强。

第四，对于由工作时间、工作经验等其余控制变量构成的“其他变量”，各年份中，在0.25和0.50分位点上，其他变量的特征差异系数均为负值，在0.75分位点上系数均为正值，表明男女生在其他控制变量方面的禀赋特征差异虽然可以在一定程度上降低中低层收入者的性别工资差距，但却加大了高层收入者的性别工资差距。各年份中，随着分位点数提升，其他控制变量的系数差异值和对应比例始终为负值，表明男女生其他控制变量的收益率差异能够缩小性别工资差异。此外，其他变量的特征差异和系数差异未呈现出明显的年份变化趋势。

5.5　本章小结

本章基于2012年、2014年、2016年中国劳动力动态调查（CLDS）数据，采用OLS回归分析教育层次和异质性培训分别对总体、不同院校层次大学毕业生工资水平的影响，并使用Cotton分解和Neumark分解分别对总体、不同院校层次大学毕业生进行性别工资差异分解；同时，采用分位数回归方法对不同年份大学毕业生性别工资方程进行回归，进一步采用分位数分解方法进行性别工资差异分解，以期深入考察在工资条件分布的不同位置上性别工资差异及其影响因素的贡献度。研究发现以下结论：

第一，总体混合截面OLS回归结果显示，与大专相比，本科、研究生及以上对大学毕业生工资水平的正向影响逐渐增加，即随教育层次提升教育回报率不断提高。分性别比较来看，与女生相比，各教育层次对男大学毕业生工资水平的正向影响程度更高，且随教育层次提升，教育回报率性别差异逐渐缩小。与政府培训相比，单位培训对总体大学毕业生工资水平的正向影响显著更高，即单位培训的工资效应大于政府培训的工资效应。分性别比较来看，无论是单位培训还是政府培训，男生的收入回报率均显著高于女生。以上发现证实了研究假设1和研究假设2的预期。

第二，不同院校层次OLS回归结果显示，就总体而言，与大专水平相比较，研究生及以上、本科均对院校层次3大学毕业生工资水平的正向影响更大，而对院校层次2、院校层次1的大学毕业生工资水平正向影响逐渐减小，即大学毕业生教育收益率与院校层次呈正相关。分性别来看，男女大学生教育收益率及其差距随着院校层次提升而增大，即相比于其他两类院校，院校层次3中男生比女生有更明显的教育回报率优势。就总体培训而言，与未接受培训相比，随着院校层次提升，单位培训对大学毕业生工资水平的正向影响逐渐增大，而政府培训对大学毕业生工资水平的正向影响逐渐缩小。院校层次3毕业生接受单位培训的工资效应和收入回报率性别差异更大，而院校层次1毕业生接受政府培训的工资效应和收入回报率性别差异更大。

第三，不同年份样本分位数回归显示，2012—2016年，随着分位点上升，与大专相比，研究生及以上对大学毕业生工资水平的影响系数均呈显著增加趋势，且随着年份推进，研究生及以上的正向影响系数逐年增加；而各年份的本科对大学毕业生工资水平的影响系数在0.50分位点上达到最高值，呈现出先增后减倒U形变化趋势；而且随着年份推进，本科对大学毕业生工资水平的正向影响系数逐年缩小。分性别比较来看，在各分位点上，2012—2016年各教育层次对男生工资水平的正向影响均显著高于女生，表明男生接受同等教育程度的回报率显著高于女生。2012—2016年，随着分位点上升，单位培训对工资水平的正向影响均逐渐增加，而政府培训对工资水平的正向影响逐渐递减，即政府培训对低收入群体的工资效应更加明显。随着年份推进，单位培训和政府培训对大学毕业生工资水平的正向影响均逐年增加，表明职业技能培训对工资的提升效应逐年增大，这也进一步证实了研究假设1的预期。分性别比较，2012—2016年，随着分位点提升，单位培训收入回报率性别差异逐渐缩小，而政府培训收入回报率性别差异逐渐增大，即相对其他分位数，参加单位培训对女生高收入群体的工资效应更显著，而参加政府培训对女生低收入群体的工资效应更显著。

第四，Cotton分解和Neumark分解显示，总体大学毕业生性别工资总差异为0.1196，其中，劳动力市场歧视造成的系数差异占比高达85%以上，即女大学毕业生往往面临着“同工不同酬”的不平等就业环境。院校层次越低，大学毕业生性别工资总差异和歧视程度越大。工资差异分解显示，院校层次1、院校层次2、院校层次3中男女生工资对数总差异依次为0.1622、0.1495、0.1319，表明不同的院校层次会对毕业生个体能力、禀赋特征等进行筛选，进而对男女生工资对数总差异造成显著影响。大学毕业生性别工资差异明显，除了由禀赋特征差异造成以外，系数差异部分占比颇高，院校层次与总系数差异呈负相关，即大学毕业生院校层次越低，受到的市场歧视程度越明显。

第五，分解项中，受教育年限差异是造成大学毕业生性别工资差异的重要因素。Cotton分解和Neumark分解显示，大学毕业生受教育年限的总差异值分别为0.1762和0.1785，占工资对数总差异值的比例较高，男大学毕业生比女大学毕业生在受教育年限方面有明显的禀赋特征优势。大学毕业生受教育年限的总差异值和特征差异值与院校层次呈正相关，表明接受教育年限越长、院校层次越高对大学毕业生的性别工资差异和能力禀赋特征影响越大。对于工作培训分解项，在不同院校层次中和采用不同分解方法时，由工作培训引起的工资差异占总差异的比例波动范围在35%—45%，与受教育年限相比，工作培训因素对男女大学毕业生工资差异的影响程度较小。大学毕业生工作培训的总差异值、系数差异值和对应比例均与院校层次呈负相关，表明与其他院校相比，院校层次1中男女生的工作培训差异会引起更显著的工资差异。

第六，各年份分位数分解显示，在各年份中随着分位点数提升，大学毕业生性别工资总差异值逐渐提高，呈现出“粘天花板”现象；系数总差异值及占比逐渐增加，特征差异值逐渐增加，但其占比逐渐降低，表明性别歧视仍然是造成性别工资差异的主要原因，且与高收入群体相比较，中低收入群体禀赋特征差异对性别工资差异的影响更重要。2012—2016年，随年份推进，在相同分位点上，性别工资总差异呈逐年扩大趋势，系数差异值及占比也逐年增加，而特征差异值及占比逐年减少。对于教育分解项，各年份中随着分位点数提升，教育的特征差异值及占比逐渐减小，而系数差异值却逐渐增加。2012—2016年，随着年份推进，在相同分位点上，受教育年限的特征差异值逐年减小，而系数差异值逐年增加，表明在劳动力市场中对大学毕业生教育水平的歧视有逐渐加强趋势。对于培训分解项，各年份中随着分位点数提高，工作培训的特征差异值和比例均逐渐缩小，而系数差异值却逐渐提升，表明男女在工作培训收益率方面的差异拉大了高层收入者性别工资差距。2012—2016年，在相同分位点上培训的特征差异值及占比呈逐年缩小趋势，而培训的系数差异值及占比呈逐年增大趋势，表明随着年份推进，用人单位越来越重视技能培训，技能培训的收益率差异对性别工资总差异解释力度越来越强。

6 就业质量工时健康差异的Fairlie非线性分解

本章进行就业质量工时健康差异分解，主要基于工作时间视角分析其对大学毕业生就业质量健康状况维度的影响，以自评健康、心理健康和BMI指数作为大学毕业生健康状况的代理指标。首先，采用Logistic回归分析了工作时间对总体、异质性工时群体、分年份样本健康状况各代理指标的影响；其次，在二元离散变量Logistic回归基础上，对应采用Fairlie非线性分解方法对正常工时与超时加班群体健康差异进行因素分解，剖析工作时间对两类群体健康差异的贡献度；最后，进一步分析两群体间工时健康差异是否存在性别异质性、区域异质性以及其年份变化趋势。

6.1 数据来源、变量定义与样本特征

6.1.1 数据来源

本章使用的数据为2012年、2014年和2016年中国劳动力动态调查（CLDS）数据。该项调查是中山大学从2012年起开展的社会科学特色数据库建设专项内容，通过每两年一次的动态调查，2016年是目前能公开得到的最新数据。该调查建立了劳动力、家庭和社区三个层面的动态调查数据库，为实证研究提供了详尽的基础数据。本章分析的对象是22—35岁的大学毕业

生，剔除数据缺失的样本之后，本章最终得到了8156份有效混合截面样本，其中2012年有2420份，2014年有3114份，2016年2622份。该有效样本包含了28个省（自治区、直辖市），涉及范围较为广泛，样本具有理想的代表性。其中，本章将周工作时间T在法定40小时及以内的称为“正常工时”（$T \leqslant 40$），将超过40小时的统称为“超时加班”（$T > 40$），据统计混合截面数据中正常工时群体有3011份，超时加班群体有5145份。此外，为了方便不同年份数据的比较，本章利用消费者物价指数（CPI）将2014年和2016年的工资水平转化为了按照2012年不变价格衡量的实际工资水平。

6.1.2 变量定义

本章的被解释变量为大学毕业生健康状况，也是反映就业质量的重要维度之一。为了更全面地测评大学毕业生职业健康状况，本章从主观和客观两个角度出发进行综合评价。其中，主观健康状况的代理指标为自评健康和心理健康，客观健康状况的代理指标为身体质量指数（BMI）。

自评健康对应的调查问卷中的问题为：“您认为自己现在的健康状况如何”。该问题的选项分别为非常健康、健康、一般、比较不健康和非常不健康，本章将选项为非常健康和健康的赋值为1，代表大学毕业生身体健康；将选项为一般、比较不健康和非常不健康的赋值为0，代表不健康。

心理健康对应的调查问卷中的问题为：“在过去一个月内，是否由于情绪问题（如感到沮丧或焦虑）影响到您的工作或其他日常活动”。该问题的选项分别为没有、很少、有时、经常和总是，本章将选项为没有和很少的赋值为1，代表大学毕业生心理健康；将选项为有时、经常和总是的赋值为0，代表心理不健康。

身体质量指数（BMI）是体重（千克）与身高（米）平方的比值，是目前国际上常用的衡量人体胖瘦程度以及是否健康的一个指标。世界卫生组织给出的不分性别的最优BMI范围是18.5—24.99，超过最优范围代表过胖，低于最优范围代表过瘦，过胖和过瘦都是不健康的表现，因此，如果大学毕业生个体的BMI指数处于最优范围之内，本章将其赋值为1，代表该个体身体健康；否则赋值为0，代表该个体不健康。

本章的核心解释变量为工作时间，控制变量为工作环境、工作安全性、年龄、性别、户籍状况、教育、医疗保险、养老保险、吸烟、喝酒。对于工作时间变量，本章选取周工作时间（小时），我国《劳动法》最新规定“劳动者平均每周工作时间不超过40小时”，本章将周工作时间不超过40小时的大学毕业生群体定义为正常工时群体，周工作时间超过40小时的大学毕业生群体定义为超时加班群体；对于工作环境和工作安全性变量，本章将非常不满意赋值为1，不太满意赋值为2，一般赋值为3，比较满意赋值为4，非常满意赋值为5，数值越大代表工作环境越好，工作安全性越高；对于性别变量，本章将男性赋值为1，女性赋值为0；对于户籍状况变量，本章将城镇户籍赋值为1，农村户籍赋值为0；对于受教育年限变量，本章将大专赋值为15、本科生赋值为16、研究生及以上赋值为19；对于医疗保险和养老保险变量，本章将参保赋值为1，不参保赋值为0；对于吸烟和喝酒变量，本章将吸烟赋值为1，喝酒赋值为1，不吸烟赋值为0，不喝酒赋值为0。

6.1.3 样本特征

通过对变量定义和赋值之后，表6–1给出了上述变量的基本统计性特征，同时，为了更清楚地观测大学毕业生全样本、正常工时群体、超时加班群体的自评健康、心理健康和BMI指数状况，本章给出图6-1。

表6-1　　　　变量的描述性统计分析

变量	全样本		正常工时群体		超时加班群体	
	均值	标准差	均值	标准差	均值	标准差
自评健康	0.683	0.501	0.729	0.491	0.656	0.475
心理健康	0.854	0.381	0.897	0.304	0.829	0.348
BMI指数	0.728	0.490	0.768	0.445	0.704	0.457
工作时间	45.416	14.851	39.472	8.025	48.895	13.072
工作环境	4.125	1.632	4.697	0.922	3.790	0.883
工作安全性	4.391	1.987	4.784	0.863	4.161	0.897
年龄	25.183	10.511	26.815	10.539	24.228	9.495
性别	0.539	0.492	0.488	0.499	0.569	0.495
户籍状况	0.547	0.441	0.740	0.346	0.434	0.382
受教育年限	15.717	3.670	15.593	4.328	15.790	4.665
医疗保险	0.710	0.645	0.683	0.306	0.726	0.486
养老保险	0.723	0.612	0.713	0.433	0.729	0.499
吸烟	0.285	0.503	0.250	0.433	0.305	0.479
喝酒	0.289	0.539	0.267	0.442	0.303	0.460
观测值	8156		3011		5145	

资料来源：根据CLDS 2012年、2014年和2016年混合截面数据计算所得。下同。

由表6-1和图6-1可知，总体大学毕业生自评健康均值为0.683，心理健康均值为0.854，BMI指数均值为0.728；分异质性工时群体来看，超时加班群体的自评健康和心理健康都低于正常工时群体，而且与超时加班群体相比，正常工时群体的身体质量指数更容易接近BMI最优范围。对于工作时间变量而言，总体大学毕业生的平均每周工作时间为45.416小时，正常工时群体的平均周工作时间为39.472小时，而超时加班群体为48.895小时，可见超时加班群体加班现象较为严重。对于工作环境和工作安全性变量而言，正常工时群体的工作环境和工作安全性都优于超时加班群体。对于年龄变量而言，超时加班群体的平均年龄小于正常工时群体，这表明刚刚毕业的大学毕业生的工作压力相对较大，往往面临超时加班的现象。对于性别变量而言，超时加班群体的男性占比大于正常工时群体，这表明劳动力市场中男性群体加班的情况更为严重。对于户籍状况而言，正常工时群体的城镇户籍占比大于超时加班群体。对于受教育年限变量而言，超时加班群体的平均受教育年限更长。对于医疗保险和养老保险变量而言，超时加班群体对医疗保险和养老保险的需求更大，他们参保的概率更大。对于吸烟和喝酒变量，超时加班群体吸烟和喝酒的比例大于正常工时群体。

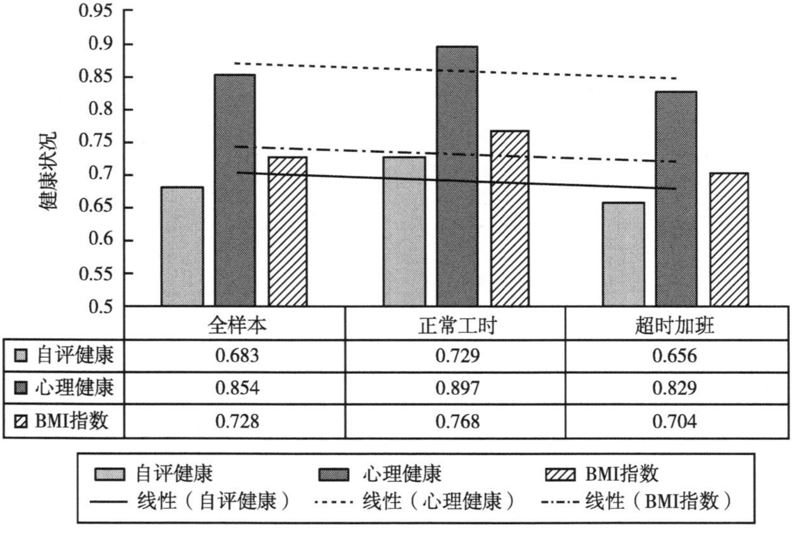

	全样本	正常工时	超时加班
自评健康	0.683	0.729	0.656
心理健康	0.854	0.897	0.829
BMI指数	0.728	0.768	0.704

图 6–1　总体及异质性工时群体的健康状况

6.2 工作时间对健康状况影响的Logistic回归分析

6.2.1 工作时间对总体健康状况的影响

自评健康作为大学毕业生对自身健康状况的主观感知，可以综合衡量自身的健康状况。已有多数文献都将自评健康作为健康的代理指标。心理健康也是衡量健康的一个重要指标，可以反映大学毕业生的精神状况，良好的心理健康有助于提高大学毕业生的工作效率。BMI指数是目前国际上常用的衡量人体胖瘦程度以及是否健康的一个指标。世界卫生组织给出的不分性别的最优BMI范围是18.5—24.99，超过最优范围代表“过胖”，低于最优范围代表“过瘦”，过胖和过瘦都是不健康的表现。本章利用stata软件，为考察工作时间对总体大学毕业生健康状况的影响，分别对总体大学毕业生的自评健康、心理健康、BMI指数进行Logistic回归，具体回归结果如表6-2所示。

表 6-2 工作时间对总体健康状况影响的 Logistic 回归结果

解释变量	自评健康		心理健康		BMI指数	
	回归系数	边际效果	回归系数	边际效果	回归系数	边际效果
工作时间	−0.012** (0.006)	−0.004** (0.002)	−0.080** (0.041)	−0.038** (0.019)	−1.090*** (0.030)	−0.091*** (0.002)
工作环境	0.271** (0.135)	0.089** (0.044)	0.199** (0.010)	0.066** (0.032)	0.088 (0.100)	0.025 (0.066)
工作安全性	0.164** (0.082)	0.078** (0.049)	0.172* (0.093)	0.056* (0.032)	0.107 (0.181)	0.042 (0.090)
年龄	−0.006** (0.003)	−0.002** (0.001)	−0.033 (0.102)	−0.010 (0.092)	−0.066** (0.032)	−0.021** (0.010)
性别	0.290** (0.147)	0.122** (0.061)	0.220 (0.309)	0.069 (0.237)	0.146 (0.132)	0.047 (0.055)
户籍状况	0.093** (0.046)	0.037** (0.019)	0.204 (0.241)	0.047 (0.113)	0.184 (0.203)	0.061 (0.122)

续表

解释变量	自评健康		心理健康		BMI指数	
	回归系数	边际效果	回归系数	边际效果	回归系数	边际效果
受教育年限	0.169*** (0.018)	0.056*** (0.012)	0.149*** (0.041)	0.044*** (0.003)	0.249** (0.124)	0.088** (0.043)
医疗保险	0.102** (0.050)	0.042** (0.021)	0.200 (0.193)	0.067 (0.088)	0.327** (0.161)	0.090** (0.046)
养老保险	0.077* (0.042)	0.034* (0.017)	0.077 (0.110)	0.022 (0.091)	0.146 (0.219)	0.082 (0.090)
吸烟	-0.480** (0.241)	-0.158** (0.077)	-0.189*** (0.036)	-0.071*** (0.013)	-0.268** (0.126)	-0.088** (0.045)
喝酒	-0.338*** (0.029)	-0.106*** (0.008)	-0.207** (0.104)	-0.090** (0.045)	-0.300** (0.151)	-0.101** (0.052)
观测值	8156	8156	8156	8156	8156	8156

注：括号内数值为标准误差，***、**、*表示在1%、5%和10%水平上显著。

第一，工作时间显著降低了总体大学毕业生的自评健康、心理健康和BMI指数，且从边际效果来看，工作时间每增加1个百分点，会使得自评健康、心理健康、BMI指数分别显著降低0.4%、3.8%、9.1%，负向影响程度逐渐增强。可能的原因是，对总体大学毕业生而言，随着工作时间增加，由于可支配的时间资源有限，用于工作之外的休闲娱乐、健康保健等时间被迫挤出，此时在工作中面临情绪焦虑、沮丧的可能性更大，从而与总体自评健康相比，工作时间会对心理健康的负向影响更大；同时，熬夜加班、长时间久坐、心理压力过大，以及饮食不规律，更容易促使大学毕业生身体BMI指数偏离健康范围。

第二，工作环境、工作安全性显著提高了总体大学毕业生的自评健康和心理健康，但对BMI指数影响不显著，这表明工作环境和工作安全性越好，自评健康状况越好，因为良好的工作环境和工作安全性不仅直接影响大学毕业生的生理健康状况，还会显著改善其工作情绪，进而有助于心理健康。随着年龄增加，工作环境、工作安全性显著降低了总体大学毕业生的自评健康和BMI指数，但对心理健康的负向影响不显著，这可能是由于随着年龄增加，身体机能会面临衰退老化，增加了肥胖和患病的可能性，心理健康状况也会有所影响。性别、户籍状况显著提高了总体大学毕业生的自评健康，但对心理健康和BMI指数的正向影响不显著，表明男性群体和城镇户籍群体的自评健康要优于女性和农村户籍群体。

第三，受教育年限，显著提高了总体的自评健康、心理健康和BMI指数，这表明大学毕业生受教育程度越高，健康保健意识和综合心理素质越强，为了保持良好的身体状态，更喜欢加强锻炼，从而可以改善大学毕业生的整体健康状况，这和胡安宁（2014）的研究结果一致。参加医疗保险和养老保险都会显著提升自评健康，但对心理健康的正向影响不显著，这也和已有文献的研究结果一致，即医疗保健和养老保险是影响自评健康状况的重要因素。此外，吸烟和喝酒变量均会降低大学毕业生的自评健康、心理健康和BMI指数，这表明吸烟酗酒等不良的生活习惯不仅会损害生理健康，还会损害心理健康，同时还会增加肥胖的可能性，如倪国华等（2014）研究发现，喝啤酒会显著提升BMI指数，造成过度肥胖，其中被访者每周多增加1瓶啤酒数量将导致其BMI肥胖的概率提升0.15%，因此大学毕业生要想提升整体健康状况，应当努力杜绝吸烟、酗酒等不良嗜好。

6.2.2 异质性工时的分样本回归结果

前面是工作时间对总体健康状况的回归分析，为了进一步研究工作时间对正常工时群体和超时加班群体健康状况会产生怎样的差异，本章进一步对正常工时和超时加班群体的自评健康、心理健康和BMI指数分别进行Logistic回归，具体回归结果如表6–3所示。

表 6-3　工作时间对正常工时、超时加班群体健康状况影响的 Logistic 回归结果

解释变量	自评健康				心理健康				BMI 指数			
	正常工时群体		超时加班群体		正常工时群体		超时加班群体		正常工时群体		超时加班群体	
	回归系数	边际效果	回归系数	边际效果	回归系数	边际效果	回归系数	边际效果	回归系数	边际效果	回归系数	边际效果
工作时间	-0.010^{**} （0.005）	-0.004^{**} （0.002）	-0.014^{***} （0.003）	-0.007^{***} （0.001）	-0.064^{***} （0.012）	-0.021^{***} （0.003）	-0.095^{**} （0.047）	-0.034^{**} （0.016）	-1.256^{***} （0.021）	-0.063^{***} （0.004）	-1.492^{***} （0.293）	-0.071^{***} （0.013）
工作环境	0.247^{***} （0.013）	0.127^{***} （0.002）	0.209^{***} （0.026）	0.098^{***} （0.031）	0.280^{*} （0.144）	0.082^{*} （0.047）	0.230^{*} （0.125）	0.071^{*} （0.041）	0.175^{*} （0.097）	0.080^{*} （0.046）	0.034 （0.108）	0.009 （0.21）
工作安全性	0.194^{*} （0.107）	0.065^{*} （0.036）	0.213^{**} （0.108）	0.072^{**} （0.037）	0.140 （0.122）	0.068 （0.100）	0.315^{**} （0.157）	0.102^{**} （0.052）	0.036 （0.128）	0.019 （0.044）	0.186^{*} （0.106）	0.055^{*} （0.031）
年龄	-0.007^{*} （0.004）	-0.003^{*} （0.002）	-0.004^{**} （0.002）	-0.002^{**} （0.001）	−0.014 （0.083）	−0.006 （0.077）	0.023 （0.054）	0.044 （0.048）	-0.095^{*} （0.057）	-0.033^{*} （0.019）	−0.017 （0.046）	−0.006 （0.011）
性别	0.340^{*} （0.200）	0.166^{*} （0.096）	0.274^{***} （0.080）	0.098^{***} （0.003）	0.308 （0.241）	0.099 （0.111）	0.404^{*} （0.209）	0.101^{*} （0.059）	0.133^{*} （0.073）	0.040^{*} （0.023）	0.223 （0.173）	0.090 （0.102）
户籍状况	0.056^{***} （0.015）	0.018^{***} （0.003）	0.091^{***} （0.009）	0.045^{***} （0.007）	−0.328 （0.299）	−0.102 （0.232）	0.255 （0.198）	0.088 （0.133）	0.297 （0.221）	0.101 （0.130）	−0.238 （0.171）	−0.114 （0.133）

续表

解释变量	自评健康				心理健康				BMI指数			
	正常工时群体		超时加班群体		正常工时群体		超时加班群体		正常工时群体		超时加班群体	
	回归系数	边际效果	回归系数	边际效果	回归系数	边际效果	回归系数	边际效果	回归系数	边际效果	回归系数	边际效果
受教育年限	0.162*** (0.029)	0.047*** (0.013)	0.174*** (0.011)	0.053*** (0.006)	0.140*** (0.035)	0.048*** (0.002)	0.154*** (0.022)	0.055*** (0.007)	0.187* (0.102)	0.050* (0.028)	0.200** (0.101)	0.095** (0.047)
医疗保险	0.093* (0.052)	0.030* (0.017)	0.151** (0.075)	0.074** (0.0037)	0.242 (0.471)	0.118 (0.266)	0.233 (0.210)	0.111 (0.140)	0.312* (0.181)	0.094* (0.054)	0.430*** (0.142)	0.121*** (0.003)
养老保险	0.041** (0.020)	0.019** (0.009)	0.176*** (0.058)	0.055*** (0.003)	0.954 (0.652)	0.300 (0.414)	0.109 (0.187)	0.040 (0.077)	0.213 (0.321)	0.062 (0.099)	0.274** (0.137)	0.092** (0.046)
吸烟	−0.304* (0.184)	−0.098* (0.056)	−0.402** (0.200)	−0.122** (0.067)	−0.208** (0.103)	−0.080** (0.041)	−0.248*** (0.030)	−0.089*** (0.005)	−0.306*** (0.102)	−0.103*** (0.025)	−0.482* (0.267)	−0.119* (0.067)
喝酒	−0.343** (0.171)	−0.085** (0.043)	−0.380*** (0.061)	−0.100*** (0.019)	−0.155** (0.073)	−0.052** (0.025)	−0.183* (0.095)	−0.062* (0.035)	−0.458** (0.178)	−0.117** (0.057)	−0.793*** (0.163)	−0.202*** (0.016)
观测值	3011		5145		3011		5145		3011		5145	

注：括号内数值为标准误差，***、**、*表示在1%、5%和10%水平上显著。

从表6–3回归结果可以得出以下结论：

第一，无论是正常工时群体还是超时加班群体，工作时间显著降低了大学毕业生的自评健康、心理健康和BMI指数，而且工作时间对正常工时群体健康状况的负向影响小于超时加班群体。这表明工作时间越长，大学毕业生自评健康状况、心理健康和BMI指数越差，且工作时间对超时加班群体的整体健康状况负向影响更大，该发现证实了研究假设3的预期。由边际效果可知，工作时间每增加1个百分点，正常工时群体的自评健康、心理健康、BMI指数分别下降0.4%、2.1%、6.3%，而超时加班群体的自评健康、心理健康、BMI指数分别下降0.7%、3.4%、7.1%。之所以出现异质性工时群体健康影响差异，可能是由于对于超时加班的大学毕业生而言，长时间工作得不到很好的休息，使其更容易诱发身体疲劳、心理压力过大、不健康饮食以及过度肥胖等问题，因此工作时间对该类群体自评健康、心理健康和BMI指数等健康的损害程度也就越明显。

第二，与超时加班群体相比，工作环境对正常工时群体的自评健康、心理健康、BMI指数的正向影响更大，这可能是与正常工时群体的日常工作环境更优越有关。工作安全性对超时加班群体的健康状况的正向影响显著高于正常工时群体，这可能与超时加班群体对于工作安全性的需求程度更高有关。年龄对正常工时群体的自评健康和BMI指数均有负向影响，仅对超时加班群体的自评健康有负向影响，对两群体的心理健康影响均不显著，与总体回归结果相一致。性别、户籍均显著提高了正常工时群体和超时加班群体的自评健康，与正常工时群体相比，男大学毕业生超时加班的心理健康状况更优于女生。与正常工时群体相比较，城镇户籍更加显著提高了超时加班群体的自评健康，但城镇户籍对两群体心理健康和BMI指数的影响不显著。

第三，与正常工时群体相比较，受教育年限对超时加班群体的自评健康、心理健康和BMI指数正向影响程度更大，这表明提高受教育程度可以显著改善超时加班群体的整体健康状况。与正常工时群体相比，参加医疗保险、养老保险对超时加班群体自评健康的正向影响更大，同时，参加两保险更能够促进超时加班群体的BMI指数处于健康范围，这可能是由于超时加班群体相对来说面临不健康风险较高，如果能积极参加养老保险和医疗保险，则对该类群体健康状况的保障和改善会有更明显的效果。此外，从回归系数和边际效果来看，吸烟和喝酒对超时加班群体自评健康、心理健康和BMI指数的负向影响均显著高于正常工时群体，这也意味着要想有效提高超时加班大学毕业生的健康状况，更应该积极摒弃吸烟酗酒不良的生活习惯，培养健康保健的积极意识。

6.2.3 分年份样本回归结果

前面是将3个年份的数据混合在了一起进行的回归，为了更细致考察回归结果的年份变化趋势，接下来，本章对2012年、2014年、2016年进行分年份样本回归，具体回归结果如表6–4所示。

表 6–4 分年份样本回归结果

年份	解释变量	正常工时群体 边际效果（dy/dx）			超时加班群体 边际效果（dy/dx）		
		自评健康	心理健康	BMI指数	自评健康	心理健康	BMI指数
2012	工作时间	−0.007*** （0.001）	−0.064*** （0.007）	−1.201*** （0.019）	−0.010*** （0.002）	−0.081** （0.040）	−1.263*** （0.099）
	控制变量	YES	YES	YES	YES	YES	YES
	观测值	954	954	954	1466	1466	1466

续表

年份	解释变量	正常工时群体 边际效果（dy/dx）			超时加班群体 边际效果（dy/dx）		
		自评健康	心理健康	BMI指数	自评健康	心理健康	BMI指数
2014	工作时间	−0.008** （0.004）	−0.071*** （0.010）	−1.166*** （0.034）	−0.012*** （0.001）	−0.088** （0.043）	−1.320*** （0.114）
	控制变量	YES	YES	YES	YES	YES	YES
	观测值	1129	1129	1129	1985	1985	1985
2016	工作时间	−0.011*** （0.003）	−0.077*** （0.014）	−1.181*** （0.042）	−0.015** （0.007）	−0.102*** （0.018）	−1.206*** （0.055）
	控制变量	YES	YES	YES	YES	YES	YES
	观测值	1035	1035	1035	1587	1587	1587

注：括号内数值为标准误差，***、**、*表示在1%、5%和10%水平上显著。

从表6–4可以得出以下结论：

第一，在2012年、2014年和2016年3个年份，无论是正常工时群体还是超时加班群体，工作时间变量对大学毕业生自评健康、心理健康和BMI指数的影响都显著为负。具体来看，对于正常工时群体来说，在2012年、2014年和2016年，工作时间每增加1个百分点，自评健康分别下降0.7%、0.8%和1.1%，心理健康分别下降6.4%、7.1%和7.7%；对于超时加班群体来说，在2012年、2014年和2016年，工作时间每增加1个百分点，自评健康分别下降1.0%、1.2%和1.5%，心理健康分别下降8.1%、8.8%和10.2%。这表明随着年份的增加，无论是正常工时群体还是超时加班群体，工作时间对大学毕业生自评健康和心理健康的负向影响越来越大。

第二，无论是正常工时群体还是超时加班群体，工作时间对大学毕业生BMI指数的负向影响没有逐年增加的趋势，但是工作时间对大学毕业生超时加班群体BMI指数的负向影响在2012年、2014年和2016年都大于正常工时群体。此外，其他变量对正常工时和超时加班群体自评健康、心理健康和BMI指数的影响与混合截面数据的回归结果基本一致，本章不再详细叙述。

6.3 Fairlie非线性分解方法

国外学者从种族、性别、婚姻状况、收入差距、技术创新等社会人口因素和社会经济因素角度对不同群体之间的健康差异进行了大量实证研究（Adler和Newman，2002；Lemieux，2006；Glied和Lleras-Muney，2008）。这些研究表明，不同群体的健康差异都存在一定程度的组间差异和组内差异。其中组间差异与群体的社会经济地位相关，是指具有不同社会经济地位的群体之间的健康差异。而组内差异与群体的社会经济地位无关，是指具有相同社会经济地位的群体之间的健康差异（Yang，2009；Hui和Kenneth，2012）。已有研究表明，社会经济因素是影响居民健康状况的重要因素，而且对居民健康和疾病产生的影响越来越明显，呈现扩大趋势（Hummer等，1998；Ellen等，2008）。除了社会经济因素之外，社会人口因素对居民健康状况的影响也尤为重要。一些学者研究发现，婚姻状况影响居民的健康状况，已婚男性死亡率和未婚男性死亡率在过去几十年差异不断增大（Hummer等，1998），而且已婚女性的自评健康也显著高于未婚女性和离婚女性（Liu和Umberson，2008）。已有研究还发现，教育差异对居民伤残率也具有显著性影响（Goesling，2007）。与国外学者相比，国内学者研究不同群体之间健康差异的相对较少。解垩（2011）利用微观调查数据，分析了影响中国东部、中部和西部地区健康差异的因素，并利用Fairlie非线性分解方法，对不同地区的健康差异进行了因素分解。研究发现，中国东部、中部和西部地区之间存在显著的健康差异，其中身体质量指数（BMI）差异主要以职业、婚姻状况、生活环境、家庭规模和医疗资源为主，而自评健康差异主要以年龄、教育、收入、家庭规模和医疗资源为主。牛建林（2013）、李建新和李春华（2014）对中国城乡居民健康差异也进行了实证分析，研究发现，无论是心理健康还是生理健康，城镇居民和农村居民都存在显著差异。

与已有文献不同的是，本章从不同工作时间的大学毕业生群体角度出发，研究正常工时与超时加班群体之间的健康差异。主要原因是，工作时间是影响大学毕业生健康状况的重要因素之一，不仅对健康状况产生直接影响，而且工作时间的延长会缩短健康投资的时间，从而间接影响健康状况。

在前面工作时间对健康状况影响的Logistic回归分析基础之上，为了考察正常工时群体和超时加班群体健康差异及影响因素贡献度，本章采用Fairlie非线性分解方法对正常工时与超时加班群体健康差异进行因素分解，不仅可以分解出工作时间对健康差异的贡献度，而且可以对缩小健康差异提供实证支持，对实施健康中国战略和提高就业质量具有重要意义。其中，具体Fairlie非线性因素分解方法如下：

假设正常工时群体和超时加班群体的健康决定方程如下：

$$Y^a = X^a \hat{\beta}^a + \varepsilon^a \tag{6-1}$$

$$Y^b = X^b \hat{\beta}^b + \varepsilon^b \tag{6-2}$$

其中，Y^a表示正常工时群体的健康代理指标，Y^b表示超时加班群体的健康代理指标，X表示个体特征向量，β为相应的系数向量，ε为随机误差项。正常工时与超时加班群体平均健康差异可以表示为：

$$\overline{Y^a}-\overline{Y^b}=\overline{X^a}\hat{\beta}^a-\overline{X^b}\hat{\beta}^b \tag{6-3}$$

当健康指标Y为二元变量时，即Y取1时表示健康，取0时表示不健康，那么（6–3）式可以根据Fairlie（2005）的思想分解为：

$$\overline{Y^a}-\overline{Y^b}=\left[\sum_{i=1}^{N^a}\frac{F(X_i^a\hat{\beta}^a)}{N^a}-\sum_{i=1}^{N^b}\frac{F(X_i^b\hat{\beta}^a)}{N^b}\right]+\left[\sum_{i=1}^{N^b}\frac{F(X_i^b\hat{\beta}^a)}{N^b}-\sum_{i=1}^{N^b}\frac{F(X_i^b\hat{\beta}^b)}{N^b}\right] \tag{6-4}$$

其中，N^a和N^b分别表示正常工时和超时加班群体的样本数量。式（6–4）中的第一个中括号是由正常工时和超时加班群体可观测因素的差异所产生的健康差异，在已有文献中被称为“可解释部分”；第二个中括号是由回归方程的系数所产生的健康差异，在已有文献中被称为“不可解释部分”。式（6–4）的分解是采用正常工时群体健康方程的系数估计值$\hat{\beta}^a$和超时加班群体可观测因素X^b作为可解释部分和不可解释部分的权重。而如果采用超时加班群体健康方程的系数估计值$\hat{\beta}^b$和正常工时群体可观测因素X^a作为可解释部分和不可解释部分的权重时，可得到健康差异分解的另一种表达式：

$$\overline{Y^a}-\overline{Y^b}=\left[\sum_{i=1}^{N^a}\frac{F(X_i^a\hat{\beta}^b)}{N^a}-\sum_{i=1}^{N^b}\frac{F(X_i^b\hat{\beta}^b)}{N^b}\right]+\left[\sum_{i=1}^{N^a}\frac{F(X_i^a\hat{\beta}^a)}{N^a}-\sum_{i=1}^{N^a}\frac{F(X_i^a\hat{\beta}^b)}{N^a}\right] \tag{6-5}$$

式（6–4）和式（6–5）的健康差异分解会得到不同的结果。为了得到更稳健的健康差异分解结果，本章采用Oaxaca和Ransom（1994）的方法，将正常工时和超时加班群体合并样本回归系数 $\hat{\beta}^{*}$ 作为可解释部分的权重，此时得到的健康差异分解表达式为：

$$\overline{Y^{a}}-\overline{Y^{b}}=\left[\sum_{i=1}^{N^{a}}\frac{F(X_{i}^{a}\hat{\beta}^{*})}{N^{a}}-\sum_{i=1}^{N^{b}}\frac{F(X_{i}^{b}\hat{\beta}^{*})}{N^{b}}\right]+\left[\sum_{i=1}^{N^{a}}\frac{F(X_{i}^{a}\hat{\beta}^{a})}{N^{a}}-\sum_{i=1}^{N^{a}}\frac{F(X_{i}^{a}\hat{\beta}^{*})}{N^{a}}\right]+\left[\sum_{i=1}^{N^{b}}\frac{F(X_{i}^{b}\hat{\beta}^{*})}{N^{b}}-\sum_{i=1}^{N^{b}}\frac{F(X_{i}^{b}\hat{\beta}^{b})}{N^{b}}\right] \tag{6–6}$$

其中，式（6–6）中的第一个中括号为可解释部分，第二个中括号和第三个中括号为不可解释部分。当健康差异分解为可解释部分和不可解释部分之后，可以进一步考察解释变量对健康差异的贡献程度。为阐述方便，本章假设 X 只包含两个解释变量 X_1、X_2。X_1 对正常工时与超时加班群体健康差异的可解释部分贡献程度为：

$$\frac{1}{N^{b}}\sum_{i=1}^{N^{b}}[F(\hat{\beta}_{0}^{*}+X_{1i}^{a}\hat{\beta}_{1}^{*}+X_{2i}^{a}\hat{\beta}_{2}^{*})-F(\hat{\beta}_{0}^{*}+X_{1i}^{b}\hat{\beta}_{1}^{*}+X_{2i}^{a}\hat{\beta}_{2}^{*})] \tag{6–7}$$

X_2 对正常工时与超时加班群体健康差异的可解释部分贡献程度为：

$$\frac{1}{N^{b}}\sum_{i=1}^{N^{b}}[F(\hat{\beta}_{0}^{*}+X_{1i}^{b}\hat{\beta}_{1}^{*}+X_{2i}^{a}\hat{\beta}_{2}^{*})-F(\hat{\beta}_{0}^{*}+X_{1i}^{b}\hat{\beta}_{1}^{*}+X_{2i}^{b}\hat{\beta}_{2}^{*})] \tag{6–8}$$

在计算式（6–7）和式（6–8）的时候，要求正常工时和超时加班群体样本数量相等，但实际分析中，两者相等几乎不可能。与超时加班群体相比，如果正常工时群体样本数量多的时候，首先可以随机从正常工时群体样本数量中抽取和超时加班群体样本数量相同的正常工时群体样本，依据上述分解方法得到一次差异分解结果，然后将这一过程反复进行多次，最后将多次得到的分解结果进行平均。相反，与正常工时群体相比，如果超时加班群体样本数量多的时候，首先可以随机从超时加班群体样本数量中抽取和正常工时群体样本数量相同的超时加班群体样本，依据上述分解方法得到一次差异分解结果，然后将这一过程反复进行多次，最后将多次得到的分解结果进行平均。值得注意的是，在二元离散选择模型的分解过程中，差异分解结果会受解释变量分解的先后顺序影响，Fairlie（2005）指出在每一次抽取样本进行差异分解时，随机化可观测因素的排序，然后将多次的分解结果进行平均化处理，从而得到每个可观测因素对健康差异可解释部分的贡献率。

6.4 正常工时与超时加班群体健康差异的Fairlie非线性因素分解

6.4.1 总体工时健康差异的因素分解结果

为了进一步探析各因素在正常工时群体与超时加班群体的健康差异中占比情况，尤其是剖析工作时间对两群体健康差异的贡献度，本章基于总样本回归系数为权重，对两群体间健康差异进行了Fairlie非线性因素分解，具体分解结果见表6–5。

表 6–5　正常工时与超时加班群体健康差异分解结果

解释变量	自评健康		心理健康		BMI 指数	
	差异值	占比	差异值	占比	差异值	占比
工作时间	0.044*** (0.002)	0.603	0.048*** (0.012)	0.706	0.030** (0.015)	0.469
工作环境	0.015** (0.007)	0.205	0.012** (0.006)	0.176	0.045* (0.025)	0.703
工作安全性	0.033** (0.021)	0.452	0.014*** (0.002)	0.206	0.020** (0.010)	0.313
年龄	–0.010 (0.022)	–0.137	–0.015 (0.048)	–0.221	–0.013 (0.032)	–0.203
性别	–0.002 (0.002)	–0.027	–0.005 (0.003)	–0.074	–0.001 (0.001)	–0.016
户籍状况	0.008*** (0.002)	0.110	0.012*** (0.005)	0.176	0.014 (0.011)	0.219
受教育年限	–0.020*** (0.004)	–0.274	–0.007* (0.003)	–0.103	–0.021** (0.008)	–0.328
医疗保险	–0.022* (0.012)	–0.301	–0.020** (0.010)	–0.294	–0.037* (0.021)	–0.578
养老保险	–0.008* (0.005)	–0.110	–0.009* (0.005)	–0.132	–0.028** (0.014)	–0.438
吸烟	0.003* (0.002)	0.041	0.006*** (0.002)	0.088	0.015*** (0.002)	0.234
喝酒	0.002** (0.001)	0.027	0.001 (0.001)	0.016	0.019*** (0.001)	0.297
特征差异	0.043	0.589	0.037	0.544	0.043	0.672
系数差异	0.030	0.411	0.031	0.456	0.021	0.328
总差异	0.073	1.000	0.068	1.000	0.064	1.000

注：上表是基于100次抽样匹配的分解结果，括号内为标准差，显著性水平是在正态性假定条件下给出的。占比是指占总差异的比例。

从表6–5可以得出以下结论：

第一，对于正常工时与超时加班群体自评健康差异来说，除了年龄和性别变量之外，其他变量对两群体自评健康差异的影响都较为显著。其中，工作时间、工作环境、工作安全性、户籍状况、吸烟和喝酒变量都显著扩大了正常工时与超时加班群体自评健康差异。受教育年限、医疗保险和养老保险变量显著缩小了两群体自评健康差异。具体来看，工作时间、吸烟和喝酒扩大了健康差异，原因是工作时间、吸烟和喝酒变量都是显著降低大学毕业生健康状况的变量，而超时加班群体的平均工作时间比正常工时群体长，吸烟和喝酒的占比也高于正常工时群体。工作环境、工作安全性和户籍状况扩大了两群体健康差异，原因是工作环境、工作安全性和户籍状况对大学毕业生健康状况的影响显著为正，而正常工时群体的工作环境和工作安全性优于超时加班群体，而且正常工时群体中城镇户籍占比高于超时加班群体。受教育年限、医疗保险和养老保险变量显著缩小了两群体自评健康差异，原因是这三个变量对大学毕业生健康状况的影响显著为正，而超时加班群体的平均受教育年限更长，医疗保险和养老保险的参保率也高于正常工时群体。此外，胡安宁（2014）也研究发现受教育年限可以缩小城乡居民健康差异，提升居民总体健康状况，进一步证实了该研究发现。

第二，对于正常工时与超时加班群体心理健康差异来说，除了年龄、性别和喝酒变量之外，其他变量对两群体心理健康差异的影响都较为显著。其中，工作时间、工作环境、工作安全性、户籍状况、吸烟变量都显著扩大了正常工时与超时加班群体心理健康差异。受教育年限、医疗保险和养老保险变量显著缩小了两群体心理健康差异。对于正常工时与超时加班群体

BMI指数差异来说，除了年龄、性别和户籍状况变量之外，其他变量对两群体BMI指数差异的影响都较为显著。其中，工作时间、工作环境、工作安全性、吸烟和喝酒变量都显著扩大了正常工时与超时加班群体BMI指数差异。受教育年限、医疗保险和养老保险变量显著缩小了两群体BMI指数差异。因此，为了进一步缩小大学毕业生正常工时和超时加班群体之间的健康差异，努力降低超时加班群体的工作时间，积极改善其工作环境和工作安全性，并提倡更加健康的生活习惯，少吸烟，少喝酒是非常有效的。

6.4.2 分性别及区域样本工时健康差异因素分解

为了分析正常工时与超时加班群体健康差异是否会受到性别和区域发展水平的影响，本章将全样本按性别分为男性样本和女性样本2个分样本，将全样本按区域分为东部地区样本、中部地区样本、西部地区样本共计3个分样本，基于Fairlie非线性分解方法对以上5个分样本进行健康差异因素分解，进一步深入考察正常工时与超时加班两群体间健康差异是否存在性别异质性和区域异质性。具体分解结果见表6–6。

表6–6 健康差异因素分解的性别比较和区域比较

分类		自评健康	心理健康	BMI指数
女性	总差异	0.093	0.101	0.082
	特征差异	0.032	0.041	0.055
	占比	0.344	0.406	0.671
	系数差异	0.061	0.060	0.027
	占比	0.656	0.594	0.329

续表

分类		自评健康	心理健康	BMI指数
男性	总差异	0.069	0.060	0.057
	特征差异	0.037	0.042	0.031
	占比	0.536	0.700	0.544
	系数差异	0.032	0.018	0.026
	占比	0.464	0.300	0.456
东部地区	总差异	0.099	0.106	0.084
	特征差异	0.060	0.039	0.045
	占比	0.606	0.368	0.536
	系数差异	0.039	0.067	0.039
	占比	0.394	0.632	0.464
中部地区	总差异	0.061	0.077	0.058
	特征差异	0.019	0.034	0.038
	占比	0.311	0.442	0.655
	系数差异	0.042	0.043	0.020
	占比	0.689	0.558	0.345
西部地区	总差异	0.082	0.070	0.079
	特征差异	0.040	0.026	0.050
	占比	0.488	0.371	0.633
	系数差异	0.042	0.044	0.029
	占比	0.512	0.629	0.367

从表6-6可以得出以下结论：

第一，性别分样本显示，女性样本中的正常工时与超时加班群体自评健康差异、心理健康差异和BMI指数差异分别为0.093、0.101和0.082，要高于男性样本的0.069、0.060和0.057。这表明，正常工时与超时加班群体健康差异存在性别异质性，且女大学毕业生健康差异更大。解垩（2011）认为健康的影响因素有很多，其中性别也是造成健康差异的重要因素。由于工作时间会显著降低大学毕业生的健康状况，且男女生体力、生理存在较大差异，相同条件下，工作时间对女大学毕业生健康造成的负向影响会更大，从而使女性正常工时群体与超时加班群体的健康差异会更大。

第二，女性样本自评健康差异和心理健康差异中的特征差异占比分别为34.4%和40.6%，男性分别为53.6%和70.0%。这表明女性正常工时群体与超时加班群体的自评健康和心理健康差异主要是由系数差异造成的。系数差异在已有文献中被称为“不可解释部分”，是由健康回归方程中的系数所产生的差异。男性正常工时群体与超时加班群体的自评健康和心理健康差异主要是由特征差异造成的。特征差异在已有文献中被称为“可解释部分”，是由两群体可观测因素的差异所导致的健康差异（解垩，2011）。对于BMI指数差异，女性样本中的特征差异占比为67.1%，男性为54.4%，表明无论是女大学毕业生还是男大学毕业生，特征差异是造成正常工时与超时加班群体BMI指数差异的重要因素。

第三，区域分样本显示，东部地区样本中的正常工时与超时加班群体自评健康差异、心理健康差异和BMI指数差异分别为0.099、0.106和0.084，要高于中部地区样本的0.061、0.077和0.058，西部地区样本的0.082、0.070和0.079。这表明，大学毕业生正常工时与超时加班群体健康差异存在区域异质性，且东部地区样本健康差异更大。一个可能的解释是，东部地区超时加班群体的加班时间更长，大学毕业生面临的生活压力更大，不仅对其自评健康和心理健康造成很大的负向影响，而且长时间久坐、不规律饮食或喝酒应酬频繁等造成该群体的BMI指数偏离最优范围之外的可能性更大，从而造成东部地区样本中的正常工时群体与超时加班群体健康差异更大。

第四，东部地区样本自评健康差异中的特征差异为60.6%，中部地区为31.1%，西部地区为48.8%。这表明东部地区正常工时群体和超时加班群体的自评健康差异，主要是由两群体可观测特征差异造成的。一个可能的解释是，地区经济发展水平越高，该地区不同社会阶层之间非特征因素造成的健康差异越小，因而不同群体之间的健康差异主要是由群体间的特征差异造成的。齐亚强和牛建林（2015）利用2005年小普调查数据和地区统计数据，对地区经济发展水平如何影响居民健康差异进行了实证分析，同样发现地区经济发展水平的提高有助于缩小居民健康差异，而居民之间的收入差异等特征因素的扩大，会显著扩大居民之间的健康差异。东部地区样本心理健康差异中的特征差异为36.8%，中部地区为44.2%，西部地区为37.1%。这表明东部地区正常工时群体和超时加班群体的心理健康差异，主要是由两群体不可观测因素差异造成的。这可能与心理健康的影响因素比较复杂相关，影响心理健康的因素是多方面的，不仅包括可观测因素，更多的非可观测因素也是影响心理健康的重要因素。东部地区样本BMI指数差异中的特征差异为53.6%，中部地区为65.5%，西部地区为63.3%。这表明东部地区正常工时群体和超时加班群体的BMI指数差异，主要是由两群体可观测的特征差异造成的。

6.4.3 工时健康差异因素分解的年份趋势

为了分析不同年份大学毕业生正常工时与超时加班群体的自评健康、心理健康和BMI指数差异变化趋势，本章分别对2012年、2014年和2016年正常工时与超时加班群体健康差异进行了分解，具体分解结果见表6–7。

表 6–7　　健康差异因素分解的分年份比较

年份 / 分组		自评健康	心理健康	BMI 指数
2012	总差异	0.068	0.064	0.063
	特征差异	0.036	0.031	0.043
	占比	0.529	0.484	0.683
	系数差异	0.032	0.033	0.020
	占比	0.471	0.516	0.317
2014	总差异	0.070	0.066	0.060
	特征差异	0.039	0.035	0.038
	占比	0.557	0.530	0.633
	系数差异	0.031	0.031	0.022
	占比	0.443	0.470	0.367
2016	总差异	0.078	0.071	0.069
	特征差异	0.044	0.038	0.045
	占比	0.564	0.535	0.652
	系数差异	0.034	0.033	0.024
	占比	0.436	0.465	0.348

从表6–7可以得出以下结论：

第一，对于自评健康来说，2012年、2014年和2016年大学毕业生正常工时与超时加班群体的自评健康差异分别为0.068、0.070和0.078，其中特征差异占比分别为52.9%、55.7%和56.4%；对于心理健康来说，2012年、2014年和2016年大学毕业生正常工时与超时加班群体的心理健康差异分别为0.064、0.066和0.071，其中特征差异占比为48.4%、53.0%和53.5%。这表明随着年份的增加，大学毕业生正常工时与超时加班的自评健康和心理健康差异呈现扩大的趋势，该研究发现证实了研究假设3的预期，而且特征差异对健康差异的解释能力越来越强。

第二，对于BMI指数来说，2012年、2014年和2016年大学毕业生正常工时与超时加班群体的BMI指数总差异分别为0.063、0.060和0.069，其中特征差异占比分别为68.3%、63.3%和65.2%。这表明大学毕业生正常工时与超时加班群体的BMI指数差异没有表现出逐年扩大的趋势，而且两群体的BMI指数差异同样主要是由可观测的特征差异造成的。

6.5 本章小结

本章使用2012年、2014年和2016年中国劳动力动态调查（CLDS）数据，以自评健康、心理健康和BMI指数作为大学毕业生健康状况的代理指标，首先，采用Logistic回归分析了工作时间分别对全样本、异质性工时分样本健康状况的影响；其次，基于Fairlie非线性分解方法，对正常工时与超时加班群体健康差异进行因素分解；最后，进一步分析两群体间工时健康差异是否存在性别异质性、区域异质性，以及随年份的变化趋势，得到以下结论：

第一，无论是大学毕业生正常工时群体还是超时加班群体，工作时间显著降低了大学毕业生的自评健康、心理健康和BMI指数衡量的健康状况，而且工作时间对正常工时群体健康状况的负向影响小于超时加班群体，证实了研究假设3预期。这表明工作时间越长，大学毕业生健康状况越差，工作时间对超时加班群体的健康状况负向影响更大。分年份样本回归结果显示，随着年份的增加，无论是正常工时群体还是超时加班群体，工作时间对大学毕业生自评健康和心理健康的负向影响均逐年增大。

第二，对于大学毕业生正常工时与超时加班群体自评健康差异来说，除了年龄和性别变量之外，其他变量对两群体自评健康差异的影响都较为显著。其中，工作时间、工作环境、工作安全性、户籍状况、吸烟和喝酒变量都显著扩大了正常工时与超时加班群体自评健康差异。受教育年限、医疗保险和养老保险变量显著缩小了两群体自评健康差异。同时，对于大学毕业生正常工时与超时加班群体心理健康差异和BMI指数差异来说，工作时间、工作环境、工作安全性、吸烟变量都显著扩大了正常工时与超时加班群体心理健康差异和BMI指数差异。受教育年限、医疗保险和养老保险变量显著缩小了两群体心理健康差异和BMI指数差异。

第三，性别分样本健康差异分解显示，女性样本中的正常工时与超时加班群体自评健康差异、心理健康差异和BMI指数差异高于男性样本。这表明，大学毕业生正常工时与超时加班群体健康差异存在性别异质性，且女性样本健康差异更大。而且女性正常工时群体与超时加班群体的自评健康和心理健康差异主要是由系数差异造成的，而男性样本主要是由特征差异造成的。对于BMI指数差异，无论是女性样本还是男性样本，特征差异是造成大学毕业生正常工时与超时加班群体BMI指数差异的重要因素。

第四，区域分样本健康差异分解显示，东部地区样本中的大学毕业生正常工时与超时加班群体自评健康差异、心理健康差异和BMI指数差异高于中部地区和西部地区样本。这表明，正常工时与超时加班群体健康差异存在区域异质性，且东部地区样本健康差异更大。此外，东部地区正常工时群体和超时加班群体的自评健康差异，主要是由两群体可观测特征差异造成的，而心理健康差异主要是由两群体不可观测因素差异造成的。

第五，分年份样本健康差异分解显示，随着年份的增加，大学毕业生正常工时与超时加班的自评健康和心理健康差异呈现扩大的趋势，也进一步证实了研究假设3的预期，而且特征差异对健康差异的解释能力越来越强。虽然正常工时与超时加班群体的BMI指数差异没有表现出逐年扩大的趋势，但是两群体的BMI指数差异同样主要是由可观测的特征差异造成的。

7 就业质量主观感知满意度有序Probit实证分析

本章主要是基于单位类型视角，采用有序Probit方法分析其对就业质量主观满意度的影响，即重点分析了大学毕业生在国有单位工作对其整体工作满意度、晋升机会满意度、工作环境满意度的影响，且对不同性别、年份分样本进行异质性分析，并采用工具变量法和变量替换法进行两组稳健性检验。

7.1 数据来源、模型选择与变量描述

7.1.1 数据来源

本章使用的数据为2012年、2014年和2016年中国劳动力动态调查（CLDS）数据。该项调查是中山大学从2012年开展的社会科学特色数据库建设专项内容，通过每两年一次的动态调查，2016年是目前能公开得到的最新数据，该调查建立了劳动力、家庭和社区三个层面的动态调查数据库，为实证研究提供了详尽的基础数据。本章分析的对象是22—35岁的大学毕业生，剔除数据缺失的样本之后，本章最终得到了8156份有效混合截面样本，其中2012年有2420份，2014年有3114份，2016年2622份；男性样本总共4396份，女性样本总共3760份。该有效样本包含了28个省（自治区、直

辖市），涉及范围较为广泛，样本具有理想的代表性。此外，为了方便不同年份数据的比较，本章利用消费者物价指数（CPI）将2014年和2016年的工资水平转化为了按照2012年不变价格衡量的实际工资水平。

7.1.2 模型选择

本章的被解释变量为大学毕业生主观感知满意度（包括整体工作满意度、晋升机会满意度和工作环境满意度）。该变量为有序离散变量，因此，本章采用有序Probit模型来分析单位类型对主观感知满意度的影响。该模型假定存在一个能够代表大学毕业生主观感知满意度（*Satisfaction*），但又不能直接观测的潜在变量（$Satisfaction^*$），本章假定潜在变量（$Satisfaction^*$）由公式（7–1）决定：

$$Satisfaction_i^* = \beta_i Type_i + X_i'\gamma_i + \varepsilon_i \tag{7–1}$$

其中，$Type_i$ 为单位类型，β_i 是其对应的回归系数；X_i' 表示其他影响大学毕业生主观感知满意度的控制变量矩阵（如收入水平、周工作时间、性别等），γ_i 是控制变量矩阵对应的回归系数矩阵；ε_i 代表随机扰动项。

同时，设 $\alpha_1 < \alpha_2 < \alpha_3 < \alpha_4$，并定义：

$$Satisfaction_i = \begin{cases} 1, & Satisfaction_i^* < \alpha_1 \\ 2, & \alpha_1 \leqslant Satisfaction_i^* < \alpha_2 \\ 3, & \alpha_2 \leqslant Satisfaction_i^* < \alpha_3 \\ 4, & \alpha_3 \leqslant Satisfaction_i^* < \alpha_4 \\ 5, & \alpha_4 \leqslant Satisfaction_i^* \end{cases} \tag{7–2}$$

如果随机扰动项 ε_i 服从标准正态分布，那么本章可以得到大学毕业生主观感知满意度的条件概率分布，具体表示如式（7-3）：

$$
\begin{aligned}
&\Pr(Satisfaction=1/X)=\Pr(Satisfaction^*<\alpha_1)=\phi[\alpha_1-f(X)]\\
&\Pr(Satisfaction=2/X)=\Pr(\alpha_1\leqslant Satisfaction^*<\alpha_2)\\
&\qquad\qquad=\phi[\alpha_2-f(X)]-\phi[\alpha_1-f(X)]\\
&\Pr(Satisfaction=3/X)=\Pr(\alpha_2\leqslant Satisfaction^*<\alpha_3)\\
&\qquad\qquad=\phi[\alpha_3-f(X)]-\phi[\alpha_2-f(X)]\\
&\Pr(Satisfaction=4/X)=\Pr(\alpha_3\leqslant Satisfaction^*<\alpha_4)\\
&\qquad\qquad=\phi[(\alpha_4-f(X)]-\phi[\alpha_3-f(X)]\\
&\Pr(Satisfaction=5/X)=\Pr(\alpha_4\leqslant Satisfaction^*)\\
&\qquad\qquad=1-\phi[\alpha_4-f(X)]
\end{aligned}
\tag{7-3}
$$

其中，$\phi(\bullet)$为标准正态分布的分布函数，$f(X)=\beta_i Type_i+X_i'\gamma_i$。在有序 Pr*obit* 模型中，如果随机扰动项与解释变量相互独立，那么采用极大似然法对参数进行估计，将会得到一致估计量。

7.1.3 变量描述

本章的被解释变量为大学毕业生主观感知满意度，重点选取了整体工作满意度、晋升机会满意度、工作环境满意度作为就业质量主观感知满意度的代理变量。调查问卷中关于整体工作满意度的问题为：“总的来说，您的工作满意度如何？”。本章将该问题对应选项赋值如下：用1表示“非常不满意”、用2表示“不太满意”、用3表示“一般”、用4表示“比较满意”、用5表示“非常满意”，数值越大代表大学毕业生整体工作满意度越强。与之类似，晋升机会满意度和工作环境满意度的问题分别为：“您对目前工作晋升机会的评价是？”和“您对目前工作环境的评价是？”，并将非常不满意、不太满意、一般、比较满意、非常满意分别赋值为1—5。

核心解释变量为单位类型。本章对单位类型考虑两种情况：一种是国有单位，包括国家机关、事业单位和国有企业；另一种是非国有单位，包括民营、私营、外资、合资企业。本章将国有单位赋值为1，非国有单位赋值为0。考虑到大学毕业生主观感知满意度还受到其他控制因素的影响，因此，本章同时引入性别变量、年龄变量、户籍状况变量、受教育年限变量、政治面貌变量、婚姻状况变量、周工作时间变量、医疗保险和养老保险变量。在数据赋值方面，关于性别变量，用1代表男性，用0代表女性；关于户籍状况变量，用1代表城镇户籍大学毕业生，用0代表农村户籍大学毕业生；关于受教育年限变量，用15年表示大专，用16年表示本科，19年表示研究生及以上；关于政治面貌变量，用1表示中共党员，用0表示非党员；关于婚姻状况变量，用1表示已婚或同居，用0表示其他；关于周工作时间变量，本章取大学毕业生周工作小时数；关于医疗保险和养老保险变量，用1表示大学毕业生参加医疗保险和养老保险，用0表示未参保。此外，本章还引入了年份虚拟变量和地区虚拟变量，其中区域虚拟变量是以西部地区为基准区域，引入两个区域虚拟变量中部地区，东部地区。年份虚拟变量是以2012年为基准年份，引入两个年份虚拟变量2014年、2016年。以上所有变量的描述性统计分析见表7–1。

表7–1　　变量的描述性统计分析

解释变量	均值	标准差	最小值	最大值
整体工作满意度	3.413	1.476	1.000	5.000
晋升机会满意度	3.476	1.503	1.000	5.000

续表

解释变量	均值	标准差	最小值	最大值
工作环境满意度	4.125	1.632	1.000	5.000
单位类型（国有单位=1）	0.319	0.207	0.000	1.000
性别（男性=1）	0.539	0.492	0.000	1.000
年龄	25.183	10.511	22.000	35.000
户籍状况（城镇户籍=1）	0.547	0.441	0.000	1.000
受教育年限	15.717	3.670	15.000	19.000
政治面貌（党员=1）	0.331	0.128	0.000	1.000
婚姻状况	0.687	0.458	0.000	1.000
周工作时间	45.416	14.851	20.000	72.000
医疗保险	0.710	0.645	0.000	1.000
养老保险	0.723	0.612	0.000	1.000

资料来源：根据CLDS 2012年、2014年和2016年混合截面数据计算所得。下同。

由表7–1可知，总体大学毕业生整体工作满意度为3.413，接近一般；总体大学毕业生晋升机会满意度为3.476，也接近一般水平；总体大学毕业生工作环境满意度为4.125，接近比较满意水平。总体大学毕业生在国有单位工作的占比31.9%，在非国有单位工作的大学毕业生占比68.1%。关于性别，总体中男性占比53.9%，女性占比46.1%。总体大学毕业生平均年龄为25.183，总体大学毕业生中城镇户籍占比0.547，非城镇户籍占比0.453；总体平均受教育年限为15.717，这可能与总体大学毕业生中有44.63%的为大专学历，有49.94%的为本科学历，仅有5.43%的为研究生及以上学历有关。对于政治面貌变量，总体大学毕业生中党员比例为0.331，非党员比例为0.669，可见，大学毕业生中非党员的占比居多。对于婚姻状况，总体大学毕业生中已婚占比0.687，未婚占比0.313。对于周工作时间，总体大学毕业生平均每周工作时间为45.416小时，超过法定周工作时间，最大值为每周工作72小时，最小值为每周工作20小时。对于医疗保险和养老保险，总体大学毕业生参加医疗保险和养老保险的比例分别为0.710和0.723，可见大学毕业生参加医疗保险和养老保险的比例仍然有提升的空间。

7.2 单位类型对主观感知满意度影响的有序Probit回归分析

7.2.1 单位类型对总体主观感知满意度的影响

本章重点选取整体工作满意度、晋升机会满意度和工作环境满意度作为大学毕业生主观感知满意度的代理变量。下面，分别汇报单位类型对总体大学毕业生主观感知满意度三个维度的影响。

（1）单位类型对整体工作满意度的影响

首先采用有序Probit方法回归分析单位类型（国有单位=1）对大学毕业生整体工作满意度的影响，同时，本章也汇报了当取各个解释变量的均值时单位类型对大学毕业生整体工作满意度的边际影响结果，具体回归结果如表7–2所示。

表7–2 单位类型对整体工作满意度影响的有序Probit回归结果

解释变量	回归系数	边际效果				
		非常不满意	不太满意	一般	比较满意	非常满意
国有单位	0.143*** （0.027）	–0.018*** （0.001）	–0.026*** （0.007）	0.034*** （0.010）	0.028*** （0.003）	0.014*** （0.002）
性别	–0.037 （0.046）	0.007 （0.008）	0.013 （0.020）	–0.018 （0.019）	–0.011 （0.012）	–0.007 （0.009）

续表

解释变量	回归系数	边际效果				
		非常不满意	不太满意	一般	比较满意	非常满意
年龄	0.008** (0.004)	−0.002** (0.001)	−0.002** (0.001)	0.004** (0.002)	0.002** (0.001)	0.004** (0.002)
户籍状况	−0.078 (0.081)	0.012 (0.011)	0.023 (0.031)	−0.030 (0.033)	−0.024 (0.021)	−0.010 (0.018)
受教育年限	0.004** (0.002)	−0.002 (0.002)	−0.004* (0.003)	0.002** (0.001)	0.002** (0.001)	0.004** (0.002)
政治面貌	0.110** (0.055)	−0.014** (0.007)	−0.029* (0.016)	0.026** (0.013)	0.038* (0.021)	0.014** (0.007)
婚姻状况	0.076 (0.090)	−0.013 (0.009)	−0.024 (0.017)	0.027 (0.029)	0.020 (0.018)	0.007 (0.006)
周工作时间	−0.046*** (0.013)	0.005*** (0.001)	0.010** (0.005)	−0.022*** (0.003)	−0.016*** (0.002)	−0.018*** (0.004)
医疗保险	0.028** (0.014)	−0.004** (0.002)	−0.008** (0.004)	0.002** (0.001)	0.004** (0.002)	0.002** (0.001)
养老保险	0.121* (0.070)	−0.030* (0.017)	−0.016* (0.009)	0.036* (0.021)	0.041** (0.019)	0.009* (0.005)
2014年	0.031** (0.012)	−0.004* (0.002)	−0.005** (0.002)	0.008** (0.003)	0.010** (0.004)	0.009* (0.005)
2016年	0.045** (0.018)	−0.006* (0.003)	−0.009* (0.004)	0.012** (0.005)	0.013** (0.005)	0.011** (0.004)
中部地区	0.027** (0.011)	−0.002 (0.004)	−0.007* (0.003)	0.009** (0.004)	0.014** (0.006)	0.006* (0.003)
东部地区	0.039** (0.015)	−0.005* (0.003)	−0.008* (0.004)	0.012* (0.006)	0.015*** (0.003)	0.010** (0.004)
观测值	8156	8156	8156	8156	8156	8156

注：括号内数值为标准误差，***、**、*表示在1%、5%和10%水平上显著。下同。

从表7-2可以得出以下结论：

第一，在其他变量不变的情况下，大学毕业生在国有单位工作对其整体工作满意度产生正向影响，且在1%水平上显著，这表明单位类型是影响大学毕业生整体工作满意度的重要因素。如果大学毕业生能够在国有单位工作，会显著提升他们的整体工作满意度，该发现与研究假设4的预期相一致。与非国有单位相比，国有单位的工资福利待遇好、工作稳定性强，这是很多大学毕业生优先考虑选择国有单位工作的原因。从具体的边际效果来看，如果大学毕业生在国有单位工作，那么会对其评价为“非常不满意”和“不太满意”的整体工作满意度概率会分别降低1.8个和2.6个百分点，而对其整体工作满意度评价为“一般”、“比较满意”以及“非常满意”的概率会分别提升3.4个、2.8个和1.4个百分点。因此，为了提高大学毕业生整体工作满意度，应该努力改善非国有单位就业环境，提高在非国有单位工作的大学毕业生工作满意度。

第二，个人特征变量显示，性别和户籍状况对整体工作满意度具有负向效应，这表明与女大学毕业生和农村户籍大学毕业生相比，男大学毕业生和城镇户籍大学毕业生整体工作满意程度会相对更低。一个可能的解释是，男大学毕业生和城镇户籍大学毕业生的预期相对较高，而预期实现程度相对较低，致使他们的工作满意度低于女大学毕业生和农村户籍大学毕业生。但是由于性别和户籍状况变量系数在统计意义上不显著，所以这一结果也可能会随着样本的变化而发生改变。通过回归结果还可以反映出，年龄因素、受教育年限越长、政治面貌为党员、婚姻变量均会对整体工作满意度产生积极促进作用，而且除了婚姻状况变量不显著之外，其他变量都在统计意义上显著。这意味着随着大学毕业生年龄和受教育年限的增加，会在一定程度上提升整体工作满意度；政治面貌为党员的大学毕业生整体工作满意度高于非党员；已婚的大学毕业生整体工作满意度高于未婚者。这可能是由于随着年龄增加，大学毕业生的工作熟练程度越来越强；随着受教育年限的增加以及成为党员的政治身份会明显增加大学毕业生自身的人力资本禀赋优势，从而更有可能获得条件更好的工作岗位；已婚拥有配偶的大学毕业生的生活会更加幸福，进而对他们的整体工作满意度也会产生正向效应。

第三，工作特征变量显示，周工作时间对大学毕业生整体工作满意度的影响在1%统计意义上显著为负，表明工作时间延长会显著降低大学毕业生的整体工作满意度，这与王茜和罗进化（2014）研究结果是一致的。此外，如果企业能够提供医疗保险和养老保险，也能显著增加大学毕业生整体工作满意度。可能的解释是，如果企业能够给提供医疗和养老保险，在一定程度上则可以减少大学毕业生的预防性储蓄量并有效刺激消费水平，提升大学毕业生的生活幸福感，从而显著提升其整体工作满意度。此外，区域虚拟变量显示，与西部地区相比，在中部地区、东部地区工作会对大学毕业生整体工作满意度产生正向影响，这可能与中东部地区经济更发达、劳动力市场更完善有关。年份虚拟变量显示，与2012年相比，2014年、2016年大学毕业生的整体工作满意度有逐年增加的趋势。

（2）单位类型对晋升机会满意度的影响

前面分析了单位类型对大学毕业生整体工作满意度的影响，接下来，本章继续采用有序Probit方法对大学毕业生晋升机会满意度进行回归分析，同时也汇报了当取各个解释变量的均值时单位类型对大学毕业生晋升机会满意度的边际影响结果，具体回归结果见表7–3。

表 7–3　单位类型对晋升机会满意度影响的有序 Probit 回归结果

解释变量	回归系数	边际效果				
		非常不满意	不太满意	一般	比较满意	非常满意
国有单位	−0.053*** (0.010)	0.015** (0.006)	0.009** (0.004)	0.011*** (0.003)	−0.017** (0.009)	−0.036** (0.015)
性别	0.120*** (0.003)	−0.016** (0.008)	−0.020*** (0.001)	0.043*** (0.009)	0.027*** (0.003)	0.051*** (0.012)
年龄	0.076*** (0.012)	−0.008*** (0.001)	−0.011*** (0.003)	−0.012*** (0.001)	0.008*** (0.002)	0.010*** (0.001)
户籍状况	−0.036 (0.040)	0.020 (0.023)	0.018 (0.017)	−0.022 (0.025)	−0.010 (0.019)	−0.008 (0.012)
受教育年限	0.011*** (0.002)	−0.002*** (0.000)	−0.006** (0.003)	−0.005** (0.002)	0.007*** (0.001)	0.003*** (0.001)
政治面貌	0.020** (0.010)	−0.002** (0.001)	−0.004** (0.002)	0.003*** (0.001)	0.002** (0.001)	0.008** (0.004)
婚姻状况	0.033 (0.027)	−0.016 (0.018)	−0.012 (0.016)	0.029 (0.025)	0.014 (0.017)	0.008 (0.010)
周工作时间	−0.037*** (0.002)	0.004*** (0.001)	0.012** (0.006)	−0.016*** (0.004)	−0.009*** (0.001)	−0.010*** (0.002)
医疗保险	0.019 (0.022)	−0.009 (0.014)	−0.008 (0.021)	0.010 (0.015)	0.007 (0.009)	0.005 (0.020)
养老保险	−0.028 (0.031)	0.009 (0.007)	0.006 (0.010)	−0.008 (0.012)	−0.012 (0.018)	−0.006 (0.013)
2014年	0.027* (0.014)	−0.006 (0.005)	−0.008* (0.004)	0.010* (0.005)	0.014* (0.007)	0.015 (0.012)
2016年	0.039* (0.019)	−0.009 (0.008)	−0.012* (0.006)	0.015* (0.008)	0.014** (0.005)	0.016 (0.015)
中部地区	0.047*** (0.008)	−0.011* (0.006)	−0.013** (0.005)	0.016*** (0.002)	0.024*** (0.005)	0.026** (0.010)
东部地区	0.070*** (0.010)	−0.013* (0.006)	−0.017** (0.007)	0.021*** (0.004)	0.031*** (0.009)	0.027** (0.011)
观测值	8156	8156	8156	8156	8156	8156

从表7–3可以得出以下结论：

第一，大学毕业生在国有单位工作对其晋升机会满意度产生负向影响。与非国有单位工作的大学毕业生相比，国有单位工作的大学毕业生的晋升机会满意度相对较低。这可能是由于国有单位存在“论资排辈”现象，刚刚入职的大学毕业生晋升机会较小，而非国有单位的晋升机制比较完善，尤其是外资企业等有相对更加完善的人事岗位管理制度，职位晋升方面的奖励机制会更加合理。如果大学毕业生努力工作，且拥有较高的能力水平和综合素养，则其在非国有单位的晋升机会更大。从边际效果看，如果大学毕业生在国有单位工作，会对其晋升机会满意度评价为“非常不满意”和“不太满意”的概率分别增加1.5个和0.9个百分点，而对其晋升机会满意度评价为“一般”、“比较满意”和“非常满意”的概率分别降低1.1个、1.7个和3.6个百分点。可见，为了有效提升国有单位工作的大学毕业生晋升机会满意度，国有单位应该进一步强化晋升机制，遵循能力胜任原则，弱化“论资排辈”现象。

第二，其他控制变量显示，性别、年龄、政治面貌及受教育年限均对大学毕业生晋升机会满意度产生正向影响，这表明与女大学毕业生相比，男大学毕业生的晋升机会满意度会更高；同时，年龄的增长、政治面貌为党员、受教育年限增加均有利于提升大学毕业生的晋升机会满意度。这可能是由于随着年龄增长，大学毕业生的工龄和技能经验均得到显著提升，党员的政治素养和学历水平增加意味着大学毕业生有更强的人力资本禀赋，往往会有更好的晋升机会。此外，婚姻状况和户籍状况对大学毕业生晋升机会满意度影响不显著，表明大学毕业生是否已婚和是否为城镇户籍不会明显影响他们的晋升机会。工作时间对晋升机会满意度有负向影响，医疗保险和养老保险对晋升机会满意度影响不显著。对于年份虚拟变量，与2012年相比，2014年、2016年大学毕业生晋升机会满意度逐年增加，且在10%水平上显著；对于区域虚拟变量，与西部地区相比，在中部、东部地区工作会对大学毕业生晋升机会满意度产生正向影响，这可能是由于中部、东部区域经济相对更发达，劳动力市场中更具有活力，相对而言升职加薪机会往往会更多。

（3）单位类型对工作环境满意度的影响

为了进一步分析单位类型对大学毕业生工作环境满意度的影响，本章继续采用有序Probit方法对工作环境满意度进行回归，同时，也汇报了当取各个解释变量的均值时单位类型对大学毕业生工作环境满意度的边际影响结果，具体回归结果见表7–4。

表 7–4 单位类型对工作环境满意度影响的有序 Probit 回归结果

解释变量	回归系数	边际效果				
		非常不满意	不太满意	一般	比较满意	非常满意
国有单位	0.128*** （0.009）	–0.012*** （0.002）	–0.009*** （0.001）	–0.010*** （0.001）	0.014*** （0.003）	0.020*** （0.005）
性别	–0.010*** （0.005）	0.002** （0.001）	0.004** （0.002）	0.009*** （0.001）	–0.003*** （0.001）	–0.001*** （0.000）
年龄	–0.013 （0.042）	0.001 （0.004）	0.005 （0.007）	0.004 （0.010）	–0.002 （0.008）	–0.003 （0.013）
户籍状况	0.007 （0.009）	–0.000 （0.000）	–0.006 （0.011）	–0.002 （0.001）	0.003 （0.005）	0.004 （0.019）
受教育年限	0.009* （0.005）	–0.002** （0.001）	–0.004** （0.002）	–0.005* （0.003）	0.002** （0.001）	0.002** （0.001）
政治面貌	0.019** （0.009）	–0.010** （0.005）	–0.006** （0.003）	0.009*** （0.001）	0.008** （0.004）	0.011** （0.006）
婚姻状况	0.011 （0.014）	–0.003 （0.005）	–0.002 （0.010）	–0.005 （0.009）	0.003 （0.011）	0.001 （0.004）

续表

解释变量	回归系数	边际效果				
		非常不满意	不太满意	一般	比较满意	非常满意
周工作时间	−0.008** (0.004)	0.006*** (0.001)	0.006* (0.004)	0.007*** (0.001)	−0.090* (0.060)	−0.003 (0.005)
医疗保险	−0.022 (0.029)	0.010 (0.014)	0.009 (0.011)	−0.012 (0.015)	−0.008 (0.013)	−0.007 (0.010)
养老保险	0.018 (0.021)	−0.008 (0.013)	−0.005 (0.009)	0.007 (0.014)	0.009 (0.017)	0.008 (0.011)
2014年	0.038* (0.019)	−0.010* (0.005)	−0.013* (0.007)	0.016* (0.008)	0.011* (0.006)	0.015* (0.008)
2016年	0.062** (0.024)	−0.013* (0.007)	−0.010** (0.004)	0.025** (0.010)	0.021** (0.008)	0.017* (0.009)
中部地区	0.034** (0.013)	−0.008** (0.004)	−0.012** (0.005)	0.014*** (0.003)	0.025*** (0.006)	0.028** (0.011)
东部地区	0.081** (0.032)	−0.014* (0.007)	−0.020** (0.008)	0.024*** (0.005)	0.035*** (0.010)	0.041** (0.016)
观测值	8156	8156	8156	8156	8156	8156

从表7–4可以得出以下结论：

第一，大学毕业生在国有单位工作对其工作环境满意度产生正向影响，即国有单位工作显著提高大学毕业生工作环境满意度。从边际效果来看，大学毕业生在国有单位工作，其对工作环境满意度评价为“非常不满意”、“不太满意”和“一般”的概率分别下降1.2个、0.9个和1.0个百分点，评价为“比较满意”和“非常满意”的概率分别提升1.4个和2.0个百分点。这可能是由于与非国有单位的工作相比较，国有单位的总体工作场所、办公条件以及单位人际关系等社会环境比较优越。因此，为了有效提高整体大学毕业生的工作环境满意度，积极规范劳动力市场，改善非国有单位的工作环境，努力构建更为和谐的人际关系具有重要的现实意义。

第二，其他控制变量显示，性别对大学毕业生工作环境满意度产生负向影响，这表明与男大学毕业生相比，女大学毕业生的工作环境满意度会更高，这可能是由于女大学毕业生更倾向于从事条件相对更好的室内工作，而男大学毕业生从事室外工作的可能性更大。在室外工作时，工作环境中不安全因素增多，因此男大学毕业生的工作环境满意度较低。年龄、户籍、婚姻状况、医疗保险、养老保险对大学毕业生工作环境满意度的影响不显著，受教育年限、政治面貌对大学毕业生工作环境满意度的影响显著为正，表明提高受教育年限、政治面貌为党员更有利于增强大学毕业生的工作环境满意度。周工作时间对大学毕业生工作环境满意度显著为负，表明周工作时间越长越会明显降低大学毕业生的工作环境满意度。年份虚拟变量显示，与2012年相比，2014年、2016年随着年份的推进大学毕业生的工作环境满意度逐年增加，表明大学毕业生工作环境满意度有逐渐改善的趋势。区域虚拟变量显示，与西部地区相比，中部、东部地区工作会对大学毕业生工作环境满意度产生正向影响，可能是由于中部、东部地区劳动力市场更发达，整体工作环境相对更好有关。

7.2.2 性别分样本回归结果

前文的分析是将所有的样本放在一起进行的有序Probit回归分析，得到的结论是单位类型对大学毕业生主观感知满意度影响的平均效应。考虑到不同性别的回归结果可能存在差异，因此，本章将全样本分为男性样本和女性样本，进一步分析了单位类型对大学毕业生主观感知满意度的影响是否存在性别异质性，具体回归结果见表7–5。

表 7–5　　性别分样本有序 Probit 回归结果

解释变量				整体工作满意度	晋升机会满意度	工作环境满意度
女性	国有单位	回归系数		0.157*** （0.012）	–0.046*** （0.009）	0.141*** （0.025）
		边际效果	非常不满意	–0.023*** （0.003）	0.011** （0.004）	–0.016*** （0.004）
			不太满意	–0.041*** （0.009）	0.006** （0.003）	–0.012*** （0.003）
			一般	0.039*** （0.012）	0.008*** （0.002）	–0.014*** （0.002）
			比较满意	0.034*** （0.006）	–0.012** （0.005）	0.017*** （0.005）
			非常满意	0.019*** （0.003）	–0.027** （0.010）	0.023*** （0.007）
	控制变量			YES	YES	YES
	观测值			3760	3760	3760
男性	国有单位	回归系数		0.083*** （0.006）	–0.069*** （0.007）	0.092*** （0.015）
		边际效果	非常不满意	–0.015*** （0.002）	0.018*** （0.001）	–0.009*** （0.002）
			不太满意	–0.022*** （0.005）	0.011** （0.004）	–0.007*** （0.001）
			一般	0.027*** （0.008）	0.013*** （0.001）	–0.009** （0.004）
			比较满意	0.025*** （0.007）	–0.019** （0.007）	0.012*** （0.003）
			非常满意	0.010** （0.004）	–0.044** （0.017）	0.018*** （0.006）
	控制变量			YES	YES	YES
	观测值			4396	4396	4396

从表7–5可以得出以下结论：

第一，性别分样本回归系数来看，无论是女大学毕业生还是男大学毕业生，国有单位工作都会显著提升他们的整体工作满意度和工作环境满意度，而对他们的晋升机会满意度却产生负向影响，这和全样本的回归结果一致。这表明国有单位工作会显著影响大学毕业生的主观感知满意度。总的来说，选择国有单位工作会提高他们的整体工作满意度和工作环境满意度，如果考虑到晋升机会满意度，大学毕业生对其评价比较低，从而也揭示了当下国有单位晋升机制相对不完善、员工的晋升机会满意度较低的现状。

第二，性别分样本边际效果显示，如果女大学毕业生在国有单位工作，那么其对整体工作满意度评价为“一般”、“比较满意”以及“非常满意”的概率会分别提升3.9个、3.4个和1.9个百分点，而如果男大学毕业生在国有单位工作，其对整体工作满意度评价为“一般”、“比较满意”及“非常满意”的概率仅分别提升2.7个、2.5个和2.0个百分点。同时，与男生相比，女大学毕业生在国有单位工作会使其工作环境满意度评价为“比较满意”和“非常满意”概率的提升程度更高，即表明国有单位工作的女大学毕业生整体工作满意度和工作环境满意度显著高于男大学毕业生。这与国有单位的工作特点相关，在国有单位工作，工作压力较小，工作稳定性较强，福利待遇也比较优越，女大学毕业生的预期实现程度相对较高，所以女大学毕业生在国有单位工作时整体满意程度更高。

第三，从晋升机会满意度的边际效果来看，与女生相比较，男大学毕业生在国有单位工作会使其晋升机会满意度评价为“非常不满意”“不太满意”的概率显著更高，即分别提升1.8个和1.1个百分点，表明国有单位对男大学毕业生的负向影响大于女大学毕业生，这可能是男大学毕业生承担的家庭社会责任更多，预期目标更大，更期望能快速晋升，而现实预期的实现程度却较小，因此男大学毕业生的晋升机会满意度更低。其他控制变量的回归系数与全样本回归结果基本一致，本章不再详细叙述。

7.2.3 不同年份样本回归结果

前面是对3年混合截面数据进行的回归分析，为了更细致考察单位类型对大学毕业生主观感知满意度影响的年份变化趋势，本章接下来对2012年、2014年、2016年进行分年份样本有序Probit回归，具体回归结果如表7–6所示。

表 7–6 不同年份样本有序 Probit 回归结果

年份	解释变量			整体工作满意度	晋升机会满意度	工作环境满意度
2012	国有单位	回归系数		0.084*** （0.111）	–0.079*** （0.014）	0.105*** （0.007）
		边际效果	非常不满意	–0.013*** （0.001）	0.020** （0.008）	–0.009*** （0.001）
			不太满意	–0.021*** （0.004）	0.013** （0.005）	–0.007** （0.003）
			一般	0.027** （0.010）	0.015*** （0.004）	–0.009*** （0.002）
			比较满意	0.022*** （0.005）	–0.019** （0.007）	0.012*** （0.003）
			非常满意	0.011*** （0.001）	–0.042** （0.016）	0.017*** （0.004）
	控制变量			YES	YES	YES
	观测值			2420	2420	2420

续表

年份	解释变量			整体工作满意度	晋升机会满意度	工作环境满意度
2014	国有单位	回归系数		0.132*** （0.026）	-0.057*** （0.011）	0.129*** （0.010）
		边际效果	非常不满意	-0.017*** （0.002）	0.016** （0.006）	-0.012*** （0.002）
			不太满意	-0.025*** （0.005）	0.010** （0.004）	-0.011** （0.004）
			一般	0.035*** （0.009）	0.012** （0.005）	-0.010** （0.004）
			比较满意	0.029*** （0.007）	-0.017** （0.007）	0.015*** （0.001）
			非常满意	0.013*** （0.002）	-0.034** （0.013）	0.021*** （0.005）
	控制变量			YES	YES	YES
	观测值			3114	3114	3114
2016	国有单位	回归系数		0.159*** （0.032）	-0.041** （0.016）	0.146*** （0.012）
		边际效果	非常不满意	-0.020*** （0.003）	0.012** （0.005）	-0.014*** （0.003）
			不太满意	-0.029*** （0.006）	0.007*** （0.002）	-0.010*** （0.002）
			一般	0.037*** （0.012）	0.009** （0.004）	-0.007** （0.003）
			比较满意	0.031*** （0.008）	-0.015** （0.006）	0.016*** （0.004）
			非常满意	0.017*** （0.003）	-0.030** （0.012）	0.023*** （0.006）
	控制变量			YES	YES	YES
	观测值			2622	2622	2622

由表7-6回归结果可知，第一，2012—2016年，随着年份推进，国有单位工作对大学毕业生整体工作满意度、工作环境满意度均呈显著正向影响。从边际效果来看，2012年、2014年、2016年大学毕业生在国有单位工作会使其整体工作满意度评价为“比较满意”的概率依次提升2.2个、2.9个、3.1个百分点，呈逐年上升趋势；与此同时，2012年、2014年、2016年大学毕业生在国有单位工作会使其工作环境满意度评价为“非常满意”的概率依次提升1.7个、2.1个、2.3个百分点。由此可见，随着年份推进，大学毕业生选择在国有单位工作，能够提高其整体工作满意度和工作环境满意度，这也是近年来越来越多的大学毕业生选择国考，争夺“铁饭碗”的原因。

第二，对于晋升机会满意度，2012—2016年，国有单位工作对大学毕业生晋升机会满意度的负向影响及显著性呈逐渐递减趋势；从边际效果来看，2012年、2014年、2016年，大学毕业生在国有单位工作会使其晋升机会满意度评价为“非常不满意”的概率依次降低为2.0个、1.6个、1.2个百分点，评价为“不太满意”的概率依次降低为1.3个、1.0个、0.7个百分点。这表明随着年份推进大学毕业生在国有单位工作面临的晋升难、提拔机会少的现象有所改善，这可能与近几年国有企业不断深化改革和进行科学化管理，构建合理的人才竞争机制，从而使整体人事安排不断优化有关。

7.3 稳健性检验

为了检验前面的回归结果是否具有稳健性，接下来，本章进行两组稳健性检验：一是工具变量法；二是替换变量法。

7.3.1 工具变量法

本章首先运用工具变量法进行内生性检验。单位类型和大学毕业生主观感知满意度之间可能存在不容忽视的内生性问题，即主观感知满意度越高的大学毕业生在国有单位工作的可能性越大，而国有单位工作又会对其主观感知满意度产生一定的影响。两者之间存在互相影响的可能性，从而导致估计结果是有偏的。为了得到一致的估计量，解决内生性问题的一个有效办法是寻找合适的工具变量。本章采用父母单位类型作为大学毕业生单位类型的工具变量，其中父亲或母亲有一方的单位类型为国有单位，则将父母单位类型变量赋值为1，父亲和母亲的单位类型都是非国有单位时，赋值为0。主要原因是父亲或母亲有一方在国有单位工作时，其孩子在国有单位工作的可能性较大，而父母单位类型是外在变量，即满足工具变量的基本假定。本章进行过度识别检验的P值为0.722，故接受原假设，认为父母单位类型为外生的。同时第一阶段回归的F统计量为97.001，远远超过了经验切割点10，这表明父母单位类型不是大学毕业生单位类型的弱工具变量。更具体地，本章分别对总体、分性别以及不同年份样本，考察单位类型对大学毕业生主观感知满意度影响的工具变量回归分析，具体回归结果见表7–7。

由表7–7可知，无论是总体还是分性别、不同年份样本，第一阶段回归结果显示父母单位类型对大学毕业生单位类型的影响均显著为正，表明父母单位类型与大学毕业生单位类型存在强相关关系，符合前文的分析。第二阶段回归结果显示，国有单位工作对总体、男性、女性大学毕业生整体工作满意度和工作环境满意度的影响均在统计意义上显著为正，即国有单位工作可以显著提高大学毕业生整体工作满意度和工作环境满意度，

表 7–7　　总体及各分样本工具变量回归结果

变量/分组		总体			女性			男性		
		国有单位	国有单位	国有单位	国有单位	国有单位	国有单位	国有单位	国有单位	国有单位
第一阶段回归	父母单位类型	0.312** （0.155）	0.133** （0.002）	0.401* （0.224）	0.278*** （0.016）	0.190** （0.094）	0.325* （0.171）	0.423** （0.211）	0.162* （0.090）	0.210* （0.116）
		整体工作满意度	晋升机会满意度	工作环境满意度	整体工作满意度	晋升机会满意度	工作环境满意度	整体工作满意度	晋升机会满意度	工作环境满意度
第二阶段回归	国有单位	0.073** （0.036）	−0.059** （0.029）	0.121*** （0.010）	0.108*** （0.019）	−0.044** （0.022）	0.090*** （0.008）	0.066*** （0.002）	−0.078** （0.039）	0.073*** （0.004）
	控制变量	YES	YES	YES	YES	YES	YES	YES	YES	YES
	观测值	8156	8156	8156	3760	3760	3760	4396	4396	4396
变量/分组		2012年			2014年			2016年		
		国有单位	国有单位	国有单位	国有单位	国有单位	国有单位	国有单位	国有单位	国有单位
第一阶段回归	父母单位类型	0.371** （0.143）	0.140** （0.055）	0.306* （0.156）	0.325** （0.127）	0.164** （0.064）	0.427** （0.166）	0.262** （0.102）	0.187** （0.073）	0.391** （0.152）
		整体工作满意度	晋升机会满意度	工作环境满意度	整体工作满意度	晋升机会满意度	工作环境满意度	整体工作满意度	晋升机会满意度	工作环境满意度
第二阶段回归	国有单位	0.051** （0.019）	−0.068*** （0.010）	0.081*** （0.012）	0.092** （0.036）	−0.044** （0.017）	0.103*** （0.008）	0.113*** （0.010）	−0.035** （0.014）	0.120*** （0.009）
	控制变量	YES	YES	YES	YES	YES	YES	YES	YES	YES
	观测值	2420	2420	2420	3114	3114	3114	2622	2622	2622

而国有单位工作对大学毕业生晋升机会满意度具有显著负向影响。分年份样本回归结果显示，2012年、2014年、2016年，大学毕业生在国有单位工作对其整体工作满意度和工作环境满意度的影响也均显著为正，而对各年份晋升机会满意度的影响均显著为负，该回归结论也与前面相一致。此外，其他控制变量的回归系数符号与前文的结果基本一致，本章不再详细叙述。

7.3.2　替换变量法

前面分析是将整体工作满意度、晋升机会满意度和工作环境满意度作为大学毕业生主观感知满意度的代理变量，接下来，本章利用大学毕业生的主观幸福感作为主观感知满意度的代理变量，主观幸福感的取值为1—5，幸福感依次上升，进一步分析单位类型（国有单位=1）对总体、男性、女性以及不同年份样本大学毕业生主观幸福感的影响。具体回归结果见表7-8。

表7-8　单位类型对各群体主观幸福感影响的回归结果

解释变量		回归系数	边际效果				
			非常不满意	不太满意	一般	比较满意	非常满意
总体	国有单位	0.030*** （0.004）	−0.007** （0.003）	−0.005*** （0.001）	0.004*** （0.001）	0.008*** （0.002）	0.009*** （0.003）
	控制变量	YES	YES	YES	YES	YES	YES
	观测值	8156	8156	8156	8156	8156	8156
女性	国有单位	0.051*** （0.006）	−0.008** （0.003）	−0.006*** （0.002）	0.005*** （0.001）	0.010*** （0.003）	0.012*** （0.004）
	控制变量	YES	YES	YES	YES	YES	YES
	观测值	3760	3760	3760	3760	3760	3760

续表

解释变量		回归系数	边际效果				
			非常不满意	不太满意	一般	比较满意	非常满意
男性	国有单位	0.022*** (0.003)	−0.005** (0.002)	−0.004*** (0.001)	0.003*** (0.001)	0.006*** (0.002)	0.007*** (0.003)
	控制变量	YES	YES	YES	YES	YES	YES
	观测值	4396	4396	4396	4396	4396	4396
2012年	国有单位	0.020*** (0.002)	−0.003** (0.001)	−0.002*** (0.000)	0.003** (0.001)	0.007*** (0.002)	0.008** (0.003)
	控制变量	YES	YES	YES	YES	YES	YES
	观测值	2420	2420	2420	2420	2420	2420
2014年	国有单位	0.035*** (0.003)	−0.005** (0.001)	−0.004*** (0.001)	0.007** (0.003)	0.009*** (0.002)	0.011*** (0.003)
	控制变量	YES	YES	YES	YES	YES	YES
	观测值	3114	3114	3114	3114	3114	3114
2016年	国有单位	0.062*** (0.005)	−0.007*** (0.002)	−0.006*** (0.002)	0.005** (0.002)	0.012*** (0.004)	0.013** (0.005)
	控制变量	YES	YES	YES	YES	YES	YES
	观测值	2622	2622	2622	2622	2622	2622

从表7–8可知，在控制变量不变的情况下，核心解释变量国有单位工作对总体大学毕业生主观幸福感的影响在1%水平上显著为正，这表明国有单位工作可以显著提升大学毕业生主观幸福感，大学毕业生在国有单位工作，其主观幸福感较高。分性别样本回归结果显示，在其他控制变量不变的情况下，国有单位工作对女大学毕业生主观幸福感的正向影响显著大于男大学毕业生，即表明与男生相比较，国有单位工作对女大学毕业生

整体主观幸福感的影响程度更高，这与前面分性别样本回归结论相一致。分年份样本回归结果显示，2012—2016年，随着年份推进，国有单位工作对大学毕业生整体主观幸福感的影响呈逐年上升趋势，进一步证实了前面的结论。总之，以主观感知满意度作为测量大学毕业生的就业质量影响维度时，总体而言，国有单位工作会提升大学毕业生的主观感知满意度和就业质量状况，这与前面提出的研究假设4预期结果相一致。

7.4　本章小结

本章使用2012年、2014年和2016年中国劳动力动态调查（CLDS）数据，以整体工作满意度、晋升机会满意度和工作环境满意度作为大学毕业生主观感知满意度的代理指标，首先利用有序Probit回归分析单位类型对就业质量主观感知满意度的影响，并对性别分样本和不同年份样本做了进一步异质性分析，然后采用工具变量法和变量替换法进行了两组稳健性检验，得到以下结论：

第一，大学毕业生在国有单位工作对其整体工作满意度和工作环境满意度产生显著正向影响。然而国有单位工作对大学毕业生晋升机会满意度产生显著负向影响，即与非国有单位工作的大学毕业生相比，国有单位工作的大学毕业生的晋升机会满意度相对较低。可能的解释是，与非国有单位的工作相比较，国有单位的工资福利待遇好、工作稳定性强、总体工作环境以及单位人际关系等社会环境比较优越；但国有单位存在较严重的“论资排辈”现象，相对而言非国有单位的晋升机制比较完善、职位晋升方面的奖励机制更加合理。

第二，性别分样本回归结果显示，国有单位工作对女大学毕业生整体工作满意度和工作环境满意度的影响大于男大学毕业生，而对于晋升机会满意度来说，国有单位对男大学毕业生的负向影响大于女大学毕业生，可能的解释是，在国有单位工作，工作压力较小，工作稳定性较强，福利待遇也比较优越，女大学毕业生的预期实现程度相对较高，所以女大学毕业生在国有单位工作时整体工作满意程度更高；同时，男大学毕业生事业心更强，更期望能快速晋升，而现实预期的实现程度却较小，导致其晋升机会满意度更低。

第三，不同年份样本回归结果显示，2012—2016年，随着年份推进，国有单位工作对大学毕业生整体工作满意度、工作环境满意度均呈显著正向影响。从边际效果来看，对两者评价为“比较满意”和“非常满意”的概率均呈逐年上升趋势。国有单位工作对大学毕业生晋升机会满意度均为负向影响。从边际效果来看，对其评价为“非常不满意”和“不太满意”的概率逐年下降。可见，随着年份推进，由于国有企业不断深化改革和科学化管理，晋升难的现象有所改善，大学毕业生选择在国有单位工作能够提高其整体主观感知满意度。

此外，对总体和不同性别、年份分样本，利用父母单位类型作为工具变量以及大学毕业生的主观幸福感作为其主观感知满意度的替代变量，分别进行了两组稳健性检验，发现检验结果与前面结论相一致，且以主观感知满意度作为测量大学毕业生的就业质量维度时，总体而言，国有单位工作会提升大学毕业生的主观感知满意度和就业质量，这也进一步证实了研究假设4的预期。

8 研究结论、政策启示与研究展望

本书聚焦数字经济时代，首先，以大学毕业生就业质量为研究对象，使用2012年、2014年、2016年中国劳动力动态调查数据（CLDS），基于阿玛蒂亚·森可行能力理论和主客观相结合、宏微观相结合的原则选取指标，构建了大学毕业生就业质量指标评价体系，并对总体及异质性分样本大学毕业生就业质量进行了测算和比较，同时对总体及分年份样本大学毕业生就业质量综合影响因素进行回归分析，发现问题并提出研究假设。

其次，利用省级宏观数据与微观调查数据相匹配，实证分析了数字经济发展对大学毕业生就业质量的影响，并从工资水平、健康状况和主观感知满意度三个衡量就业质量的功能性活动出发，为了进一步检验研究假设，在分析就业质量性别工资差异分解时，主要基于教育培训视角分析其对总体及不同院校层次大学毕业生工资水平的影响，重点比较分析了教育层次和异质性培训的工资效应，在OLS均值回归基础上，采用Cotton分解、Neumark分解对总体及不同院校层次性别工资差异进行分解，以考察工资均值位置上性别工资差异及其影响因素贡献度；同时，采用分位数回归方法对不同年份性别工资方程进行回归，在分位数回归基础上，进一步采用分位数分解方法进行性别工资差异分解，以期深入考察在工资条件分布的不同位置上性别工资差异及其影响因素的贡献度。在分析就业质量工时健康差异分解时，主要基于工作时间视角分析其对就业质量健康状况维度的影响，以自评健康、心理健康和BMI指数作为健康状况的代理指标，采用Logistic回归分析工作时间对总体、异质性工时群体、分年份样本健康状况各代理指标的影响；同时，在二元离散变量Logistic回归基础上，利用Fairlie非线性分解方法对正常工时群体和超时加班群体的健康差异进行因素分解，剖析工作时间对两类群体健康差异的贡献度，以及比较了不同性别、区域和分年份的工时健康差异变化特点。在分析单位类型对就业质量主观感知满意度的影响时，采用有序Probit方法重点分析了国有单位就业对整体工作满意度、晋升机会满意度、工作环境满意度造成的影响，并对不同性别、分年份样本进行异质性分析，并采用工具变量法和变量替换法进行了两组稳健性检验。

最后，本书立足数字经济时代，从政府、用人单位、高校及大学毕业生个体层面，为实现大学毕业生更高质量就业提出相应的政策建议。

8.1 研究结论

本书通过以上实证研究，概括得出了以下主要结论：

其一，总体大学毕业生就业质量得分不高，分性别、户籍、区域及各异质性群体就业质量差异较大，随着年份增加大学毕业生就业质量有逐渐递增趋势。混合截面数据显示，总体大学毕业生就业质量综合得分为3.662，男生就业质量得分为3.915，高出女生0.430；城镇就业质量得分为3.884，高出农村0.260；分区域来看，东部、中部、西部就业质量得分依次递减为3.950、3.641、3.404。从异质性教育、培训、工作时间、单位类型的就业质量差异比较来看，随着教育层次的提高，大学毕业生就业质量综合得分呈逐渐上升趋势；接受单位培训的大学毕业生就业质量得分显著高于接受政府培训的大学毕业生就业质量得分；每周工作时间在法定40小时以内的大学毕业生就业质量综合得分为3.798，明显高于超时工作群体的就业质量得分3.530。国有单位从业者就业质量得分为3.849，明显高出非国有单位从业者0.298。分年份比较来看，2012年、2014年、2016年总体大学毕业生就业质量得分依次增加为3.429、3.710、3.952。2012—2016年，分性别、户籍、区域的各群体大学毕业生就业质量得分均呈逐年递增趋势，且随年份增加，大学毕业生不同性别、城乡间、区域间就业质量差异逐渐缩小。各教育层次大学毕业生就业质量均呈逐年递增趋势；2012—2016年，政府培训、单位培训的大学毕业生就业质量均呈逐渐上升趋势，而两培训兼有的就业质量呈先上升后下降的趋势。2012—2016年，无论是法定工时还是超时加班，也无论是国有单位还是非国有单位，就业质量均呈逐年递增趋势，且有越来越多大学毕业生面临加班加点、超时工作的问题。就业质量综合影响因素回归结果显示，随着教育层次增加，对大学毕业生就业质量的影响程度不断提高；单位培训对就业质量的提升作用显著大于政府培训的提升作用，随着年份推进，两种培训均对就业质量的正向影响呈逐年递增趋势；工作时间显著降低了大学毕业生就业质量状况，随着年份推进，工作时间对大学毕业生就业质量的负向影响呈逐年增大的趋势；与非国有单位相比较，国有单位工作显著提升了大学毕业生就业质量水平。

其二，数字经济发展成为国家发展和国际竞争战略的核心，与“十三五”初期相比，数字经济规模扩张了1倍多，数字经济作为宏观经济“加速器”和“稳定器”的作用愈发凸显，数字经济成为中国经济稳定发展的重要基石。在中国数字经济发展内部，产业数字化成为数字经济发展的主引擎。伴随着人工智能、区块链、云计算、大数据、物联网等数字技术的创新演进，数字技术与实体经济深度融合，产业数字化对数字经济增长的主引擎作用更加凸显。总体来看，中国数字产业化发展正经历由量的扩张到质的提升阶段转变，中国产业数字化转型持续向纵深方向加速发展。实证分析表明，通过逐步纳入控制变量，数字经济发展仍显著提高了大学毕业生就业质量。与女性、农村户籍、中西部地区大学毕业生相比，数字经济发展更显著提高了男性、城镇户籍、东部地区大学毕业生就业质量，存在明显的群体异质性，这可能与不同城乡、地区区域间数字经济发展不平衡有关。数字经济发展对熵权法、CRITIC法、等权重法测算下的大学毕业生就业质量的影响仍显著为正，且回归系数相差不大，表明前文回归结果较为稳健。

其三，教育回报率及其性别差异与院校层次呈正相关，各年份教育回报率呈现异质性分位点效应。与大专相比，本科、研究生及以上对总体大学毕业生工资水平的正向影响逐渐增加，即随着教育层次增加教育回报率不断提高。与大专相比，研究生及以上、本科均对院校层次3大学毕业生工资水平的正向影响更大，而对院校层次2、院校层次1的大学毕业生工资水平正向影响逐渐减小，即大学毕业生教育收益率与院校层次呈正相关。分性别来看，男女大学毕业生教育收益率及其差距随着院校层次提升而增大，即相比于其他两类院校，院校层次3中男生比女生有更明显的教育回报率优势，该发现证实了研究假设1和研究假设2的预期。不同年份样本分位数回归显示，2012—2016年，随分位点上升和年份推进，与大专相比，研究生及以上对工资水平的影响系数均呈显著增加趋势；而各年份的本科对工资水平的影响系数在0.50分位点上达到最高值，呈现出先增后减倒U

形变化趋势；随着年份的推进，本科对工资水平的正向影响系数逐年缩小。在各分位点上，2012—2016年各教育层次对男生工资水平的正向影响均显著高于女生，表明男生接受同等教育程度的回报率显著高于女生。

其四，受教育年限差异和院校层次是造成大学毕业生性别工资差异的重要因素，各年份中随分位点数提升，大学毕业生性别工资总差异逐渐提高，呈现出“粘天花板”现象。工资差异分解显示，总体性别工资总差异为0.1196，劳动力市场歧视造成的系数差异占比高达85%以上，即女生往往面临着“同工不同酬”的不平等就业环境。院校层次越低，性别工资总差异和歧视程度越大。受教育年限差异是造成大学毕业生性别工资差异的重要因素，Cotton分解和Neumark分解显示，大学毕业生受教育年限的总差异值分别为0.1762和0.1785，占工资对数总差异的比例较高，男生比女生在受教育年限方面有明显的禀赋特征优势。同时，大学毕业生受教育年限的总差异值和特征差异值与院校层次呈正向变动关系，表明接受教育年限越长、院校层次越高对大学毕业生的性别工资差异和能力禀赋特征影响越大。各年份分位数分解显示，在各年份中随分位点数提升，大学毕业生性别工资总差异逐渐提高，呈现出“粘天花板”现象；系数总差异值及占比逐渐增加，特征差异值逐渐增加，但其占比逐渐降低，表明与高收入群体相比较，中低收入群体禀赋特征差异对性别工资差异的影响更重要。2012—2016年，随着年份的推进，在相同分位点上，性别工资总差异呈逐年扩大趋势，系数差异值及占比也逐年增加，而特征差异值及占比逐年减少；受教育年限的特征差异值逐年减小，而系数差异值逐年增加，表明劳动力市场中对大学毕业生教育水平的歧视有逐渐加强趋势。

其五，单位培训的工资效应大于政府培训的工资效应，政府培训对低收入群体影响更明显，且随着年份增加培训的收入回报率有逐年递增趋势。就总体培训而言，与政府培训相比，单位培训对总体大学毕业生工资水平的正向影响显著更高，该结论证实了研究假设1的预期。分性别比较看，无论是单位培训还是政府培训对男生的收入回报率均显著高于女生，这也与研究假设2的预期相一致。随着分位点上升，单位培训对各年份工资水平的正向影响均逐渐增加，而政府培训对各年份工资水平的正向影响逐渐递减，即政府培训对低收入群体的工资效应更加明显。随着年份推进，单位培训和政府培训对大学毕业生工资水平的正向影响均逐年增加，表明职业技能培训对工资的提升效应逐年增大，这与研究假设1相一致。各年份分性别比较，随着分位点提升，单位培训收入回报率性别差异逐渐缩小，而政府培训收入回报率性别差异逐渐增大，即相对其他分位数，参加单位培训对女生高收入群体的工资效应更显著，而参加政府培训对女生低收入群体的工资效应更显著。对于工作培训分解项，由工作培训引起的工资差异占总差异的比例波动范围在35%—45%，且各年份中随着分位点数提高，工作培训的特征差异值和比例均逐渐缩小，而系数差异值却逐渐提升，表明男女在工作培训收益率方面的差异拉大了高层收入者性别工资差距。2012—2016年，在相同分位点上培训的特征差异值及占比呈逐年缩小趋势，而培训的系数差异值及占比呈逐年增大趋势，表明随着年份推进，用人单位越来越重视技能培训，技能培训的收益率差异对性别工资总差异解释力度越来越强。

其六，无论是大学毕业生正常工时群体还是超时加班群体，工作时间显著降低了大学毕业生的自评健康、心理健康和BMI指数衡量的健康状况，而且工作时间对正常工时群体的影响小于超时加班群体。这表明工作时间越长，大学毕业生健康状况越差，工作时间对超时加班群体的健康状况影响更大，这一发现证实了研究假设3的预期。分年份样本回归结果显示，随着年份的增加，无论是正常工时群体还是超时加班群体，工作时间对自评健康和心理健康的负向影响逐年增大。对于大学毕业生正常工时与超时加班群体自评健康差异来说，除了年龄和性别变量之外，其他变量对两群体自评健康差异的影响都较为显著。对于大学毕业生正常工时与超时加班群体心理健康差异和BMI指数差异来说，工作时间、工作环境、工作安全性、吸烟变量都显著扩大了正常工时与超时加班群体心理健康差异和BMI指数差异；受教育年限、医疗保险和养老保险变量显著缩小了两群体心理健康差异和BMI指数差异。

其七，正常工时与超时加班群体健康差异存在性别异质性、区域异质性、年份异质性特点。就业质量工时健康差异非线性分解显示，分性别来看，女性样本中的正常工时与超时加班群体自评健康差异、心理健康差异和BMI指数差异高于男性样本，女性样本工时健康差异更大。而且女性正常工时群体与超时加班群体的自评健康和心理健康差异主要是由系数差异造成的，而男性样本主要是由特征差异造成的。对于BMI指数差异，无论是女性样本还是男性样本，特征差异是造成正常工时与超时加班群体BMI指数差异的重要因素。区域分样本显示，东部地区样本中的大学毕业生正常工时与超时加班群体自评健康差异、心理健康差异和BMI指数差异高于中部地区和西部地区样本。即大学毕业生正常工时与超时加班群体健康差异存在区域异质性，且东部地区样本健康差异更大。此外，东部地区正常工时群体和超时加班群体的自评健康差异，主要是由两群体可观测特征差异造成的，而心理健康差异主要是由两群体不可观测因素差异造成的。分年份样本显示，随着年份推进，大学毕业生正常工时与超时加班的自评健康和心理健康差异呈现扩大的趋势，该发现与研究假设3相一致，而且特征差异对健康差异的解释能力越来越强。虽然正常工时与超时加班群体的BMI指数差异没有表现出逐年扩大的趋势，但是两群体的BMI指数差异同样主要是由可观测的特征差异造成的。

其八，大学毕业生在国有单位工作对其整体工作满意度和工作环境满意度产生显著正向影响，而国有单位工作对大学毕业生晋升机会满意度产生显著负向影响，即与非国有单位工作的大学毕业生相比，大学毕业生在国有单位工作的晋升机会满意度相对较低。性别分样本回归显示，国有单位工作对女大学毕业生整体工作满意度和工作环境满意度的正向影响大于男生，而对于晋升机会满意度来说，国有单位对男大学毕业生的负向影响大于女生，这可能是由于在国有单位工作稳定性较强，福利待遇也比较优越，女生的预期实现程度相对较高，但男生事业心更强，更期望能快速晋升，而现实预期的实现程度较小。不同年份样本回归显示，2012—2016年，国有单位工作对大学毕业生整体工作满意度、工作环境满意度的正向影响均呈逐年增加趋势；国有单位工作对晋升机会满意度均为负向影响，从边际效果来看，对其评价为“非常不满意”和“不太满意”的概率逐年下降。利用父母单位类型作为工具变量以及大学毕业生的主观幸福感作为其主观感知满意度的替代变量，进行了两组稳健性检验，发现以主观感知满意度作为测量大学毕业生的就业质量维度时，总体而言，国有单位工作会提升大学毕业生的主观感知满意度和就业质量，这也进一步证实了研究假设4的预期。

8.2 政策启示

针对前文的研究结论，聚焦数字经济时代，为了进一步努力缩小性别工资差异和工时健康差异，提升主观感知满意度，进而有效提高总体大学毕业生就业质量水平，本书从政府、用人单位、高校及大学毕业生个体层面出发，分别提出了有针对性和合理化的政策建议，具体阐述如下：

（1）政府层面

首先，对于政府而言，以数字经济发展为契机，不断实现更高质量就业。当前数字经济发展加速了数字产业化和产业数字化转型，同时也带动了就业结构优化升级。数字经济发展催生的新产业、新业态和新商业模式更多集中在第三产业领域，因此应以数字经济发展为契机，在协同发展数字经济“四化”的同时，进一步推动数字经济创新创业，加大就业优先政策的实施力度，取消对新就业形态的不合理限制，制定一系列减税降费、创业补贴、担保贷款等惠企纾困政策，切实降低企业生产成本，稳固第三产业就业基本盘，扩大服务业就业吸纳能力。完善新就业形态的公共就业服务和保障体系，以实现更高质量就业。数字经济发展促进了电商零售业、网络文化产业的繁荣，衍生了互联网营销师、网约配送员、网络编剧等众多新就业形态，已经成为我国就业增长的重要来源。新就业形态具有灵活性和特殊性，当前其公共就业服务和社会保障体系还不完善，政策性补贴覆盖不足，就业监管相对滞后，为实现更高质量就业，促进新就业形态良性发展，需要积极探索与其相对应的就业服务保障体系，加强劳动保护。在就业指导和扶持政策方面，应积极与平台企业相配合，加强与新就业形态相适应的职业技术培训，提高大学毕业生技能水平。政府应进一步完善社会保障体系，简化社保办理流程，完善现行转移接续政策，研究平台企业参保责任，加强社保宣传，鼓励新就业形态从业者积极参保，构建适应新就业形态发展需要的社会保障体系。

同时，由于大学毕业生性别工资差异中市场歧视部分占比较高，为了缩小性别工资差异，政府应该建立和完善反性别歧视的相关法律法规、就业机构以及女职工生育费用补偿等社会保障制度，减少企业接受女性就业所带来的“性别亏损”，保护女大学毕业生的合法就业权益，积极推进男女大学毕业生平等就业，以缓解就业中的性别歧视问题。政府应进一步规范劳动力市场，制定促进充分就业的相关法律法规，积极推进户籍制度改革，努力消除户籍歧视、地区歧视等各种就业障碍，减少劳动力市场分割和户籍歧视等不公平现象，努力缩小大学毕业生不同性别、户籍、区域间的就业质量差异。同时，政府应进一步完善公共教育制度，对各种高等教育或专业技术教育也实行补贴，继续增加对农村、中西部等落后地区的教育经费支出和优质师资力量投入，以实现教育发展均等化和资源的最优化配置，有助于弱化不同户籍、区域等大学毕业生之间先天或后天的不均等，缩小就业质量异质性差别。

其次，政府还应该重点关注刚毕业的大学毕业生、高职技校学生、暂时失业人员等就业重点群体，持续实施专项培训计划，加大就业培训投入力度，优化培训经费来源渠道，增加培训教师数量，缩小区域间差异，不断提高其就业创业能力。以政府为主导，多渠道筹措资金，如各地区应当按照本省的就业培训需求情况，投入充分的培训经费，并积极鼓励社会各界捐赠助教，以支持政府就业培训工作。努力开展初级、中级、高级不同层次的技能培训工作，建立切实有用的咨询机构，不断加强教学培训研讨，特别要注重对实际操作能力，实际应用能力的培养。政府应进一步增加培训教师投入数量，特别是对中西部地区，设立优抚和补贴政策，鼓励培训教师积极上岗，增大就业培训师资投入，缓解区域间培训资源差异大的问题，并进一步提高政府就业培训效果。同时，政府深入推进技能脱贫千校行动和深度贫困地区技能扶贫行动，对于家庭经济困难的大学毕业生，按照相关政策进行补助和给予职业培训补贴。

再次，考虑到工作时间是影响健康状况的重要因素，为了提升大学毕业生健康状况，减少超长时间工作对健康状况造成的损失。建议政府应当对有关特殊工时制度予以补充修订。随着互联网新经济的发展，各种新型就业形式应运而生，劳动关系越来越灵活化、工作时间越来越弹性化，因此全面修订和规范特殊工作时间制度具有一定的必要性和迫切性。特殊工时制度作为一项重要的工时内容，目前我国将其仅仅规定于部门规章层面，并以行政审批的方式代替法律监管，试想一旦企业单位获得特殊工作时间制度的审批便在某种程度上脱离了法律监管，大学毕业生的合法工时权益则就有可能受到侵害。鉴于此，劳动合同条款中应当增添“特殊工时”的相关规定，应由劳资双方共同达成一致意见，并将原来的行政意见审批改变成行政备案实施，进一步强化特殊工时的事后监管。对于违反工资工时相关规定的雇主，政府应要求雇主承担赔偿责任，行为严重的雇主还要面临民事罚金、刑事罚金。由此，制定严格的工时违法成本，可以有效减少企业无视工时法律法规的行为，保护大学毕业生的合法工时权益。

最后，人力资源和社会保障部、国家卫计委、医保局等相关政府部门应当积极践行“健康中国2030”战略，广泛普及健康知识，建立鼓励医疗卫生机构和医务人员开展健康促进与教育的激励约束机制，调动医务人员参与健康促进与教育工作的积极性；不断完善医保支付政策，鼓励基层医疗机构开展健康管理服务，进一步完善职业病防治技术支撑体系，按照区域逐渐覆盖、有效合理配置的原则，有效加强职业病防治机构建设，维护大学毕业生等劳动者职业健康；同时，不断加大对应用型心理健康专业人才的培养力度，积极设立心理健康服务岗位，支持精神卫生医疗机构能力建设，完善人事薪酬分配制度，体现心理治疗服务的劳务价值，不断促进整体大学毕业生的心理健康。政府还应不断改进劳动保障配套政策，适度降低社会保险缴费基数和比例，有效将低收入水平的大学毕业生和中小微企业纳入社会保险范畴，由此可扩大医疗保险、工伤保险等社会保险范畴和统筹层次，以切实维护大学毕业生的职业健康状况。

综上，政府大力发展数字经济，积极推进男女平等就业，不断减弱性别歧视和缩小性别工资差距，努力加强政府就业培训，不断提高毕业生职业技能，切实立法完善特殊工时制度，积极完善健康管理体系，努力维护大学毕业生合法工时权益和健康状况，从政府层面努力促进大学毕业生更高质量就业。

（2）用人单位层面

为了有效促进大学毕业生更高质量就业，用人单位应当努力做到以下几方面：

其一，用人单位肩负着开展职业培训，增强大学毕业生职业技能水平的重要使命。用人单位为有效发挥在职工技能培训中的主体作用，要积极将职工技能培训纳入单位规章中来，并能够按规划定期进行开展，充分做好工作技能培训开展前的准备事项。例如，提供一些培训活动内容、培训过程和策略、培训环境的模拟等相关基础信息，在培训过程中注意对性别、年龄等不同特征的员工因材施教，并根据及时反馈信息给予受训员工合理有效指导，实现实时评估以获得理想的培训成果。同时，用人单位还应积极开展高技能人才培训，组织开展高技能领军人才和一些产业紧缺人才的境外培训工作，充分发挥行业、龙头企业和培训机构的作用，积极引导和帮助中小微企业开展职工技能培训。对于那些化工、矿山等高危行业更要组织从业人员和各类特种作业人员普遍开展安全技能培训，对于该类从业人员一定要严格执行“安全技能培训合格后上岗”制度。为了以高质量就业为导向，真正切合实际生产服务一线需要，单位应及时修改不适应未来工作岗位需求的职业技能培训制度，重新建立起一系列新型职业技能培训、激励和评价机制，促使知识型、技能型、创新型大学毕业生供给的结构性矛盾得到有效解决。

其二，性别、户籍制度是影响大学毕业生就业质量一个限制性因素，不少用人单位因应聘大学毕业生为女性或农村户籍而抬高入职门槛，或因歧视而出现“同工不同酬”的现象，为此用人单位应当严格遵守和履行反歧视的相关法律法规以及劳动合约，重视女性和外来户籍大学毕业生的职业发展，营造男女平等的企业工作氛围，同时注重企业内部改革与调整，设立有效、合理的薪资激励制度，如在实行资历工资制的同时，也引入绩效工资成分，倡导合作与竞争共存的团队理念等，消除用工的性别差异待遇，实行同工同酬同保障。同时，用人单位应该努力落实法定周工作时间的相关规定，限制非法超长时间工作，促使劳动力市场工作时间正规化。更进一步而言，用人单位还应该严格遵守特殊工时的相关法律规定，切实保障大学毕业生休息权，减少长时间劳作对大学毕业生身体健康的损害，而且用人单位安排大学毕业生延长工作时间的，必须按照法律标准支付大学毕业生加班工资。

其三，用人单位也应为大学毕业生营造良好的就业环境贡献一分力量。具体来看，用人单位应更加重视改善大学毕业生的工作条件，完善养老保险、医疗保险、住房公积金等社会保障机制，并让大学毕业生积极参保，增加工作的安全性与规范性，努力营造一种和谐的工作环境和良好的企业文化氛围。鉴于大学毕业生在国有单位工作会降低晋升机会满意度这一问题，建议国企人事制度应当积极借鉴大型外企、跨国强企的用人机制，不断吸引高精尖技术人才，逐步进行科学化管理，搞活国企内部的人才竞争机制，使干部在国企内部“能上能下”，真正确立“以能力竞争岗位”的晋升体系，不断优化国企单位人事制度改革。无论是国有单位还是非国有单位，都应当不断加强工会建设，构建合理的晋升机制，促进劳资双方公平对话，营造平等就业环境。企业工会作为维护大学毕业生合法权益的代表，应当在发生劳资双方利益纠纷时，充当起和平谈判及有效协商的重要角色。工会应当努力为大学毕业生提供高质量服务，如定期举办企业年会、文体娱乐等活动，并对企业履行劳动合同、集体合同的情况进行监督，切实维护大学毕业生的合法权益和身心健康。同时，用人单位要关照和帮助女大学毕业生加入工会组织，从她们最关心、最直接、最需要解决的现实利益入手，如妥善解决女大学毕业生的生育费用补偿，带薪产假等问题；也要更多关注男大学毕业生切身合法权益，积极同工会建立平等协商的制度，让工会成为男女大学毕业生抒发心声的平台，以充分提升单位整体大学毕业生的主观工作满意度。

（3）高校层面

高校承担着大学毕业生就业能力培养和知识教育的重要角色。要想有效提高大学毕业生就业质量水平，一方面，高校应发挥教学资源优势，加强培养学生的知识应用和创新能力，引导学生依据职业需要、兴趣爱好、专业需求来制定合理的未来职业规划，同时应注重因材施教，充分结合大学生自身特长优势，特别是针对女大学生开设系统多样的就业指导，积极拓宽就业渠道，鼓励她们根据主观兴趣意愿和市场变化等客观实际情况进行高质量的“二元择业”，以切实提高女大学毕业生的就业满意度。

另一方面，高校应努力培养学生团队精神所形成的团队适应性，为未来职业培训奠定互补性基础；应注重培养学生良好的心理素质和处世能力、和谐的人际关系和责任感、健康的生活习惯与保健能力，不断完善其综合素质，真正发挥教育的道德效应；应注重与时俱进和不断创新，开设与劳动力市场需求相匹配的专业课程，切实发挥“人才工厂”的职能，促进毕业生生产技能的改进和劳动生产力的提高，不断开发和生产优质的人力资本，为经济社会发展输送高质量的劳动力，真正发挥好高等教育对先进制造业和新兴服务业的引领作用。

此外，各类大专、民办职业院校也应充分发挥培养大学毕业生职业技能和综合就业能力重要作用。目前我国各类大专技术院校、民办职业培训机构数量较多，为了充分发挥这支教育培训机构的巨大力量，应当切实加强师资队伍建设，建立专业理论知识和工程实践能力均较强的“双师型”师资队伍，加大中高级职业技能培训力度。各大高职院校应当加快职业培训教材的研发工作，真正根据企业需要的人才标准来设置课程，鼓励与企业、行业一起选择教学内容，制订实施计划，培养“订单式”专业技能人才。同时，高职院校应当建立完备的校内、校外实训基地，注重实训内容的针对性，尽可能配置可用于工程实际的实训软件和硬件，积极推广“互联网+”“工学一体化”等先进的教育培训方式，积极建设互联网培训平台，扩大培训对象的受益面。各大高等教育院校通过以上措施积极实施，真正有效提高大专毕业生的职业技能、综合素质和就业质量。

（4）大学毕业生个体层面

针对大学毕业生个体而言，要想有效提升自身就业质量水平，应当注重以下几个方面。其一，由于性别、院校层次及受教育年限对大学毕业生教育收益率及性别工资差异影响显著，为提高女大学毕业生教育收益率并缩小性别工资差异，除了家庭对女孩的教育投入适当倾斜外，女生自身应努力学习不断拼搏，争取上院校层次更好、学历水平更高的大学，争取在校期间表现优异，不断提高文化知识、学习能力、实践能力等综合素质，加强自身就业竞争实力，从而使其无论薪资水平还是未来的职业发展都得到充分提升。

其二，为了提升大学毕业生的就业能力和就业质量，大学毕业生自身应当要有明确的职业目标和发展规划，以掌握技能和拓展专业知识为出发点，不断加强专业技能培训。具体来看，大学毕业生应当持有积极的学习态度和清晰的培训目标，并通过充分的培训前准备，无论是在接受单位工作培训还是政府就业培训时，要对培训的相关内容、方法准确理解、及时吸收，不断提高其专业知识、工作技能和适应岗位变化的能力，真正养成精益求精的工匠精神和追求卓越的敬业精神。同时，大学毕业生更要注重在岗位中不断积累工作经验，锻炼工作技能，以拥有更加娴熟的办事效率和更好的适应就业市场需求能力。

其三，身体健康是大学毕业生进行学习和工作的前提条件。为了提高健康状况，大学毕业生要有健康养生意识，定期进行锻炼保健，摒弃吸烟、酗酒等不良嗜好，尽量在规定时间内完成工作任务，提高工作效率，避免长时间加班熬夜，积极培养合理作息、膳食平衡的良好生活习惯，不断提升健康资本水平。

大学毕业生还可积极参加一些心理咨询和文化娱乐活动，定期适当减压，及时自我调适以疏解心理压力等负面情绪，加强自身心理素质训练。以智能手机为代表的数字终端虽然给大学毕业生的生活带来了便利和娱乐的多样性，但是长时间低头上网、玩游戏、网络购物，不仅会损害视力和颈椎，而且会使大学毕业生的精神文化生活变得匮乏，不利于心理健康。因此，呼吁以大学毕业生为主体的年轻人，可以在空闲时间多进行旅游观光、读书学习或者文化艺术体验，积极感悟生活，培养良好的心理健康状况。

此外，大学毕业生应该学会合理规划时间，除了以饱满的热情投入工作以外，还应该在日常生活中不断学习文化知识和相关技能，努力丰富社交圈和关系网络，不断充实自己的业余生活和精神文化生活，以最良好的心理素质和精神风貌面对工作和生活。大学毕业生还应该树立正确的世界观、人生观、价值观，对自己未来职业进行合理规划，理性择业，遵从自己内心，无论是在国有单位就业还是非国有单位就业，都要清楚认识到各类职业的优势和劣势，并在真正喜欢的工作岗位中努力拼搏和奋斗，提高自身工作满意度和职业幸福感，为社会经济发展贡献出自己的一分力量。

8.3 研究展望

本书聚焦数字经济发展背景下，利用省级宏观数据以及2012年、2014年、2016年中国劳动力动态调查数据（CLDS），以大学毕业生就业质量为研究对象，基于阿玛蒂亚·森可行能力理论构建了大学毕业生就业质量指标评价体系，实证分析了数字经济发展对大学毕业生就业质量的影响，分别从工资水平、健康状况、主观感知满意度三个衡量就业质量的维度出发，重点进行就业质量性别工资差异的分解分析，就业质量工时健康差异的分解分析，单位类型对就业质量主观感知满意度的影响，并从政府、企业、高校及大学毕业生个体层面，为实现大学毕业生更高质量就业提出相应的政策建议。

本书研究仍然存在一定的局限性：

其一，目前关于就业质量的定义和测评并没有统一，不同的学者对就业质量评价指标体系的构建不同，本书基于阿玛蒂亚·森可行能力理论，选取功能性活动指标构建大学毕业生就业质量评价指标体系，但有些变量因不可得性而没有被纳入指标。

其二，本书主要是从工资水平、健康状况、主观感知满意度分析了大学毕业生就业质量的影响维度，但就业质量是个综合性概念，测评就业质量的影响因素有很多，未来可进一步深化对“影响因素”的研究，将能得到更有意义的研究结论。

鉴于此，未来可聚焦数字经济时代，更加细致地研究大学毕业生就业质量相关问题，以期得到更好的研究结果和政策建议，努力促进大学毕业生更高质量就业。

参考文献

一、中文部分

[1] 才国伟，刘剑雄. 收入风险、融资约束与人力资本积累——公共教育投资的作用[J]. 经济研究，2014(7)：67-80.

[2] 崔学东，曹樱凡."共享经济"还是"零工经济"？——后工业与金融资本主义下的积累与雇佣劳动关系[J]. 政治经济学评论，2019(1)：22-36.

[3] 蔡海静，马汴京. 高校扩招、能力异质性与大学生就业[J]. 中国人口科学，2015(4)：102-128.

[4] 蔡颖. 大学生性别工资差异的实证研究——基于分位数回归与分解的发现[J]. 西北人口，2015(4)：46-52.

[5] 曹海菁. 加拿大雇佣和劳动法概论[J]. 法制论丛，2005(1)：133-138.

[6] 陈纯槿，胡咏梅. 中国城镇居民教育收益率的变动趋势[J]. 北京师范大学学报（社会科学版），2013(5)：54-68.

[7] 陈欢，刘春风. 高校毕业生就业质量评价体系构建[J]. 现代教育管理，2012(12)：40-49.

[8] 陈惠清. 作业时间对供电企业作业人员职业紧张水平影响[J]. 中国职业医学，2013(6)：540-543.

[9] 陈辑. 从企业用人的角度谈大学生就业创业能力培养[J]. 中国高等教育，2010(21)：47-48.

[10] 陈俊傲，徐国庆，章圣苗. 高校毕业生质量评估体系研究[J]. 思想理论教育，2004(6)：49-53.

[11] 陈良焜，鞠高升. 教育明瑟收益率性别差异的实证分析[J]. 北京大学教育评论，2004(3): 40-45.

[12] 陈雷，张陆伟，孙国玉. 可行能力视角下的失地农民问题研究——以淄博市为例[J]. 中国社会科学院研究生院学报，2010(3): 71-77.

[13] 程名望. 工作时间、业余生活与农民工城镇就业[J]. 农业经济问题，2012(5): 47-52.

[14] 程蹊，尹宁波. 浅析农民工的就业质量与权益保护[J]. 农业经济，2003(11): 37-38.

[15] 代锋，吴克明. 社会资本对大学生就业质量的利弊影响探析[J]. 教育科学，2009(3): 8-10.

[16] 单悌翠. 英国职业资格证书质量保障体系研究——兼谈对我国职业资格证书制度建设的启示[J]. 高教研究，2016(18): 28-29.

[17] 丁煜，徐延辉，李金星. 农民工参加职业技能培训的影响因素分析[J]. 人口学刊，2011(3): 29-36.

[18] 杜永红，李鑫. 城市融入视角下的新生代农民工培训：问题与对策[J]. 成教研究，2012(18): 49-52.

[19] 樊茜，金晓彤，徐尉. 教育培训对新生代农民工就业质量的影响研究——基于全国11个省(直辖市)4030个样本的实证分析[J]. 经济纵横，2018(3): 39-45.

[20] 方超，黄斌. 在职培训与学历教育，孰能促进城镇劳动力的个体增收?[J]. 宏观质量研究，2019(1): 120-130.

[21] 付忠超. 大学生就业培训需求调查与分析[J]. 时代教育，2015(12): 134-136.

[22] 高传胜，高春亮. 劳动经济学：理论与政策[M]. 武汉大学出版社，2011: 199-200.

［23］高进云，乔荣锋，张安录. 农地城市流转前后农户福利变化的模糊评价——基于森的可行能力理论［J］. 管理世界，2007（6）：45-55.

［24］葛玉好，曾湘泉. 市场歧视对城镇地区性别工资差距的影响［J］. 经济研究，2011（6）：45-56.

［25］郭琦. 森的可行能力理论框架下的就业质量研究——基于中国大学毕业生调查数据的比较分析［J］. 云南财经大学学报，2015（6）：143-153.

［26］龚刚敏，江沙沙. 个人教育回报率差异的实证研究——基于劳动力市场分割视角［J］. 东北师大学报（哲学社会科学版），2019（1）：1-19.

［27］顾梦蛟，程名望，史清华. 农民工城镇就业满意度及其影响因素的实证分析——以上海1446份农民工调查样本为例［J］. 上海经济研究，2013（12）：63-71.

［28］郭凯明，余靖雯，蒋承. 统计型歧视理论视角下的性别工资差距［J］. 世界经济文源，2017（5）：23-39.

［29］国富丽. 国外劳动领域的相关探讨：就业质量的相关范畴［J］. 北京行政学院学报，2009（1）：10-16.

［30］何蓉. 西部高校大学生高质量就业的实现途径探讨［J］. 内蒙古科技与经济，2013（10）：12-17.

［31］洪文建. 大学生初次就业与专业对口情况调查分析——以福建省某高校为例［J］. 高校教育管理，2013（4）：111-118.

［32］胡安宁. 教育能否让我们更健康——基于2010年中国综合社会调查的城乡比较分析［J］. 中国社会科学，2014（5）：116-130.

［33］胡峰. 国内人力资本理论研究综述［J］. 中国人力资源开发，2002（2）：24-26.

[34] 黄敬宝. 人力资本、社会资本对大学生就业质量的影响[J]. 北京社会科学，2012(3)：52-58.
[35] 黄庆波，萨支红. 农民工工作时间与其身心健康的关系[J]. 中国健康心理学杂志，2015(3)：358-362.
[36] 黄晓利. 农民工教育培训的现状分析与对策研究[J]. 继续教育，2009(10)：40-42.
[37] 贾燕，李钢，朱新华，王静，李妍. 农民集中居住前后福利状况变化研究——基于森的“可行能力”视角[J]. 农业经济问题，2009(2)：92-96.
[38] 金家飞，刘崇瑞，李文勇，Patricia Mary Fosh. 工作时间与工作家庭冲突：基于性别差异的研究[J]. 科研管理，2014(8)：44-50.
[39] 开昕. 农民养老方式与可行能力研究[J]. 人口研究，2010，34(1)：75-85.
[40] 柯羽. 高校毕业生就业质量评价指标体系的构建[J]. 中国高教研究，2007(7)：82-84.
[41] 孔铮. 教育对人力资本积累及就业的影响[J]. 教育与经济，2008(1)：12-16.
[42] 赖德胜，石丹淅. 推动实现更高质量的就业：理论探讨与政策建议[J]. 第一资源，2013(2)：18-26.
[43] 赖德胜，苏丽锋，孟大虎，李长安. 中国各地区就业质量测算与评价[J]. 经济理论与经济管理，2011(11)：88-99.
[44] 冷天琼. 大学生就业质量现状分析及对策思考[J]. 昆明大学学报，2008(4)：88- 91.
[45] 李斌. 试谈基于就业满意度的大学生就业质量评价体系[J]. 燕山大学学报，2009(3)：12-18.
[46] 李得元，李兴绪. 教育回报率及工资性别差异研究——基于

STEP 数据的计量分析［J］. 金融经济，2015（11）：54–57.
［47］李锋亮，丁小浩. 对中国劳动力市场中教育促进劳动生产率作用的实证检验［J］. 清华大学教育研究，2003（5）：41–45.
［48］李建新，李春华. 城乡老年人口健康差异研究［J］. 人口学刊，2014（5）：37–47.
［49］李金林，应伟清，吴巨慧. 构建高校就业质量科学评价体系的探索［J］. 现代教育科学，2005（2）：30–37.
［50］李俊. 职业培训与新生代农民工的职业发展［J］. 中国青年研究，2014（12）：52–58.
［51］李晓西，刘一萌，宋涛. 人类绿色发展指数的测算［J］. 中国社会科学，2014（6）：69–95.
［52］李伟. 教育与健康水平对农户劳动生产率的影响：对中国农村贫困地区的一项研究［J］. 市场与人口分析，2001（5）：45–53.
［53］李晓峰，薛二勇. 我国大学生就业政策协同问题研究［J］. 教育发展研究，2014（5）：66–71.
［54］李颖，刘善仕，翁赛珠. 大学生就业能力对就业质量的影响［J］. 高教探索，2005（2）：91–93.
［55］李愚. 失去了健康赢得全世界又怎样［J］. 解放军健康，2011（1）：11–13.
［56］郦波. 从企业人才培训看大学生就业培训的问题［J］. 中国成人教育，2007（11）：35–36.
［57］廖志成. 提高大学生就业质量的探讨［J］. 教育评论，2005（3）：17–25.
［58］刘春雷，于研. 大学生就业心理现状及其影响因素探究［J］. 人口学刊，2011（6）：81–88.

[59] 刘翠花，丁述磊. 职业资格证书对大学生就业质量的影响效应——来自CLDS（2014）的实证分析［J］. 中国劳动关系学院学报，2017（3）：25–34.
[60] 刘方龙，吴能全. “就业难”背景下的企业人力资本影响机制——基于人力资本红利的多案例研究［J］. 管理世界，2013（12）：145–159.
[61] 刘华，鄢圣鹏. 财政性教育投入对人力资本形成的实证分析［J］. 财贸经济，2004（9）：65–67.
[62] 刘建民，刘伟. 农民工教育培训的策略分析［J］. 安徽农业科学，2011（18）：96–98.
[63] 刘松林，谢利民. 欧盟职业教育与培训质量指标主要内容与特点探析［J］. 外国教育研究，2010（4）：37–42.
[64] 刘素华. 建立我国就业质量量化评价体系的步骤与方法［J］. 人口与经济，2005（6）：34–38.
[65] 刘艳珍. 国外农村剩余劳动力转移培训的基本经验及其启示［J］. 华北水利水电学院学报（社科版），2010（2）：14–16.
[66] 刘迎秋. 论人力资本投资及其对中国经济增长的意义［J］. 管理世界，1997（3）：30–37.
[67] 卢嘉，时勘. 民营企业员工工作满意度影响因素研究［J］. 南开管理评论，2005（3）：51–55.
[68] 罗莹. 当代大学生就业能力与就业质量的关系研究［J］. 中国青年研究，2014（9）：85–92.
[69] 罗正环. 美国工资工时制度及认定规则［N］. 人民法院报，2019–2–1.
[70] 吕莉敏. 城乡一体化背景下新生代农民工教育培训策略研究［J］. 农村职教，2013（4）：35–37.
[71] 马庆发. 提升就业质量：职业教育发展的新视角［J］. 教育

与职业，2004(12)：6-8.
[72] 孟大虎，苏丽锋，李璐．人力资本与大学生的就业实现和就业质量——基于问卷数据的实证分析［J］. 人口与经济，2012(3)：19-26.
[73] 明娟，曾湘泉．工作转换与受雇农民工就业质量：影响效应及传导机制［J］. 经济学动态，2015(12)：22-33.
[74] 明娟．农民工就业质量状况及变动趋势［J］. 城市问题，2016(3)：83-91.
[75] 莫荣，陈云，汪昕宇．关注高校毕业生的就业质量［J］. 中国劳动，2018(1)：4-14.
[76] 倪国华等．生活方式变化对我国成人肥胖的影响研究——基于CHNS数据的实证分析［J］. 中国食物与营养，2014(3)：77-81.
[77] 牛冰非．高校就业指导和服务视角下的大学生就业培训［J］. 教育探索，2016(1)：72-74.
[78] 牛建林．人口流动对中国城乡居民健康差异的影响［J］. 中国社会科学，2013(2)：46-63.
[79] 潘云华，刘欢．高校学生考证现状调查研究［J］. 教育评论，2012(2)：81-83.
[80] 齐亚强，牛建林．地区经济发展与收入分配状况对我国居民健康差异的影响［J］. 社会学评论，2015(2)：65-76.
[81] 乔珊．大学生就业质量研究述评［J］. 教育教学论坛，2015(4)：1-2.
[82] 秦建国．大学生就业质量评价体系探析［J］. 中国青年研究，2007(3)：71-74.
[83] 秦伟国．社会性弱势群体能力贫困及治理——基于阿玛蒂亚·森“可行能为”视角的分析［J］. 理论界，2010(4)：

166–167.
[84] 钱忠好，徐美银. 我国失地农民可行能力缺失及其重构研究［J］. 学术研究，2008（12）：69–74.
[85] 卿石松，郑加梅. 工作让生活更美好：就业质量视角下的幸福感研究［J］. 财贸经济，2016（4）：134–148.
[86] 卿云波. 构建“六位一体”的高校就业指导与服务体系的理论探索［J］. 教育与职业，2009（3）：16–19.
[87] 曲兆鹏. 中国城市劳动力市场性别工资差异研究——来自大学生就业市场的证据［J］. 北京工商大学学报，2016（2）：30–40.
[88] 冉斌. 工作满意度与工作绩效的关系［J］. 经营管理者，2011（3）：197–201.
[89] 邵俊，王碧磊. 大学生考证对提高就业竞争力的影响［J］. 现代企业教育，2012（8）：69–71.
[90] 沈诗杰. 东北地区新生代农民工“就业质量”影响因素探析——以“人力资本”和“社会资本”为中心［J］. 江海学刊，2018（2）：229–237.
[91] 石丹淅，赖柳华. 新生代农民工的工作时间及其影响因素［J］. 现代财经，2014（7）：103–113.
[92] 宋成磊. 基于技能人才培养的职业资格证书制度探究［J］. 人才资源开发，2017（9）：99–100.
[93] 苏丽锋，陈建伟. 我国新时期个人就业质量影响因素研究——基于调查数据的实证分析［J］. 人口与经济，2015（4）：107–118.
[94] 苏岚岚，孔荣. 互联网使用促进农户创业增益了吗？——基于内生转换回归模型的实证分析［J］. 中国农村经济，2020（2）：62–80.

[95] 汤霓，石伟平. 我国职业资格证书课程体系建设的逻辑起点、核心要素与制度保障 [J]. 中国高教研究，2015(8): 102-106.

[96] 田艳芳. 健康状况和健康冲击对工作时间的影响 [J]. 人口学刊，2011(2): 90-97.

[97] 佟孟华，于建玲. 中国城镇劳动力市场性别工资差异分解——基于CGSS2010数据的研究 [J]. 财经问题研究，2017(1): 123-129.

[98] 涂晓明. 大学生就业满意度影响因素的实证研究 [J]. 高教探索，2007(2): 117-119.

[99] 王美艳. 中国城市劳动力市场上的性别工资差异 [J]. 经济研究，2005(12): 35-44.

[100] 王茜，罗连化. 被动加班、工时满意度与最优工时——来自中国家庭追踪调查（CFPS）的证据 [J]. 劳动经济研究，2014(6): 87-99.

[101] 王天玉. 工作时间基准的体系构造及立法完善 [J]. 法律科学（西北政法大学学报），2016(1): 122-133.

[102] 王霆，张婷. 扩大就业战略背景下我国大学生就业质量问题研究 [J]. 中国高教研究，2014(2): 26-30.

[103] 王湘红，曾耀，孙文凯. 行业分割对性别工资差异的影响——基于CGSS数据的实证分析 [J]. 经济学动态，2016(1): 44-53.

[104] 王晓. 产业转型升级与大学生就业：一个文献综述 [J]. 云南财经大学学报，2016(3): 93-100.

[105] 王笑天，李爱梅，吴伟炯，孙海龙，熊冠星. 工作时间长真的不快乐吗？异质性视角下工作时间对幸福感的影响 [J]. 心理科学进展，2017(1): 180-189.

[106]王秀丽，宋林，朱红亮．我国农民工职业培训体系构建的理论思考——对德国“双元制”模式的借鉴［J］．西北大学学报（哲学社会科学版），2015(5)：144–149.
[107]王彦博．大学生就业培训现状分析［J］．才智，2017(5)：4–7.
[108]王子成，杨伟国．就业匹配对大学生就业质量的影响效应［J］．教育与经济，2014(3)：44–57.
[109]韦进，王杏云，陈建平．高等职业技术教育对劳动生产率影响的实证研究［J］.高等教育研究，2009(11)：34–40.
[110]翁仁木．国外就业质量评价指标体系比较研究［J］．中国劳动，2016(5)：22–27.
[111]吴东红，刘北．大学生就业质量评价指标体系构建研究［J］．中国成人教育，2016(17)：54–56.
[112]吴伟炯．工作时间对职业幸福感的影响——基于三种典型职业的实证分析［J］．中国工业经济，2016(3)：130–145.
[113]吴新中．大学生就业质量综合评价指标体系设计［J］．统计与决策，2017(22)：68–71.
[114]夏庆杰，孙祁祥，庄晨．中国经济转型时期性别工资差异分析［J］．社会科学战线，2015(10)：38–55.
[115]解垩．中国地区间健康差异的因素分解［J］．山西财经大学学报，2011(8)：11–24.
[116]邢朝霞，何艺宁．大学生就业满意度与其影响因素的相关性分析［J］．教育学术月刊，2013(12)：42–46.
[117]徐烽烽，李放，唐炎．苏南农户土地承包经营权置换城镇社会保障前后福利变化的模糊评价——基于森的可行能力视角［J］．中国农村经济，2010(8)：67–79.
[118]续继，唐琦．数字经济与国民经济核算文献评述，经济学

动态，2019(10)：117–131.
[119]向书坚，吴文君. 中国数字经济卫星账户框架设计研究，统计研究，2019(10)：3–16.
[120]闫海鹰. 对大学生就业培训的思考［J］. 中外企业家，2017(7)：250–252.
[121]闫琦，孟大虎，孙永强. 教育、教育扩展与性别工资差异——一个文献综述［J］. 教育经济评论，2017(6)：115–128.
[122]杨河清，李佳. 大学生就业质量评价指标体系的建立与应用［J］. 中国人才，2007(8)：28–29.
[123]杨锦英，马良，方峥. 中国城镇地区性别工资差异问题新探——基于无条件分位数回归和再次分解方法［J］.政治经济学评论，2016(1)：63–88.
[124]杨俊，李雪松. 教育不平等、人力资本积累与经济增长：基于中国的实证研究［J］. 数量经济技术经济研究，2007(2)：37–45.
[125]杨黎明. 关于毕业生的第三方评价——就业质量的内涵［J］. 职教论坛，2012(1)：30–33.
[126]姚艳红，张晶. 情绪智力对大学生就业质量影响的实证研究［J］. 现代大学教育，2010(6)：99–103.
[127]姚植夫，张译文. 新生代农民工工作满意度影响因素分析——基于西北四省的调查数据［J］. 中国农村经济，2012(8)：46–55.
[128]叶静怡，王琼. 进城务农人员福利水平的一个评价——基于阿玛蒂亚·森可行能力理论［J］. 经济学（季刊），2014(4)：1323–1344.
[129]袁方，史清华. 不平等之在检验：可行能力和收入不平等

与农民工福利［J］. 管理世界，2013（10）：49–61.
［130］袁虹. 日本促进女性公平就业主要做法探析［J］. 中国妇运，2019（2）：44–48.
［131］余戎. 阿玛蒂亚·森的发展经济思想及其对我国新农村建设的启示［J］. 华中农业大学学报：社会科学版，2015（4）：74–81.
［132］岳昌君. 中国高校毕业生就业满意度的影响因素分析［J］. 北京大学教育评论，2013，11（2）：84–96.
［133］张凤林. 我国人力资本利用效率低下的原因［J］. 中国人力资源开发，1999（5）：21–30.
［134］张国庆. 国际劳工局关于体面工作的概念及其量化指标［N］. 中国劳动保障报，2003–09–20.
［135］张海峰，姚先国，张俊森. 教育质量对地区劳动生产率的影响［J］. 经济研究，2010（7）：57–67.
［136］张俊. 新生代农民工在职培训的工资效应［J］. 财经科学，2015（11）：129–140.
［137］张抗私，刘翠花，燕具善. 大学生就业质量全口径指标评价与实证检验［J］. 经济与管理研究，2015（9）：60–74.
［138］张抗私，盈帅. 性别如何影响就业质量？——基于女大学生就业评价指标体系的经验研究［J］. 财经问题研究，2012（3）：83–90.
［139］张抗私，朱晨. 大学生就业质量的影响因素［J］. 人口与经济，2017（1）：75–84.
［140］张世伟，武娜. 农民工培训的收入效应［J］. 财经科学，2013（12）：65–72.
［141］张世伟，郭凤鸣. 分位数上的性别工资歧视——基于东北城市劳动力市场的经验研究［J］. 中国人口科学，2009（6）：69–79.

[142]张振华. 进城农民工子女教育的可行能力扩展——基于教育安排的分析[J]. 内蒙古农业大学学报(社会科学版), 2008, 10(3): 98-100.

[143]张毓龙, 刘超捷. 灵活就业群体和谐劳动关系治理新探[J]. 现代经济探讨, 2020(10): 7-12.

[144]张凯. 就业质量的概念内涵及其理论基础[J]. 社会发展研究, 2015(1): 86-108.

[145]赵建国, 周德水. 灵活就业流动人口的养老保险覆盖率及其收入效应[J]. 社会保障评论, 2020(2): 29-42.

[146]赵君. 工作满意度, 组织信任和组织承诺关系的实证研究[J]. 企业经济, 2013(10): 43-45.

[147]赵蒙成. 社会资本对新生代农民工就业质量影响的调查研究——SZ市新生代农民工的案例研究[J]. 人口与发展, 2016(3): 48-55.

[148]赵显洲. 中国城市劳动力市场上性别歧视的计量与分解[J]. 管理评论, 2014, 26(7): 62-71.

[149]赵媛媛. 企业间职业隔离对性别工资差异的影响[J]. 浙江社会科学, 2016(8): 60-69.

[150]赵忠, 侯振刚. 我国城镇居民的健康需求与Grossman模型——来自截面数据的证据[J]. 经济研究, 2005(10): 79-90.

[151]郑加梅, 卿石松. 非认知技能、心理特征与性别工资差距[J]. 经济学动态, 2016(7): 135-145.

[152]周德禄. 技术进步、资本深化、产业升级与大学生就业[J]. 中国人口科学, 2012(2): 14-24.

[153]周丽超. 教师职业认同与情感承诺的关系: 工作满意度的中介作用[J]. 心理发展与教育, 2014(2): 322-328.

[154]周章明，曾鸿鹄，王敦球. 基于全面质量观的大学生就业质量评估指标体系构建探析［J］. 当代教育理论与实践，2012(11)：10–19.

[155]朱玲. 农村迁移工人的劳动时间和职业健康［J］. 中国社会科学，2009(1)：133–149.

[156]祝士明，张静. 二元需求理念下的农民工职业培训探讨［J］. 职教论坛，2014(12)：29–32.

二、英文部分

[1] ABS. Measuring Digital Activities in the Australian Economy [EB/OL]. https : //www.abs.gov.au/websitedbs/ D3310114.nsf/home/ABS +Chief +Economist +-+Full +Paper +of + Measuring +Digital +Activities +in +the +Australian + Economy，2019.

[2] Adler，N.E.，Newman，K.Socioeconomic Disparities in Health: Pathways and Policies[J]. Health Affairs，2002，21(2):60–76.

[3] Aldrich，M. On the Track of Efficiency: Scientific Management Comes to Rail Road Shops，1900–1930[J]. Business History Review，2010，84(3):501–526.

[4] Alkire，S. Choosing Dimension: The Capability Approach and Multidimensional Poverty[R]. Chronic Poverty Research Centre，2007.

[5] Alkire，S.，Santos，M. E. Acute Multidimensional Poverty: A New Index for Developing Countries[R]. Ssm Electronic Journal，2011.

[6] Anker，R.，Chernyshev，P.，Egger，F.，Meharn，A.R.

Measuring Decent Work with Statistical Indicators[J]. International Labor Eview, 2003, 142(2):147–178.

[7] Arabsheibani, G., Rees, H. On the Week Versus the Strong Version of the Screening Hypothesis[J]. Economics of Education Review, 1998, 17(2):189–192.

[8] Arrow, K.J. Some Mathematical Models of Race Discrimination in the Labor Market, in A Pascal(ed.), Racial Discrimination in Economic Life[M]. Lexington, Mass: DC Press, 1972.

[9] Artazcoz, L., Imma, C., Vicenta, E., Lorena, C., Rodrigo, V. Understanding the Relationship of Long Working Hours with Health Status and Health-related Behaviors[J]. Journal of Epidemiology and Community Health, 2009, 63(7):521–527.

[10] Balestrino, A. A Note on Functioning Poverty in Affluent Societies[J]. Notiziedi Politeia, 1996(12):97–105.

[11] Balestrino, A., Sciclone, N. Should We Use Functioning Instead of Income to Measure Well-being? Theory and Some Evidence From Italy [J]. Rivista Internazionale di Scienze Sociali, 2001(3):3–22.

[12] Ballance, J. Gender Discrimination Across US States: What Has Changed Over the Past Thirty Years?[M]. Honors Projects in Economics, Rhode Island: Bryant University, 2012.

[13] Barefoot, B., et al. Defining and Measuring the Digital Economy[M]. BEA Working Paper, 2018.

[14] BEA. Measuring the Digital Economy: An Update Incorporating Data from the 2018 Comprehensive Update of the Industry Economic Accounts[EB/OL]. https://www.bea.gov/system/files/2019-04/digital-economy-report-updateApril-2019_1.pdf, 2019.

[15] Beatson, M. Job Quality and Job Security [M]. New York: Labor Market Trends, 2000.

[16] Becker, G. S. Human Capital: A Theoretical and Empirical Analysis, with Special Reference to Education [J]. Nber Books, 1964, 18(1):556-578.

[17] Becker, G. S. The Economics of Discrimination [M]. Chicago: University of Chicago Press, 1957.

[18] Belzil, C., Hansen, J. Unobserved Ability and the Return to Schooling [J]. Econometrica, 2002, 70(5): 2075-2091.

[19] Bergmann, B.R. Occupational Segregation, Wages and Profits When Employers Discriminate by Race and Sex [J]. Eastern Economic Journal, 1974, 8(1):103-110.

[20] Bills, D.B. Credentials, Signals and Screens: Explaining the Relationship between Schooling and Job Assignment [R]. Oxford: Review of Educational Research, 2003.

[21] Blau, F.D., Beller, A. H. Trends in Earnings Differentials by Gender 1971-1981 [J]. Industrial and Labor Relations Review, 1988, 41(5): 513-529.

[22] Brock, G. Global Justice: A Cosmopolitan Account [M]. Oxford: Oxford University Press, 2010.

[23] Brown, D. H., McDaniel, D. O. Manual for Media Trainers: A Learner-Centered Approach [R]. New York:AIBD, 2001.

[24] Burke, R., Mustafa, K., Lisa, F., Fusun, T. A. Work Hours, Work Intensity, Satisfactions and Psychological Well-being among Turkish Manufacturing Managers [J]. Europe's Journal of Psychology, 2009, 5(2):12-30.

[25] Catherine, E. R., John, M. Gender and the Health Benefits

of Education[J]. The Sociological Quarterly, 2010, 51(1):1-19.

[26] Clark, A. E. Job satisfaction and Gender: Why Are Women so Happy at Work?[J]. Labour Economics, 1997, 4(4):341-372.

[27] Cohn, E., Kiker, B. F., Mendes De Oliveira, M. Further Evidence on the Screening Hypothesis[J]. Economics Letters, 1987(25):289-294.

[28] Cotton, J. On the Decomposition of Wage Differentials[J]. The Review of Economics and Statistics, 1988, 70(2):243-246.

[29] Dean, D., et al. The Internet Economy in G20:The S4.2 Trillion Growth Opportunity[R]. The Boston Consulting Group(BCG)Report, 2016.

[30] Dolan, P., Peasood, T., White, M. Do We Really Know What Makes Us Happy? A Review of the Economic Literature on the Factors Associated with Subjective Well-being[J]. Journal of Economic Psychology, 2008, 29(1):94-122.

[31] Dupeyrat, C., Marine, C. Implicit Theories of Intelligence, Goal Orientation, Cognitive Engagement, and Achievement: A Test of Dweck's Model with Returning to School Adults[J]. Contemporary Educational Psychology, 2005, 30(1):43-59.

[32] Efraty, D., Sirgy, M. J.The Effects of Quality of Working Life(QWL) on Employee Behavioral Responses[J]. Social Indicators Research, 1990, 22(1): 31-47.

[33] Ellen, R., Meara, S. R., David, M. C. The Gap Gets Bigger: Changes In Mortality and Life Expectancy, By Education,

1981-2000[J]. Health Affairs，2008，27(2): 350-360.

[34] Eurofound. Trends in Job Quality in Europe[C].Publications Office of the European Union，2012.

[35] Eurostat. Digital Economy & Society in the EU-A Browse through Our Online World in Figures[R]. Luxembourg:Eurostat，2017.

[36] European Commission. Taking Stock of Five Years of the European Employment Strategy[R]. Brussels Conference，2002.

[37] European Foundation for the Improvement of Living and Working Conditions. Annual Review of Working Conditions in the EU:2003-2004[EB/OL]. Http:// www. Euro found.eu.int，2003.

[38] Fairlie，R. W. An Extension of the Blinder-Oaxaca Decomposition Technique to Logit and Probit Models[J]. Journal of Economic and Social Measurement，2005，30(4):305-316.

[39] Fein，E.，Skinner，N. Clarifying the Effect of Work Hours on Health through Work-life Conflict[J]. Asia Pacific Journal of Human Resources，2015，53(3): 448-470.

[40] Findlay，P.，Kalleberg，A. L.，Warhurst，C. The Challenge of Job Quality[J]. Human Relations，2013，66(4):441-451.

[41] George，J. M.，Jones，G. R. The Experience of Work and Turnover Intentions: Interactive Effects of Value Attainment，Job Satisfaction，and Positive Mood[J]. Journal of Applied Psychology，1996，81(3):318-325.

[42] Gerhardt，M.W.，Brown，K. G. Individual Differences in Self-efficacy Development:The Effects of Goal Orientation and Affectivity[J]. Learning & Individual Difference，2006，16(1): 43-49.

[43] Gershuny, B. S., Klerk, H. Mentoring Undergraduate Students with Aspirations for Clinically Relevant Work: The Bard College Model[J]. Journal of Cognitive Psychotherapy, 2012, 26(3): 18–29.

[44] Glied, S., Lleras–Muney, A. Technological Innovation and Inequality in Health[J]. Demography, 2008, 45(3):741–761.

[45] Godfrey, M. Youth Employment Policy in Developing and Transition Countries–prevention as Well as Cure, Social Protection Discussion Paper No. 320, World Bank[R]. Washington D.C., 2003.

[46] Goesling, Brian. The Rising Significance of Education for Health?[J]. Social Forces, 2007, 85(4): 1621–1644.

[47] Green, F., Mostafa, T., Parent–Thirion, A., et al, Is Job Quality Becoming More Unequal?[J]. Industrial & Labor Relations Review, 2013, 66(4): 753–784.

[48] Groot, W. The Wage Effects of Investments in Enterprise—Related Training[J]. Empirical Economics, 1995, 20(1):133–147.

[49] Grossman, M. On the Concept of Health Capital and the Demand for Health[J]. The Journal of Political Economy, 1972, 80(2): 223–255.

[50] Gustafsson, B., Li, S. Economic Transformation and the Gender Earnings Gap in Urban China[J]. Journal of Population Economics, 2000, 13(2): 305–329.

[51] Haelermans, C., Borghans, L. Wage Effects of on–the–job Training: A Meta Analysis[J]. British Journal of Industrial Relations, 2012, 50(3):502–528.

[52] Haines, V., Alain, M., Emile, G., Vincent, R. A Balanced View of Long Work Hours[J]. International Journal of Workplace Health Management, 2012, 5(2): 104–119.

[53] Hettich, P.I. College–to–Workplace Transitions: Becoming A Freshman Again[C]. Handbook of Stressful Transitions across the Lifespan, 2010.

[54] Hughes, J., Maurer–Fazio, M. Effects of Marriage, Education and Occupation on the Female/Male Wage Gap in China[J]. Pacific Economic Review, 2002, 7(1): 137–156.

[55] Hui, Z., Kenneth, C.L. Composition and Decomposition in US Gender–specific Self–reported Health Disparities, 1984–2007[J].Social Science Research, 2012, 41(2):477–488.

[56] Hummer, R.A., Rogers, R. G., Eberstein, I.W. Sociodemographic Approaches to Differentials in Adult Mortality: a Review of Analytic Approaches[J]. Population and Development Review, 1998, 24(3):553–578.

[57] ILO. Decent Work, Report of the Director General[R]. Geneva:International Labor Office, 1999.

[58] IMF. Measuring the Digital Economy[R]. IMF Policy Papers, 2018, No.022818.

[59] Judge, T. A., Thoresen, C. J., Bono, J. E., Patton, G. K. The Job Satisfaction–job Performance Relationship: A Qualitative and Quantitative Review[J]. Psychological Bulletin, 2001, 127(3):376–407.

[60] Kalra, S. K., Ghosh, S. Quality of Work Life–a Study of Associated Factors[J]. Indian Journal of Social Work, 1984, 45(3):341–349.

[61] Khanna, S. Gender Wage Discrimination in India:Glass Ceiling or Sticky Floor?, Centre for Development Economics, Department of Economics, Delhi School of Economic [R]. Working Paper, 2012.

[62] Klasen, S. Measuring Poverty and Deprivation in South Africa [J]. Review of Income and Wealth, 2000, 46 (1): 33–58.

[63] Kougioumoutzaki, F., Kalamatianou, A.G. Employment Status and Job–Studies Relevance of Social Science Graduates:The Experience from a Greek Public University [J]. International Journal of Economic Sciences and Applied Research, 2012, 5 (1):51–75.

[64] Lambropoulos, H.S. Further Evidence on the Weak and Strong Versions of Screening Hypothesis in Greece [J]. Economics of Education Review, 1992, 11 (1):61–65.

[65] Lee, K. H. Screening, Ability, and the Productivity of Education in Malaysia [J]. Economics Letters, 1980 (5):189–193.

[66] Lelli, S. Factor Analysis Vs Fuzzy Sets Theory: Assessing the Influence of Different Techniques on Sen's Functioning Approach [C]. Citeseer, 2001.

[67] Leschke, J., Watt, A. Challenges in Constructing A Multi–dimensional European Job Quality Index [J]. Social Indicators Research, 2014, 118 (1):1–31.

[68] Lemieux, T. Increasing Residual Wage Inequality: Composition Effects, Noisy Data, or Rising Demand for Skill? [J]. American Economic Review, 2006, 96 (3):461–498.

[69] Lemmergaard, J., Lauridsen, J. The Ethical Climate of

Danish Firms: A Discussion and Enhancement of the Ethical-climate Model[J]. Journal of Business Ethics, 2008, 80(4):653-675.

[70] Leney, T., Andy, G. Achieving the Lisbon Goal: the Contribution of Vocational Education and Training[J]. European Journal of Education, 2005, 40(3):50-63.

[71] Lent, R. W., Brown, S. D., Brenner, B., Chopra, S. B., et al, The Role of Contextual Supports and Barriers in the Choice of Math/Science Educational Options: A Test of Social Congnitive Hypotheses[J]. Journal of Counseling Psychology, 2001, 48(4): 474-483.

[72] Liu, Hui, Umberson, D. J. The Times They Are A Changin: Marital Status and Health Differentials from 1972-2003[J]. Journal of Health and Social Behavior, 2008, 49(3):239-253.

[73] Lloyd, L.B., Leslie, W. R. Human Resources Management: Seventh Edition[M]. Beijing:People's Post and Telecommunications Publishing, 2005.

[74] Machado, J., Mata, J. Counterfactual Decomposition of Changes in Wage Distributions Using Quantile Regression Models[J]. Journal of Applied Economics, 2005, 20(4): 445-465.

[75] Mackenzie, S. B., Podsakoff, P. M., Ahearne, M. Some Possible Antecedents and Consequences of in-role and Extra-role Salesperson Performance[J]. Journal of Marketing, 1998, 62(3):87-98.

[76] Magee, C., Peter, C., Iverson, D. Short Sleep Mediates

the Association between Long Work Hours and Increased Body Mass Index [J]. Journal of Behavioral Medicine, 2011, 34 (2): 83–91.

[77] Marino, R. C. The Influence of Specialization –Specific Supervision on School Counselors Perceptions of Preparedness, Professional Identity, and Perceived Supervisor Effectiveness [M]. New Orleans: University of New Orleans, 2011.

[78] Martinetti, E. C. A Multidimensional Assessment of Well-being based on Sen's Functioning Approach [J]. Rivista Internazionale di Scienze Sociali, 2000 (2):207–239.

[79] Martinetti, E. C., Roche, J.M. Operationalization of the Capability Approach, from Theory to Practice: A Review of Techniques and Empirical Applications, Debating Global Society: Reach and Limits of the Capability Approach [M]. Milan, Fondazione Feltrinelli, 2009.

[80] Meng, X. Male–Female Wage Discrimination and Gender Wage Discrimination in China's Rural Industrial Sector [J]. Labor Economics, 1998, 12 (5):67–88.

[81] Mincer, J. Schooling, Experience, and Earning [M]. New York: National Bureau of Economic Research, 1974.

[82] Mincer, J. The Production of Human Capital and the Life Cycle of Earnings: Variations on a Theme [J]. Journal of Labor Economics, 1997, 15 (1):26–47.

[83] Morton, P. Job Quality in Micro and Small Enterprises in Ghana: Field Research Results [R]. ILO Working Paper, 2004.

[84] Mushkin, S. Health as an Investment[J]. Journal of Political Economy, 1962, 70(5): 129-157.

[85] Nadler, D.A., Lii, E.E.L. Quality of Work Life: Perspectives and Directions[J]. Organizational Dynamics, 1983, 11(3): 15-26.

[86] Newmark, D. Employers' Discriminatory Behavior and the Estimation of Wage Discrimination[J]. The Journal of Human Resources, 1988, 23(3): 279-295.

[87] Ng, T., Feldman, D. Long Work Hours: A Social Identity Perspective on Meta-analysis Data[J]. Journal of Organizational Behavior, 2008, 29(7): 853-880.

[88] Nordman, C. J., Pasquier-Doumer, L. Vocational Education, on-the-job Training, and Labour Market Integration of Young Workers in Urban West Africa[J]. Prospects, 2014, 44(3):445-462.

[89] Nussbaum, M. Capabilities as Fundamental Entitlements: Sen and Social Justice[J]. Feminist Economics, 2003, 9(2):33-59.

[90] OECD. A Proposed Framework for Digital Supply-use Tables [EB/OL]. http : //www.oecd.org/officialdocuments/publicdisplaydocumentpdf/?cote=SDD/CSSP/WPNA(2018)3&DocLanguage=En, 2018.

[91] Oaxaca, R., Ransom, M. On Discrimination and the Decomposition of Wage Differentials[J]. Journal of Econometrics, 1994, 61(1):5-21.

[92] Peterson, G. W. A Cognitive Information Processing Approach in Career Problem Solving and Decision Making in

D. Brown[J]. Career Choice and Development, 2002, 12(4): 312-369.

[93] Phelps, E. S. The Statistical Theory of Racism and Sexism[J]. American Economic Review, 1972, 62(4):659-661.

[94] Portes, A. Social Capital: Its Origins and Applications in Modern Sociology[J]. Annual Review of Sociology, 1998, 20(6): 24-25.

[95] Psychogios, A. G. Restructuring the Employment Relationship in South Eastern Europe: Total Quality -based Changes on Managers Careers and Job Security[J]. Employee Relations, 2010, 32(4): 40-48.

[96] Rafael, M.B., Enrique, F.M. Job Satisfaction as an Indicator of the Quality of Work[J]. The Journal of Socio-Economics, 2005, 34(8): 656-673.

[97] Regus, F., From Dedication to Medication[EB/OL]. Http: // www. Slideshare. Net / REGU Smedia / from Dedication to Medication, 2014-04-27.

[98] Reich, M. Segmented Labor Market and Labor Mobility[M]. Wikipedia:Edward Elgar Publishing, 1971.

[99] Reilly, O.J. Conceptual Controversies: Comparing the Quality of Work and Welfare for Men and Women Across Societies[M]. Work Employment & Society, 2007.

[100] Richie, B. S., Fassinger, R. E., Linn, S. G., Johnson, J., Prosser, J. Persistence, Connection, and Passion: A Qualitative Study of The Career Development of Highly Achieving African American -Black and White Women[J]. Journal of Counseling Psychology, 1997, 44(44): 133-148.

[101]Robeyns, I. The Capability Approach in Practice[J]. Journal of Political Philosophy, 2006, 14(3):351–376.

[102]Robeyns, I. The Capability Approach: A Theoretical Survey [J]. Journal of Human Development and Capabilities, 2005, 6(1):93–117.

[103]Roche, J.M. Monitoring Inequality among Social Groups: A Methodology Combining Fuzzy Set Theory and Principal Component Analysis[J]. Journal of Human Development, 2008, 9(3):427–452.

[104]Rossiter, J. A. Human Resource Management[M]. Beijing: Renmin University of China Press, 1999.

[105]Salais, R. Work and Welfare: Toward A Capability Approach, Governing Work and Welfare in A New Economy: European and American Experiments[M]. New York: Oxford University Press, 2003.

[106]Schroeder, F.K. Workplace Issues and Placement: What Is High Quality Employment?[J]. Work, 2007, 29(4): 357–358.

[107]Schultz, T. W. Restoring Economic Equilibrium: Human Capital in the Modernizing Economy[R]. New York: National Bureau of Economic Research, 1961.

[108]Sen, A. Capability and Well-being[J]. The Quality of Life, 1993, 25(6):30–54.

[109]Sen, A. Development as Freedom[M]. Oxford University Press, 1999.

[110]Sen, A. Inequality Reexamined[M]. Clarendon Press, 1992.

[111]Sen, A. Well-being, Agency and Freedom: the Dewey

Lectures 1984[J]. The Journal of Philosophy, 1985, 82(4):169-221.

[112]Sen, A. The Economics of Life and Death[J]. Scientific American Edition, 1993, 26(8):40-44.

[113]Sen, A. Human Rights and Capabilities[J]. Journal of Human Development, 2005, 6(2):151-166.

[114]Sen, A. Work and Rights[J]. International Labour Review, 2000, 139(2):119-128.

[115]Sen, A. Reason, Freedom and Well-being[J]. Utilitas, 2006, 18(1):80-96.

[116]Sen, A. Capitalism beyond the Crisis[J]. The New York Review of Books, 2009, 56(5):26-35.

[117]Sen, A. Critical Reflection: Health and Development[J]. Bulletin of the World Health Organization, 2013, 77(8):619-623.

[118]Sen, A. Capabilities, Lists and Public Reason: Continuing the Conversation[J]. Feminist Economics, 2014, 10(3):77-80.

[119]Sloane, P.J., Williams, H. Job Satisfaction, Comparison Earnings and Gender[R]. Labor Report, 2000.

[120]Slottje, D. J. Measuring the Quality of Life Across Countries[J]. Review of Economics & Statistics, 1991, 73(4):684-693.

[121]Solinger, O. N., Van, O. W., Roe, R. A. Beyond the Three-component Model of Organizational Commitment[J]. Journal of Applied Psychology, 2008, 93(1):70-83.

[122]Sparks, K., Cary, C., Yitzhak, F., Arie, S. The Effects of Hours of Work on Health : A Meta-analytic Review[J]. Journal of Occupational and Organizational Psychology,

1997，70(4)：391–408.

[123]Spector，P. E. Job Satisfaction: Application，Assessment，Causes，and Consequences[M]. Sage Publications，1964.

[124]Stier，H. The Skill–divide in Job Quality: A Cross–national Analysis of 28 Countries[J]. Social Science Research，2015，49(1):70–80.

[125]Sullivan，D.T.，Fries，K. S.，Relf，M. V. Exploring the Changing Landscape of Jobs for New Graduates: Practice，Education and New Graduate Imperatives[J]. Creative Nursing，2012，18(1)：20–34.

[126]Taris，T. W.，Kompier，M. A. J.，Geurts，S. A. E.，Houtman，I. L. D.，Heuvel，F. F. M. Professional Efficacy，Exhaustion，and Work Characteristics among Police Officers: A Longitudinal Test of the Learning–related Predictions of the Demand–control Model[J]. Journal of Occupational and Organizational Psychology，2010，83(2):455–474.

[127]Taylor，B.，Lippitt，G. Management Development and Training Manual[M]. Beijing: Tsinghua University Press，1987.

[128]The Department for Education and Skills. The English Education System an Overview of Structure and Policy[R]. 1995.

[129]Tien，H. L. S.，Wang，Y. F.，Liu，L. C. The Role of Career Barriers in High School Students' Career Choice Behavior in Taiwan[J]. Career Development Quarterly，2011，57(3)：274–288.

[130]Tucker，I. B. Evidence on the Week and Strong Version of Screening Hypothesis in the United States[J]. Economics Letters，1986，(21):391–394.

[131]UNECE. Task Force on the Measurement of Quality of Employment: Measuring Quality of Employment Country Pilot Reports[C]. United Nations Geneva , 2010.

[132]Unger, D., Niessen, C., Sonnentag, S., Neff, A. A Question of Time: Daily Time Allocation between Work and Private Life[J]. Journal of Occupational and Organizational Psychology, 2014, 87(1):158–176.

[133]United States Office of Personnel Management. Operating Manual for Qualification Standards for General Schedule Positions[R]. 1999.

[134]Virtanen, M., Stansfeld, S. A., Fuhrer, R., Ferrie, J. E., Kivimäki, M. Overtime Work as A Predictor of Major Depressive Episode: A 5–year Follow–up of the Whitehall II Study[J]. Plos One, 2012, 7(1): 307–319.

[135]Warr, P. Work, Happiness, and Unhappiness[M]. London: Psychology Press, 2007.

[136]Yang, L. C. Sex and Race Disparities in Health: Cohort Variations in Life Course Patterns[J]. Social Forces, 2009, 87(4):2093–2124.

[137]Yun, K.C., Kwon, Y. Long Working Hours and Work–related Cerebro–cardiovascular Disease in Korea[J]. Industrial Health, 2013, 51(5):552–558.

[138]Zhang, J., Zhao, Y., Park, A., Song, X. Economics Returns to Schooling in Urban China[J]. Journal of Comparative Economics, 2005, 33(4): 730–752.

[139]Ziderman, A. Evidence on Screening: P–tests for Israel[J]. Economics of Education Review, 1992(11): 67–69.

后 记

时光荏苒，白驹过隙，感谢一路走来所有帮助过我的人！这本书出自我的博士毕业论文，回首过往求学期间的种种，依然历历在目，久久不能散去……曾记得，从硕士到博士再到博士后，美丽的校园陪我度过了人生中最重要、最精彩的求学岁月。在此书稿完成之际，我的心中有太多的感慨涌向心头，有太多的事值得回忆，有太多的人需要感谢。

感谢我的恩师张抗私教授。张老师渊博的知识和深刻的思想引领着我走向学术研究之路，她严谨、认真的学术态度深深影响着我。恩师经常对我说："要情真意切地做学问。"这几个字已经深深刻在了我的心里。回顾在整个硕博连读期间，从最初对论文写作的懵懵懂懂，到能够系统地完成博士论文，无不包含着恩师在我身上付出的滴滴心血和谆谆教诲。还记得课堂之上，恩师妙语连珠般地讲授劳经知识，让原本枯燥单调的学习变得生动有趣、熠熠生辉；还记得无论恩师多忙，都会抽出时间给我指出论文中的不足，以及需要改进的地方，让我的学术水平得以进一步提升；也还记得当我惆怅彷徨之时，恩师给予我最温暖、最有力的鼓励，让我重拾信心，继续努力拼搏下去……那些温馨而又熟悉的画面至今仍然历历在目，在我脑海里留下了不可抹去的印记。在生活中，恩师如慈母般关心我，教给我豁达、谦和的处世之道，对于恩师的教诲和帮助，我会永远铭记于心！在这里，我想真诚地道一声："老师您辛苦了！谢谢老师！"

衷心感谢我的博士后导师戚聿东教授。戚老师渊博的知识和深刻的思想引领着我继续深耕学术之路。他治学严谨、孜孜不倦、春风化雨、润物无声不仅是我研究领域及方向的领航人，更是我人生中的良师益友。回顾我的博士后期间，戚老师给我最深刻的印象便是每当我迷惑的时候，戚老师都能给我带来学术自信和温暖关怀，能够指点迷津、量身定制出最适合我的研究主题。记得开学术讨论会时，戚老师妙语连珠般地讲授最前沿的知识、最热门的话题，让学习变得更加生动有趣、熠熠生辉；记得无论戚老师多忙，都会抽出时间给我指出论文需要改进的地方，让我的学术水平得以进一步提升；记得2020年年初在我申请国家社科青年项目不知该如何写标书时，戚老师给我指明方向，并多次给我指导撰写并提出宝贵的修改建议，最终在老师指导和自己努力下幸运获批课题；也还记得在我结婚怀孕期间，戚老师给予我特殊关心与照顾，嘱咐我要好好休养，我的心中满满全是感动，那些温馨而又熟悉的画面至今仍然历历在目，在我脑海里留下了不可抹去的印记。在生活中，戚老师教给我豁达、乐观、谦和的处世之道，对于戚老师给予我的所有教诲和各种工作上的推荐及帮助，我都会永远铭记于心！

感谢我的爱人丁述磊，从硕士、博士再到博士后求学期间，我们互相学习与进步、互相陪伴与支持、互相取长补短、齐心协力，我们不仅是知冷知热的情侣和伴侣，更像是心心相印的挚友和战友，因为有彼此的存在，让我们不再孤单和落寞，而是更加充实和快乐，期望与你一起携手共筑美好的未来生活！与你相识至今已有九年的时间，感谢你一直以来的陪伴、懂得和帮助。因为有你，生活才变得有了温度和色彩。陪伴不易，相伴余生！感谢我温暖可爱的同门好友，有晓蒙姐、善乐哥、晨哥、周鑫等，每一次课上的合作与讨论、课下的相聚与玩耍不仅是智慧的碰撞，更多的是心灵的共鸣，谢谢有你们，让我们围绕着恩师组成一个团结友爱的大家庭，一起努力前行，也为我的求学生涯增添了更多美丽的记忆。感谢东财经济学院曾经教育过我知识的老师们，记得有张凤林老师给我们讲人力资本课程，王询老师给我们讲企业理论，齐鹰飞老师给我们讲高级宏观经济学，刘凤芹老师给我们讲制度经济学，王维国老师给我们讲计量经济学……，还有许许多多知识渊博、和蔼可亲的老师们，你们的谆谆教导、关心和帮助给我的求学生涯带来了很多感动和温暖。

同时，还要特别感谢首都经济贸易大学所有的老师们，去年能够顺利加入首经贸经济学院这个温暖的大家庭是我莫大的荣幸，我定会倍加珍惜。而且，能够在这里认识到一群学识渊博、和蔼可亲、温文尔雅的各位领导、前辈和老师们，不仅是我莫大的幸运，也是我未来努力学习的榜样和楷模。作为一名新教师，我深知自己在起步阶段有很多不足，教学经验有待丰富、业务水平有待提高、知识领域有待拓宽，但我相信有各位前辈的言传身教以及老师们深厚的思想内涵、丰富的文化知识和精湛的教学技艺，再加上我们诚恳、认真的学习态度，一定能够不断提高，取得最大的进步，不辜负各位领导和老师们的期望。同时，本专著在得到经济学院科研专著出版项目的大力资助和鼎力支持才能够顺利出版，在此对经济学院各位领导表示诚挚的感谢。作为新教师，我会继续传承骆驼精神，努力做有理想信念、扎实学识、仁爱之心的好老师。

最后，特别感谢我的父母。父母勤劳善良、仁义宽厚，一直在竭尽所能把最好的给予我和姐姐，父母经常教育我要做一个正直、善良、对社会有用的人，我一直都谨记在心。记得勤劳朴实的父亲从小经常对我说：学习如逆水行舟，不进则退。这句话已经成为我学习的座右铭。父亲教会我做人要脚踏实地、坚持不懈，凡事尽力而为并学会处之泰然。也还记得和蔼善良的母亲给我们做可口的饭菜，为了这个家日夜辛勤操劳，让我们能够健康、快乐长大。母亲教会我用宽容的心对待生活、用感恩的心对待一切。感谢父母的生育之恩、养育之情，你们辛苦了，所有的点点滴滴，女儿都一生铭记于心，我未来定当涌泉相报。22年的求学生涯，整个过程并不总是一帆风顺的，期间也经历了一些困难、挫折，而正是父母和姐姐给予了我最无私的关怀、包容和鼓励，才让我勇敢而又坚定地继续前行下去。同时，还要感谢我亲爱的女儿丁柠芊，2021年你顺利地来到妈妈身边，你是那么的可爱、听话和懂事，每当看到你、想到你，我的嘴角总会情不自禁地扬起微笑。女本柔弱，为母则刚。妈妈愿尽一切力量呵护你健康平安、快乐长大，愿你将来成为一个对国家、对社会有用之人。此外，还要感谢我的公公、婆婆在生活中给予我的体恤、无私的帮助和支持。家是我心中最柔软的地方，那不仅是温暖的庇护所，更是爱的港湾！

感谢所有我生命中遇到过的人和事，都是我人生中最宝贵的财富！天行健，君子以自强不息；地势坤，君子以厚德载物！未来我会带着感恩的心继续努力奋斗下去，以最真挚的热情去生活和工作，回馈父母的养育之恩，恩师及前辈的培育之情，以及所有有恩于我的可爱的人！

刘翠花

2023年2月于北京